国家社科基金重点项目（项目编号：11AJY007）

“三位一体”农协机制研究

基于新农村建设组织路径的农合体系创新

胡振华◎著

“Three-in-one” Rural Cooperative Organization Association Mechanism Construction

北京大学出版社

图书在版编目(CIP)数据

"三位一体"农协机制研究:基于新农村建设组织路径的农合体系创新/胡振华著.
—北京:北京大学出版社,2015.10

ISBN 978-7-301-26363-1

Ⅰ.①三… Ⅱ.①胡… Ⅲ.①农业合作组织—研究—中国 Ⅳ.①F321.42

中国版本图书馆 CIP 数据核字(2015)第 241264 号

书　　名　"三位一体"农协机制研究——基于新农村建设组织路径的农合体系创新
"SANWEI-YITI" NONGXIE JIZHI YANJIU——
JIYU XINNONGCUN JIANSHE ZUZHI LUJING DE NONGHE TIXI CHUAGNXIN

著作责任者　胡振华　著

策 划 编 辑　叶　楠

责 任 编 辑　刘　京

标 准 书 号　ISBN 978-7-301-26363-1

出 版 发 行　北京大学出版社

地　　址　北京市海淀区成府路 205 号　100871

网　　址　http://www.pup.cn

电 子 信 箱　em@pup.cn　　QQ:552063295

新 浪 微 博　@北京大学出版社　@北京大学出版社经管图书

电　　话　邮购部 62752015　发行部 62750672　编辑部 62752926

印 刷 者　三河市北燕印装有限公司

经 销 者　新华书店

720 毫米×1020 毫米　16 开本　17.5 印张　277 千字

2015 年 10 月第 1 版　2015 年 10 月第 1 次印刷

定　　价　46.00 元

目　　录

导　言

合作组织的存在有着悠久的历史,它和人类的发展历史同步。社会主义从空想到科学就是伴随着对合作体系研究和实践进行的。当前学界和政策部门对新农村建设的探讨主要有以下两种思路:一是以林毅夫为代表提出来的在农村进行基础建设投资的新农村运动思路;二是以温铁军为代表的侧重于从农民组织化的角度来建设社会主义新农村的思路。前一种思路没有什么争议,比较容易做到,而后一种思路分歧非常大,比较难以操作。新农村建设必须探索新型农村合作化道路,这是社会主义市场经济和中国特色社会主义道路所赋予的历史使命。

改革开放的总设计师邓小平在对农业发展与改革进行设计时,提出两个飞跃的观点。他认为,第一个飞跃是废除人民公社,实现家庭承包责任制;第二个飞跃是发展集体经济,适度规模经济。第一个飞跃是巨大的进步,需要长期保持不变;第二个飞跃是一个宏大而漫长的过程,需要脚踏实地。这是掷地有声的非常有前瞻性的科学预言。我国集体经济的发端必须首先从体制上进行改革,解放被束缚的农民劳动力,在实现此基础的前提上,再来处理好生产社会化的问题,其中,必须依赖于农村合作体系的功能发挥,必须有一条真正的科学的农村合作化道路。

2005 年时任浙江省委书记习近平同志在浙江省提出了供销合作、信用合作、农民专业合作"三位一体"的新型农合体系思想,在这一思想指引下,浙江省瑞安市从 2006 年 3 月开始组建供销社、信用社和各类专业合作组织"三位一体"的农协。它是一次非常有意义的探索,是市场经济条件下的中国特色社会主义新型合作化道路的探索。它有两个方面的内涵:第一,让目前农村名存实亡的计划经济年代遗留下来的各类合作组织回归合作组织的本质,恢复为"三农”服务的传统；第二，把目前农村存在的各类合作组织进行全面整合，尤其是让实力仍然十分强大的供销社、信用社（或者合作银行）以及新型专业合作社和村集体经济合作社全面统一地进行整合。

新农村建设的组织路径依赖于农合体系的创新，“三位一体”农协是农合体系创新的有效选择，“三位一体”中的“三位”是具备联合基础的，它们都是合作经济组织、都是市场主体、都是服务农民并通过为农民服务实现自身的发展，而且改制后目前都是县（市）或者县（市）级以下法人。三类合作经济组织分头为农服务的格局，各自都存在一些自身难以解决的局限性，要从根本上实现兴利除弊、合作共赢必须要有机制保障。新农村建设应该依托“三位一体”农协机制有效整合三大系统（供销社、合作银行或者信用社、专业合作组织）、三重服务功能（销售、金融、专业服务）、三级合作层次（县、乡、村）。

在“三位一体”框架下，基层供销社开放改组融入农协，不但从根本上实现供销社回归“三农”，回归合作制，而且使得供销社获得会员制的营销网络；合作银行（信用社）的小股东加入农协，并通过农协托管持股合作银行（信用社），合作银行（信用社）依托农协发展信用评级、互助联保，拓展营销网络，控制银行风险；各级各类合作组织普遍加入农协，农民专业合作组织获得资金、技术、法律方面的支持，得以规范、充实和提升。

农村合作组织和农合体系是关于中国农村改革与发展的关键词，它是一座金矿，需要有志于扎根于本土、放眼于世界、致力于未来的理论工作者，以博大的胸怀、高远的境界、踏实的心态来认真地面对并进行深入理性的探索。当前迫切需要的是探索农村合作组织演变进化路径和新型农村合作化的新模式，这个“新模式”必须在两个方面同时进行。其一，立足历史与现实；其二，着眼于未来，着眼于创新。中国农村经济的发展依靠在旧体制内部修补性的改良很难实现真正意义上的突破，探索新型农村合作道路必须另辟蹊径。在推进农村合作事业的同时，需要从理论与实践结合上切实加强对合作道路的研究，使农村合作体系真正成为新农村建设的有效载体。

2011 年 2 月笔者申报的“‘三位一体’农协机制研究”项目，经国家社会科学基金评审，2011 年 6 月 15 日获得国家社会科学规划办重点项目立项批准。2011 年 6 月 8 日笔者参加了浙江省社科联（规划办）召开的年度国家社科基金项目管理工作会议，正式获得项目批准通知。批准后笔者立即开始着手研究工作。两年多来，笔者与课题其他参与人员团结互助，殚精竭虑，取得了较为喜人的成绩。对供销社、农信社、专业合作社存在的问题进行疏理并提出相应对策，对“三位一体”互补共存的机制进行了探讨。项目组在研究期间，发表了学术论文（研究报告）25 篇，其中《新华文摘》全文转载 3 篇，人民大学复印资料《农业经济研究》全文转载 5 篇，在国际 SSCI 期刊 *Economic Modelling* 发表全英文论文 1 篇，在《中国社会科学报》发表论文 3 篇（其中国家社科基金专刊 1 篇），《人民论坛》发表研究报告 1 篇，《中国经济报告》发表研究报告 1 篇，省学术会议论文汇编入选 3 篇。承担的温州市科技局科研项目“县（市）级‘三位一体’农协组织构建与绩效检验研究：新农村建设视角”顺利通过市科技局验收，获得成果确认书。研究成果“农村合作组织研究”获温州市社会科学成果一等奖；与《温州职业技术学院学报》合作，推出“‘三位一体’农协与新农村精神”笔谈 7 篇，包括项目组组织的 7 位博士专家发表了近 3 万字研究心得；参加浙江省农业经济学会 2011 年和 2012 年年会，论文《新中国农村合作组织变迁与绩效评价》和《多中心治理框架：综合农协“三位一体”多中心公共行动分析》分别入选成果汇编，论文《农信社系统改革历程评析与深化改革建议》入选浙江省首届社科年会（2012 年）“金融改革与创新”，浙江省社科联专门发文，认为鉴于立项课题均已成稿并经专家评审通过，视作已完成课题研究，省社科联直接统一办理结题证书。本项目研究内容受到国内外媒体的广泛关注，许多著名网站大量转载项目研究成果。项目组结合研究内容接受了国内外媒体的采访，包括中国国际广播电台和美国《时代周刊》。其中，中国国际广播电台采访 4 次，反响较大的有两次：一是与中国国际广播电台记者谈温州经济之一：专家解读民间金融的合法化阳光化；二是与中国国际广播电台记者谈温州经济之二：专家解读商会成立的互助资金。

在大量的调查研究与前期研究的基础上，笔者推出本研究报告，另外，笔者还形成了一部论文汇编。笔者在研究报告内容的编排上努力形成自己的特色与框架体系（见图表 0-1）。本研究报告共分八个部分，导言部分是点题与项目基本情况介绍；正文共六部分，第一部分是对瑞安“三位一体”农协的案例回顾与剖析；第二部分是对目前农村存在的三类合作组织分立运行的现状与发展对策的分析，第一部分和第二部分是并列关系，其分析目的在于引申出第三部分；第三部分是分析“三位一体”农协的逻辑机制，这部分是在以上两个部分分析基

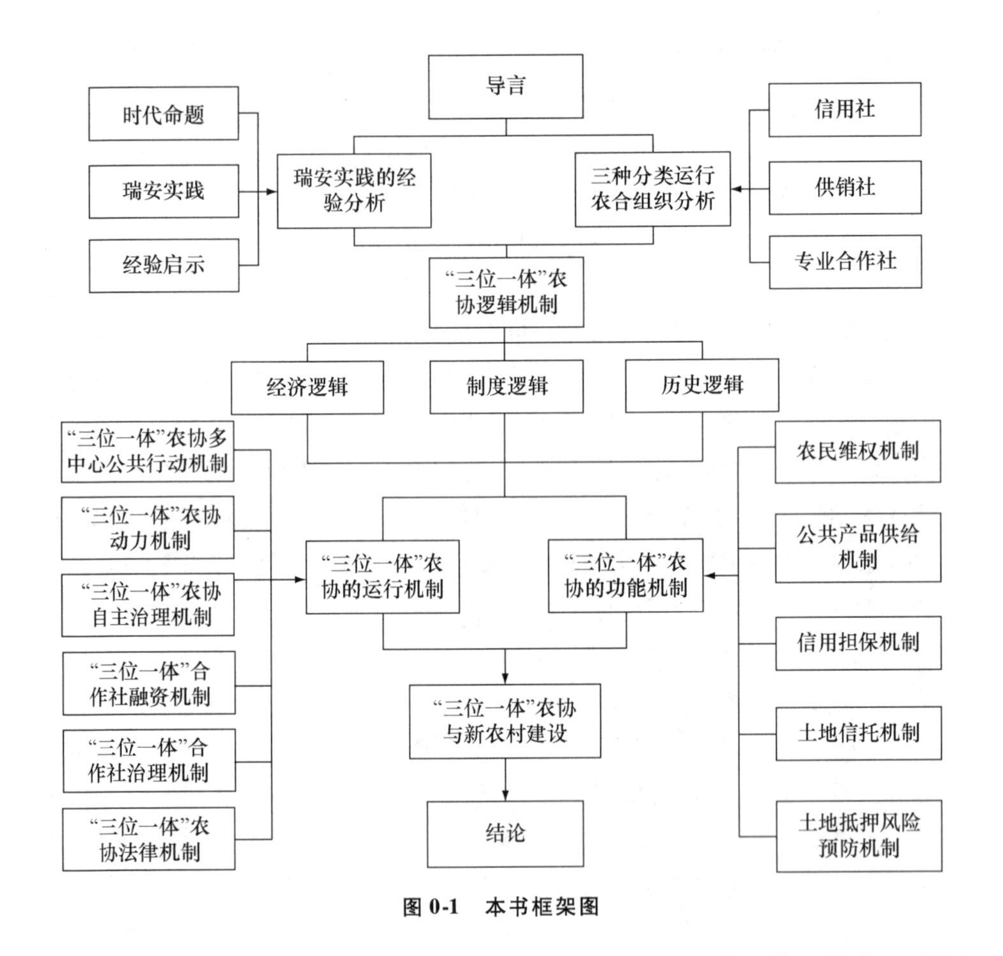

图 0-1 本书框架图

础上提出“三位一体”农协的经济、制度与历史等三大逻辑，其目的在于论证“三位一体”农协建立的理论必然性；第四部分和第五部分也是并列关系，它们是在第三部分理论分析的基础上从实践的角度进一步地研究“一位一体”农协的可操作性的运行机制和功能机制，第四部分研究“三位一体”农协的运行机制（包括多中心公共行动机制、动力机制、自主治理机制、法律机制，以及“三位一体”合作社的融资机制、治理机制等），第五部分研究“三位一体”农协的功能机制（包括农民维权机制、公共产品供给机制、信用担保机制、土地信托机制、土地抵押风险预防机制等）；第六部分研究“三位一体”农协对新农村建设的意义和作用，是本项目研究的落脚点，也是本项目研究的意义之所在。总结部分是对整个研究报告的归纳与提升，旨在提出相关建议。

需要强调的是本报告提出了“三位一体”合作社和“三位一体”农协两个概念，笔者认为这两者是“三位一体”发展的两个阶段，前者可称之为“小‘三位一体’”，后者可称之为“大‘三位一体’”，前者是后者的基础，后者是前者的结果。

笔者在研究过程中，得到了许多单位和同仁的支持与帮助，温州大学经济学专业的2008、2009、2010级的本科生同学以及2012、2013级硕士研究生的11名同学承担了大量的户外调查与资料搜集工作，笔者受到了浙江省人文社科重点研究基地“温州人经济研究中心”和温州市金融研究院的大力支持，“温州人经济研究中心”为笔者提供了大量的资料，温州市金融研究院为笔者召开了温州市农合联与资金互助会专题研讨会。温州市农村合作社联合会秘书处的同志为笔者提供了大量的调查线索，他们扎根本土、服务三农的宗旨使笔者受益匪浅。温州市政协、人大对本项目的进展十分关注，他们为笔者安排了对温州市供销社、浙江省信用联社温州办事处、温州市龙湾区以及瑞安市马屿、陶山、梅屿等乡镇合作社“三位一体”情况进行专题调研，为了对“三位一体”合作体系建设进行比较，还专门安排笔者到浙江省台州市进行专题调研，并对温岭市石塘镇渔民合作社和临海市涌泉“忘不了”专业合作社的“三位一体”建设情况进行了实地访谈，本研究凝聚着他们的智慧与汗水。当然，由于笔者的水平和合作体系观察的长期性特点等原因，本研究肯定有不足之处，敬请各位同行各位领导批评指正！

第一章

三位一体:瑞安实践与经验启示

一、时代命题

(一) 浙江"三农"工作的新形势

中央提出的"生产发展、生活宽裕、乡风文明、村容整洁、管理民主"新农村建设的要求,简单清晰,内容丰富,明确地描绘出现代农村的发展前景。这表明,社会主义新农村的建设不是单纯的设施更新,而是包含了农村经济、政治、文化、社会和党的多方面建设的内容,具有现实的时代意义。总体来讲,我国新农村的建设主要体现在科学发展观的要求、全面小康社会的发展水准、城乡一体化的发展趋势,最终建成具有社会主义本质特征的繁荣、富裕、民主、文明、和谐的新农村。着眼浙江,新农村的建设就是要发展新型产业、建设新型农村社区、培育现代化农民、树立良好的村风乡俗、建立适应时代发展的新型农村体制,最终达到"三改一化"[①]的目标。

随着我国改革的继续稳步推进,浙江省开始进入社会主义市场经济以及新农村建设的新时期,农业生产力得到最大限度的解放,大部分地区实现了生产专业化、规模化、现代化以及国际化,农民生活水平逐渐提高。[②] 目前,浙江省已经全面进入以城市带动乡村、以工业带动农业的全新阶段。农业的发展格局发

---

① 即农改非、村改居、集体经济改股份制经济,大力推进农村城镇化。

② 习近平,"走高效生态的新型农业现代化道路",载《人民日报》,2007 年 3 月 21 日第 9 版。

生了重大变化，加快农业转型，促进农业发展显得越来越重要。随着工业化、城镇化、市场化的快速推进，劳动力逐渐向城市转移，农业经营出现了边缘化、兼业化、老龄化趋向。伴随着我国农产品在国际市场上的地位提高，国际市场上的竞争也随之加剧，但我国农产品质量安全水平不高、农业组织化程度较低、市场主体竞争力不强的问题导致其市场竞争力低下。同时，随着土地资源、水资源、基础设施、资金的不足，以及生产能耗和成本不断上升等问题的出现，都阻碍了浙江农村经济的发展。为克服这些难题，必须加快转变农业增长方式，探索新型农业发展模式，基于浙江省经济优势，克服传统农业发展难题，实现我国农业的快速稳定的发展。发展我国农业，必须立足农业基本现状，我国农村经济发展水平不高的国情决定了发展现代农业既不能生搬硬套，也不能脱离现实，必须探索一条具有中国特色的现代农业发展之路。

做好新时期“三农”工作，关键在于深刻理解和创造性地贯彻落实中央的一系列方针政策，从浙江实际出发，拓展“三农”工作思路，创新“三农”工作载体，积极探索一条具有中国特色、时代特征、浙江特点的“三农”科学发展之路；根本在于把握“两个趋向”的转换规律，务必做到执政为民重“三农”、以人为本谋“三农”、统筹城乡兴“三农”、改革开放促“三农”、求真务实抓“三农”；其实质就是科学发展强“三农”、全面建设新农村。

尤其要坚持一切从实际出发，不断创新“三农”工作的思路和方法。把解放思想、实事求是、与时俱进的思想路线贯彻到“三农”工作之中，设计“三农”工作的新载体，准确把握“三农”发展的新趋势与新规律，不断开拓“三农”工作的新局面，这是科学解决“三农”问题的必然要求。我们必须始终注重把中央的精神与浙江的实际结合起来，创造性地开展工作；注重把握区域发展不平衡的实际，走差异性竞争、跨越式发展之路；注重把创新性的战略思路转化为具体的工作载体和工作抓手，推出统筹城乡发展的系列工程；注重“实践出真知”的思维方式，做好新经验与新思路新方法间的转换，不断丰富“三农”工作的内涵，努力使“三农”工作走在前列。[①]

① 习近平，“以科学发展观统领‘三农’工作”，载《全面推进社会主义新农村建设——在全省农村工作会议上的讲话》，2006年1月8日。

（二）发展农村新型合作经济的客观背景

要加深理解发展农村新型合作经济的客观背景。任何事物的发展都是与发展阶段演进和现实问题变化相适应的。对背景进行分析，有助于我们认识和明确发展农村新型合作经济的意义、方向、内涵、功能。

浙江省正处于战略转变阶段，正在实现从传统农业向现代农业转变的新时期，总体上已经摆脱工业化初期，进入中后期阶段，迫切需要研究和探索现代农业发展的有效举措和战略途径。发展现代农业就是要让农业成为能适应市场激烈竞争和资源永续利用要求、有利于提高生产者收入水平和消费者生活水平的新型产业，其中，改善现代要素投入比例，以现代化生产方式改造传统农业成为关键所在。现在的问题是，用什么样的经济形式、经营体制和服务体系，才能有效地改善如今的农业发展现状。由于农业的特殊性、弱质性和农户的分散性、弱小性，发达国家大多以发展农村合作经济形式来构建农业的经营体制和服务体系，配置农业资源和组织农业生产，为农户提供生产要素供给和产销全程服务。合作制与股份制一样，是市场经济的一种重要组织形式，是弱小的市场主体参与市场竞争的有效载体。这就是现阶段浙江省要大力发展农村合作经济的原因所在。①

浙江省已将农业产业化作为农业转型发展的重要手段，但农业产业化经营机制的不完善以及松散的利益链条的连接，导致产业化发展步履维艰，追根究底，还是因为我们故步自封，无法从原有的体制中解放出来，还在走合同制产业化的老路子。虽然“公司＋农户＋基地”这种新型的产业化模式对聚拢农户以及与市场对话有一定的推动作用，但也难以解决“僧多粥少”的局面。这表明，我们现在的产业化模式还有一段很长的路要走。② 要从根本上改变农业的“弱”体制，提高农民的收入水平，必须把合作制的理念与改革实践结合起来，切实改善和加强农民在农业生产与销售各方面的组织化程度。时刻追随我国农业现代化、专业化、规模化、国际化以及农民生活奔小康的发展趋势，更应积极探索促进农村合作经济事业发展的新路子。③

① 周国富，“在全省发展农村新型合作经济工作现场会上的小结讲话”，2006 年 12 月 19 日。
② 习近平同志听取瑞安农村新型合作组织“三位一体”工作汇报后的讲话要点，2006 年 10 月 24 日。
③ 同上注。

浙江全省近年来通过发展农民专业合作社、深化供销合作社和农村信用合作社改革，农村合作经济取得了长足发展，在服务农民、促进农业增效和农民增收上显示出越来越重要的作用，但三类合作经济组织在为农服务中各自都遇到了自身难以克服的不足，急需一个可以将三者整合在一起的更高层次的农民服务平台，借以强化与完善三者的服务功能。进入新世纪，浙江省大力发展农村合作经济，专业合作社发展起步早、发展快、覆盖广，总体水平处于全国前列；供销合作社和信用合作社推进改革、着重合作、加强服务，再度走上了合作发展、回归"三农"、加强改革、现代化发展的道路，促进了农业双层经营体制中"统"的层次的不断完善。但是，三类合作经济组织各自都存在一些自身难以解决的困难，专业合作社服务功能不全、实力不强，供销合作社和信用合作社服务供给范围窄、成本高、风险大，仍有一些农民群众迫切需要而三类合作经济组织各自也解决不了、解决不好或解决起来不合算的事情。这就需要构建一个更高层次的服务平台，为三类合作经济组织更好地发挥自身优势和服务功能提供帮助，进一步拓展"统"的领域、增强"统"的功能、完善"统"的层次。特别是《中华人民共和国农民专业合作社法》（以下简称《农民专业合作社法》）的颁布将推动全国专业合作社的加快发展，专业合作社的发展如何形成体系，仍是需要研究和实践的问题。[①]

（三）"三位一体"合作组织应运而生

建设"三位一体"农村新型合作经济组织是建设新农村和构建社会主义和谐社会的制度创新。时任浙江省委书记习近平同志在浙江全省农村工作会议上提出探索建立供销合作、信用合作、农民专业合作"三位一体"的农村新型合作体系构想后，瑞安市率先进行了实践。在供销社工作座谈会上，习近平同志充分肯定了瑞安市的这一做法和经验，认为这是完善农村联产承包责任制中的又一个制度创新，要予以鼓励、支持和完善；指出要顺应浙江省农业产业化、农村现代化、农民生活奔小康的发展趋势，积极探索促进农村合作经济事业发展的新路子，兴办更多更好的农村新型合作经济组织。习近平同志还强调，要充分发挥供销社等组织在发展农村合作经济组织中的龙头带动作用，积极加强供

① 周国富，"在全省发展农村新型合作经济工作现场会上的小结讲话"，2006年12月19日。

销社与信用社合作与联合，拓展为农服务功能。时任浙江省委副书记周国富也亲自到瑞安市视察“三位一体”工作，通过考察工作现状，指出“三位一体”是发展合作制、促进农业发展、走出现代化农业经济的一种新方式，值得积极倡导与推广。[1]

习近平同志指出：瑞安市供销合作、信用合作、农民专业合作“三位一体”的新型合作与联合组织，将合作制的农业产业化经营提升到一个前所未有的层面。瑞安市提出“三位一体服务三农，条块交融统筹城乡”，通过建立健全农村金融、流通、技术推广体系为会员服务，实现了新老合作经济资源的对接和各种合作经济组织的合作与联合。[2]

习近平同志认为：这是发展农村新型合作经济组织的有益实践，是立足新阶段、把握新趋势而积极探索的一条新路子，应当予以鼓励和支持，同时还要认真总结经验，使之不断完善和更加成熟。事实证明，这种新型的合作组织是农民在产权独立与自愿原则的基础上成立的一种新型的集体经济，是在完善农村家庭联产承包责任制中的又一个制度创新。[3]

2006年12月19日，浙江全省现场会在瑞安召开，时任省委书记习近平同志作重要讲话。他从建设新农村、构建和谐社会的全局高度，根据浙江省现代农业发展的实际和供销合作社、信用合作社、专业合作社改革发展及为农服务的状况，对发展农村新型合作经济重要性和必要性作了全面阐述；从当前浙江省“三农”发展趋势出发，结合各地在实践中创造的经验，对发展农村新型合作经济提出了基本要求；从确保“三农”工作重中之重地位出发，结合新农村建设工作的实际，对各级党委、政府加强对发展农村新型合作经济工作的领导提出了明确要求。习近平同志的讲话充分体现了与时俱进的创新精神和合作共赢的发展导向，对当前浙江省发展农村新型合作经济具有重要的指导作用。

（四）“三位一体”合作组织与科学发展观

“三位一体”合作组织，是贯彻科学发展观、创建和谐社会、推动新农村建设的重要载体。科学发展观，不仅仅是环境保护、产业升级问题，更重要的是在加

① 诸葛彩华同志在新型农村合作经济组织发展座谈会上的讲话摘要，浙江省供销社联网站。
② 习近平同志听取瑞安农村新型合作组织“三位一体”工作汇报后的讲话要点，2006年10月24日。
③ 同上注。

快发展的同时，让更多的人分享发展的成果。合作组织就是这样的有效载体，有必要通过农民合作建立利益共同体，加强农民的市场地位，分享更多的市场收益。虽然合作组织构成了社会的微观基础，但只有构建足够强大的合作体系——供销合作、信用合作、农民专业合作"三位一体"，才能从根本上扭转农民整体在市场上的不利地位，从而在宏观上进一步促进社会和谐。

时任省委书记习近平同志指出：全面推进社会主义新农村建设是顺利推进现代化建设的战略抉择。我国13亿人口中有9亿农民，是一个二元结构明显的发展中大国，农业农村的现代化决定着中国现代化的前途和命运。经过二十多年的改革开放，我国经济社会发展取得了令人瞩目的巨大成就，同时也面临着工业化、城市化、市场化加速推进，经济持续快速增长与发展不协调、不平衡问题交织在一起的复杂局面，工农和城乡差距、地区差距不断扩大。从国际视野来看，城乡间以及工农间的协调发展是我国现代化建设是否成功的关键所在。如果农业的弱质化、经济落后以及农民地位不平等得不到改善，9亿农民无法平等地获得社会、经济发展所带来的福利，现代化建设将会难以推进。因此，"三农"问题的解决已经成为现阶段最重要的发展任务，是顺利推进现代化的重中之重。为扭转"三农"经济发展滞后的现状，党中央提出建设社会主义新农村的战略任务，加速与完善农村现代化建设进程，确保真正意义上实现"三农"发展。[①]

习近平同志认为，和谐社会建设，如果直截了当地理解，也可说是如何多做一些雪中送炭的事情。[②] 构建和谐社会，着眼点、着力点要考虑。合作制就解决这个问题，是个有效的手段。[③]

习近平同志提出：从建设社会主义新农村、构建社会主义和谐社会的高度出发，深刻认识发展农村新型合作经济的重要性和必要性。党的十六届五中全会提出了建设社会主义新农村的重大历史任务，十六届六中全会对构建社会主义和谐社会做出全面部署，这两个重大战略部署是我们开展农村工作和其他各方面工作的行动纲领，必须不断地深化认识，拓展思路，明确目标，完善举措，切

---

① 习近平，"以科学发展观统领'三农'工作"，载《全面推进社会主义新农村建设——在全省农村工作会议上的讲话》，2006年1月8日。

② 习近平同志听取瑞安农村新型合作组织"三位一体"工作汇报后的讲话要点，2006年10月24日。

③ 同上注。

实把建设新农村和构建和谐社会的目标、任务、要求落实到各项工作中。建设社会主义新农村、构建社会主义和谐社会涉及方方面面,其中一个重要方面就是促进工农关系、城乡关系的和谐发展。合作经济与股份经济一样,是市场经济的一种重要形式。农村新型合作经济是为农民专业合作社提供综合服务的合作制联合体,是联系工农、沟通城乡的桥梁和纽带。一定要从全局高度充分认识发展农村新型合作经济的重要意义,大力发展农村新型合作经济,立足农民群众根本利益,从当前农业农村实际出发,按照新农村建设的基本要求,扎实推进农村新型合作经济的发展。[①]

二、瑞安实践

(一)改革的条件与契机

瑞安作为我国民营经济、市场经济最发达的地区之一,同时也是温州模式的主要发祥地。同整个中国的经济发展格局一样,虽然瑞安的总体经济实力在改革开放以来得到了长足发展,但瑞安东部地区与中西部地区还存在较大差距,部分地区仍然比较贫困,城乡、区域经济发展失衡。虽然一部分地区的农业产业化和国际化程度已经比较高,但中西部地区以及欠发达乡镇经济结构仍然以农为主。看似规模巨大的农业龙头企业,往往只相当于国外的大部分农场主,即便如此,国外农场主的发展模式也是遵循着合作制的轨迹。总的来说,三农问题在瑞安仍然存在,并且具有相当的典型意义和先导意义。因而,合作组织在瑞安的发展与探索也具有全省和全国的普遍意义。

单个农民无法发挥“主人翁”的作用,农民自身利益的实现必须建立在主体地位实现的基础上,而新农村建设中的真正主体一般为有组织的农民。因此,为解决涉农部门间“车走车路,马走马路”的现状,亟需一个灵活、便捷、有效的整合机制。依据国际经验,立足农业发展的现实需求,政府对农业的支持将逐渐转变为对合作组织发展的支持。有鉴于此,瑞安在全省、全国率先进行了全

① 习近平,“立足新阶段,把握新趋势,积极探索农村新型合作经济发展新路子——在全省发展新农村新型合作经济工作现场会上的讲话”,2006 年 12 月 19 日。

面、大胆的探索。

1. 农村供销社

在中华全国供销合作总社系统的全国劳动模范留少良主任的领导下,瑞安人民不断探索供销社在新时期新的发展出路,并且将瑞安市供销联社建立为全国供销社系统的综合改革试点单位。他具有丰富的实际经验、又有相当高的理论和政策水平。

在前期改革中,信用社原有社员的股金并未清退,而供销社原有社员的股金已经清退,供销社的苦恼是没有了社员,这对于口口声声回归合作制、回归三农的供销社来说是一种尴尬。而供销社的进一步发展,也需要一个网络依托。随着人民公社体制的解体以及联产承包的普遍推行,供销社在基层的网点和渠道开始萎缩。单靠供销社自身的力量难以建成一个新的网络体系。"三位一体"农村合作协会的筹建,将改善供销社尴尬的现状,为其壮大发展带来机遇。

事实上在此前后,浙江省高层正在密集调研供销社的改革出路。2006 年 1 月、2 月,时任浙江省省长吕祖善、省委副书记周国富、副省长茅临生等就供销社的改革与发展连续做出重要批示。2006 年 1 月 27 日,时任浙江省省长吕祖善批示:请省供销合作社认真学习贯彻总理批示①,为构建浙江省现代流通体系做出新贡献。2006 年 1 月 26 日,省委副书记周国富批示:供销部门要认真领会、贯彻温家宝总理的批示精神,抓住这个契机,大力加强供销合作社在农村的经营网络,既壮大自己,又为农民服好务。2006 年 2 月 7 日,副省长茅临生批示:请省供销合作社按照温总理、吕省长的批示精神,总结浙江省各级供销合作社组织在农村现代流通体系建设中的经验和存在的问题,进一步搞好工作。2006 年 2 月 6 日,浙江省委副书记周国富在《浙江信息》《创新、服务、结合、实力——平湖市新仓供销合作社发展合作经济服务新农村建设的新仓经验》材料上批示:平湖新仓供销合作社"发扬传统,适应时代,结合三农,创新发展"合作经济,服务新农村建设的经验很好,全省各级供销合作社尤其是基层社应当学习借鉴和积极推广。2006 年 2 月 6 日,省委副书记周国富在《省人大农业和资

---

① 总理批示指 2006 年 1 月 3 日国务院总理温家宝在商务部呈送的《关于加快构建农村现代流通体系的报告》上的重要批示。

源环境保护委员会关于视察供销合作社工作的情况报告》上批示:省人大高度重视浙江省供销合作社的改革和发展工作,专门进行视察并写出一份客观的好报告。结合该报告提出的问题和意见请省府办、省农办和省供销合作社派员组成调研组深入调研,然后出台一个政策,进一步促进全省供销合作社的健康发展。

2006年2月7日,茅临生副省长批示:请仲达同志牵头,按照周书记的要求,省农办、省府办、省供销合作社参与,配合调查,提出一个新形势下进一步促进供销合作社健康发展的政策意见。2006年2月13日,浙江省政府俞仲达副秘书长批示:请农业处安排一个时间,召开农办、供销合作社领导参加的协调会,组织专题调研组,确定专题,近期下去开展调研。先请供销合作社准备一个提纲,以供会上研究。

2006年2月18日,省委副书记周国富在俞仲达副秘书长关于开展进一步促进供销合作社健康发展的政策调研安排汇报上批示:调研工作很重要,调研的内容和安排也是好的。供销合作社一定要以农为本,坚持合作经济性质,基层社要做好“结合”文章,县以上供销合作社要在“联合”上下工夫。调研中,要注意发现、解剖好的典型,总结规律性经验,找准发展中存在的问题,进一步理清定位、发展思路和工作重点。

2006年2月17日,副省长茅临生批示:调查安排很好,尤其是注意通过调查,客观分析供销合作社的体制机制问题,供销合作社是为服务三农而存在,与服务三农的其他政府机构和组织相比:(1)供销合作社有没有其独特的不可替代的职能;(2)服务三农的成本如何?这也是机制体制上重点要研究的问题。

由此可见,供销系统正在寻找改革出路,而“三位一体”提供了这样一个宝贵的契机。

2. 农村信用社

2004年4月18日,在舍弃“农村商业银行”的选项后,浙江省农村信用社联合社正式成立。2005年4月12日,在农村信用社基础上组建而成的浙江瑞安农村合作银行正式对外挂牌营业,这是浙江省乃至我国信用社改革进程中的重要事件。在取得卓越成功的同时,该行前期的改制过程仍然遗留一些问题,特别是,如何进一步理顺产权关系、规范治理机构、拓宽营销网络,如何回归和发扬合作制的原则,在制度上保证合作银行以服务三农为根本目的,方便资金的引入和股份制的扩大,为合作银行做大做强铺平道路,等等。

该银行的董事长叶秀楠曾经当选“中国农村金融年度人物”。他是一位富有改革意识的银行家,对三农怀有深厚感情。瑞安市分管领导与叶秀楠同志以及该银行董事会其他成员、主要股东代表反复研究,形成了一个初步构想。这就是以农村信用社原有社员为基础组建瑞安农村合作协会,在合作银行与合作协会之间建立联盟关系,实现小额股权相对集中托管,在合作协会及其会员合作社的平台上发展信用评级和互助联保等业务。

农民有着很好的信用,但是这种信用的边界很难超出地缘乃业缘的边界。农民对于银行来说缺乏信用,除了抵押物资源不足,主要原因是两者间信息不对称,管理半径过长。农村金融的现实是,在现有银行体系下,穷人不断把钱借给富人,农民不断把钱借给城里人,造成恶性循环,农村不断失血,积重难返。农村经济资本固然缺失,但是社会资本是富裕的。有鉴于此,应尽量依托地缘、业缘关系发展和规范合作社、合作协会,包括发展和规范合作金融业务。现阶段的合作金融可以评级、联保为主,不直接发生存贷款活动。这样既降低了银行的信用风险,又放大了农村的信用总量,有望逐步解决农村金融的瓶颈问题。

金融的本质是信用,信用的本质是信息。如果我们通过农民组织化的方式降低了农民与银行之间的信息不对称,有助于提升农民的信用,控制银行的风险,这其实是一个金融过程,但是金融合作未必要靠真金白银。

2005 年 4 月 21 日,时任瑞安市副市长陈林向当时的瑞安市委书记钱建民同志(后来担任绍兴市常务副市长、市长)提交了研究材料,以论证“三位一体”农协建立的现实构想,为农协的发展提供理论与实践基础,基于此,钱建民书记后来做出重要批示,指出“三位一体”农协方案“思路很好,形成方案后提交政府研究”。

2005 年 6 月 16 日,在叶秀楠的倡导下,瑞安农村合作银行的董事会和股东代表大会相继通过《关于支持筹备瑞安农村合作协会的决议》。

2005 年 6 月 21 日,瑞安市人民政府召开了第 325 次专题会议,研究了瑞安农村合作协会筹备成立、瑞安农村合作银行股权托管及促进瑞安合作事业全面发展的有关事宜。

2005 年 6 月 22 日,瑞安市人民政府办公室以瑞政办[2005]142 号文件,公布了瑞安农村合作协会筹备委员会的名单。副市长陈林兼任筹备委员会主任。筹备机构成员还包括有关党政部门领导，合作银行、供销联社、农民专业合作社负责人，以及农民代表。

此后以农村合作银行为主，开始了一些基层试点工作，以取得经验。但最初几个月的进展还比较缓慢。

3. 农民专业合作社

2003年11月，《浙江省农民专业合作社条例》确立，并于2005年1月正式实施，为专业合作社的发展提供了法律支撑。同年，浙江省就被有关部门确定为农民专业合作经济组织的试点省份。多年来，在瑞安，乃至在其他一些地方，农民专业合作社有所发展，取得了一些经验和成效，但也暴露出一些体制上的深层问题：过于弱小、分散、不规范，缺乏社区依托和金融支持，难以做大做强。根本原因在于，小农基础上的农民专业合作社，不易达到规模优势，或更容易向大户利益倾斜。因此，有必要在农民专业合作社的综合、联合、整合的基础上，建设惠及大多数农村人群的合作体系，既是为了达到规模经济，也是为了体现社会公平。

在中国小农社会条件下，农户经营规模普遍偏小，专业化程度普遍偏低，在此基础上，纯粹的专业合作是难以成气候的。现在众多合作社的综合化是个必然趋势，这已经为时间所证明。专业合作中存在的一些困难和问题，需要超越专业合作来解决。而综合合作一般要以社区为载体。农村地缘关系密切，社区内的合作更重要、也更容易。发展合作经济，要充分利用社区这一组织资源，但又不能局限于社区合作，农村市场经济的发展必然会超越社区的界限，要求在更广的范围内发展多种形式的联合与合作。国际经验表明，没有各种专业合作的内容，社区合作必然是空中楼阁，没有社区合作的依托，各种专业合作也只能是无本之木，完整的农村合作既要包括社区合作，也要包括金融合作，缺乏金融合作就是无源之水。而基层合作的有效半径，基本上不能超出熟人社会。但有些地方和部门片面强调合作社的“带动”作用，追求人头越多越好，否则就不给政策支持，这让农民无所适从。合作社越大，反而越容易造成内部少数人控制，外围农民就越是没有参与热情，这又加剧了合作社向大户控制的龙头企业方向演变。合作社的人员规模不能太大，但是业务量又要追求一定的规模经济，为解决这对矛盾，无论专业合作和社区合作，都需要在基层横向联合的基础上发展纵向联合,这就是多层次合作。

即便是退而求其次,正如企业可以有属于自己的行业协会一样,现有的农民专业合作社至少也需要一个类似的联合组织,作为合作社与政府、社会沟通的桥梁,并行使行业协调、指导功能,通过行业自律取得社会公信。通过合作社的再合作、再联合,从而达到规模经济,这是合作事业发展的客观规律和内在要求。但是明显有的农民专业合作社原本就不规范,在现状基础上采取形式上的简单联合,敷衍了事。

总之,小农经济难以自发产生农民专业合作,更难以有效支撑农民合作。在放任自流的情况下,农民专业合作社往往向综合化发展,更只能是以农业“大户”为主体的,最后成为龙头企业的变种,剥夺众多散户的利益,有违中央政策的初衷。要建立惠及大多数农民特别是兼顾农村社会下层需求的合作机制,有赖于政府的积极创新和大力主导。至于供销社、信用社之回归合作、回归三农,也有必要走出原有体制的局限。目前,各级各类合作事业的发展、规范与改革都有了相当的基础,又都遇到一些瓶颈问题。合作的综合、联合与整合,是合作事业发展的必由之路。

村民自治的诸多困扰,必须从外部进行分析与解决;农村治理的研究与完善,必须以农合组织稳定发展为支撑点;理清合作社与“集体所有制”间的关系界定,更不应该将其想当然地认为是具有营利性质的“企业”;于是,纵观国际,我国的农村合作模式应借鉴东亚模式,以农协合作发展为基本方向。但是,基于中国国情,必须正视信用社、供销社现存的问题,在现有资源的基础上进一步整合[①]。

历史与现实,理论与实践,在瑞安交汇。

2005 年年底,随着《中共中央国务院关于推进社会主义新农村建设的若干意见》的颁布,我国新农村建设迎来了新的发展机遇。2006 年 1 月,全省农村工作会议指出:努力建设以供销社、信用社合作、专业合作社发展,并以“三位一体”农协为基本架构的农村服务体系,积极促进农业经济与农业社会发展。这使得瑞安积极开展“三位一体”农协工作具有方向性的指引。

① 陈林,“村治的残缺、冲突与整合:作为非营利中介组织的农协模式初探”,民政部 2001 年村民自治国际研讨会上的发言。

按照省委的精神,2006 年 3 月 17 日,瑞安市举行第十三届人大第四次全体会议,在会议通过的《瑞安市人民政府工作报告》中决定成立瑞安市“三位一体”农协,探索农村金融、流通和科技一体化的新型合作化体系。至此,“万事俱备,只欠东风”。2006 年 3 月 25 日,瑞安农村合作协会第一次会员代表大会召开。会议决定进一步加强农民供销、信用、专业“三位一体”合作综合农协工作。

瑞安农村合作协会系由合作银行、供销联社以及瑞安辖内农民专业合作社、村经济合作社,在农办、农业局、科技局、民政局以及人民银行、银监办等部门的支持下,资源采取多层次的合作、联合与整合而成。从合作社到“三位一体”的农村合作协会,是迈向大合作、综合合作、多层次合作的关键一步,又是农民供销合作、信用合作、专业合作各自发展、规范与改革的殊途同归。

瑞安农协的会训是“三位一体服务三农,条块交融统筹城乡”。会训充分体现了三位一体的成立宗旨,指出三位一体的最终目标就是打破条块分割的现状,实现城乡间的交融发展。瑞安农协作为新农村建设的重要标杆,为全面探索中国农协模式做出了突出贡献。

(二)“三位一体”农协的组建

人类历史上,社会主义经历了从空想到科学、从理论到实践的二次飞跃。这个进程就是对合作组织的认识、设计和实施的进程,在这个进程中围绕着合作组织出现了激烈的分歧,争论和斗争伴随其中。新形势下中国的新农村建设不能不探索新的农村合作体制,目前在中国的农村存在供销合作社、信用合作社、专业合作社等三大类型的农村合作组织,但是,由于沉重的“制度遗产”,在供销社、信用社深化改革过程中,历史遗留的产权问题仍然难以解决,而专业合作社则存在机构不规范、法律责任不明确、经费支持不足等问题,在组织农民进入市场、为农民提供社会化服务等方面表现得并不得力。目前农村的三类合作组织无论是在生产规模上还是在组织方式方法上都存在着严重的缺陷,而且这三类组织都是合作组织、都是为农民服务、都是改制后的县(市)级法人,都存在严重的功能互补性,因此,构思与探索供销社、信用社与专业合作社“三位一体”的农村合作协会自然引起政界、学界的高度关注。

瑞安农村合作协会自 2005 年 6 月开始筹备,于 2006 年 3 月正式成立,是全国首家县市级综合性农村合作组织,具有突破意义和深远影响,被称为新农村建设的“温州模式”。进入新世纪以来，瑞安市各级各类合作事业有所发展，但是由于相互之间相对封闭、信息渠道不畅、贷款融资难、政府扶持政策到位难等问题，出现了整合社会资源力量不足、承接政府某些社会职能不够等问题。特别是在供销社、信用社深化改革过程中，历史遗留的产权问题仍然难以解决。这些都严重地影响了合作组织功能的发挥。在市场竞争日趋激烈的情况下，单个合作组织难以适应竞争的压力，各种合作组织普遍要求走向进一步的联合。同时根据国际惯例和世界贸易组织的要求，今后政府对农业的支持越来越多地要通过中介机构来实现。在这样的双重要求下，构建一个既能优化资源配置，又能传递农民呼声的农村合作组织协会（见图1-1、图1-2）这一高层次综合性服务平台，显得十分必要和迫切。

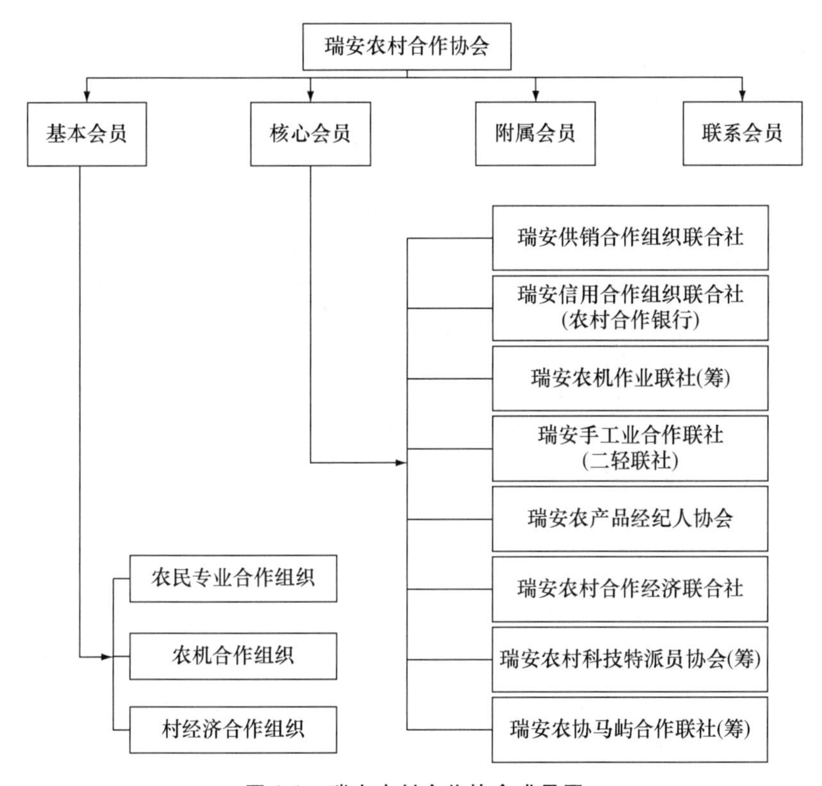

图1-1　瑞安农村合作协会成员图

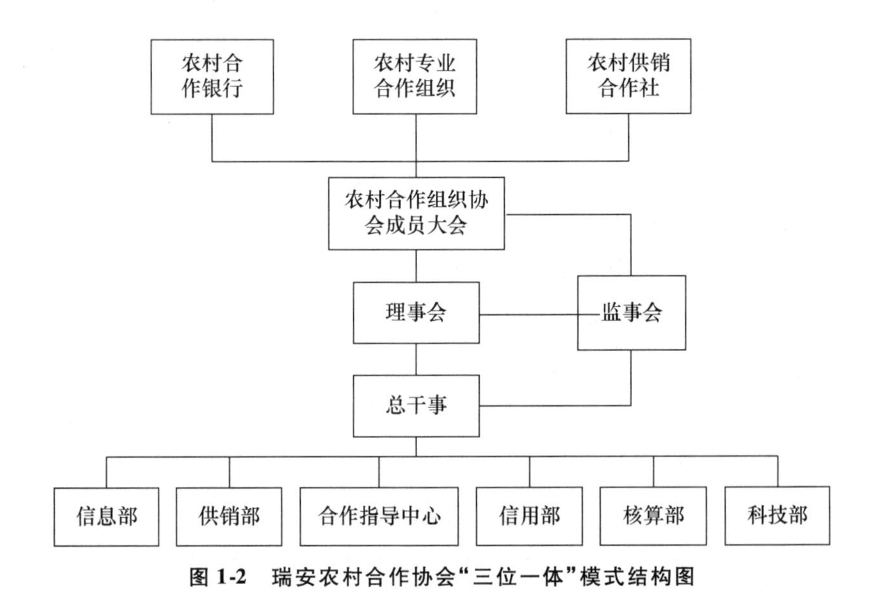

图 1-2　瑞安农村合作协会“三位一体”模式结构图

协会创造性地提出了预备会员、联系会员、附属会员、基本会员和核心会员的会员分级制度和会员分类制度。第一次会员代表大会确认瑞安信用合作组织联合社(农村合作银行)、瑞安供销合作组织联合社、瑞安农村合作经济联合社、瑞安手工业合作联社(二轻联社)、瑞安农产品经纪人协会、瑞安农机作业联社(筹)、瑞安农协马屿合作联社(筹)和瑞安农村科技特派员协会(筹)为第一批核心会员。另外有近百家各类型合作组织成为农协的第一批基本会员,并在外围发展数千农民成为农协的附属会员,以及近十几万的联系会员。

纵观协会的组织设计,平衡了多方利益诉求,发挥各类会员优势,体现核心会员的引导作用;听取多方意见与要求,充分保证资源整合与信息共享;协会中设立领导改选制度,充分体现民主制度,有助于维护协会的权威性以及稳定性;以“三权分立”为会务机关的制度原型,基于农协自身特点,保证协会管理与运作的制衡性;瑞安农协结构本身具有高度的弹性,瑞安农协的会员组织以专业性合作组织居大多数,类似欧美模式,而会员代表名额分配的固定比例制度,又使其具有稳定性。

在农村合作经济协会组建的框架下对农村供销社、信用社和专业合作组织进行改革并力促其发展。协会成员的权利、义务与会费标准详见表 1-1。

表 1-1 瑞安农村合作协会会员权利、义务与会费标准

<table>
<tr><th rowspan="2">会员等级</th><th rowspan="2">资格条件</th><th colspan="2">权利义务</th><th rowspan="2">会费标准（每年）</th><th rowspan="2">会费折抵</th></tr>
<tr><th>权利</th><th>义务</th></tr>
<tr><td>核心会员</td><td>中心合作组织（联合社）及其他涉农单位、团体</td><td rowspan="4">(1) 表决权、选举权（核心会员的表决权是基本会员的10倍。基本会员的表决权是附属会员、联系会员的10倍。本会另有规定的除外）
(2) 被选举权
(3) 优先参与本会（或本会认可机构）的业务与活动，并享有优惠和服务
(4) 对于本会工作具有批评建议权和监督权</td><td rowspan="4">(1) 认同瑞安农协的会训，即“三位一体服务三农，条块交融统筹城乡”
(2) 遵守本会章程和纪律，执行本会的决议，维护本会的合法权益和声誉
(3) 积极参与本会活动，完成本会交办的工作，向本会反映情况和信息
(4) 按规定缴纳会费或以本会认可的形式折抵会费</td><td>10 000 元</td><td rowspan="4">会员向本会（或本会认可机构）提供实物、劳务或其他财产权利，合乎需要并合理作价，可以折抵会费。志愿工作视为提供劳务
会员与本会（或本会认可机构）进行交易，完成一定的惠顾交易量或交易额，合乎需要并合理换算，可以折抵会费</td></tr>
<tr><td>基本会员</td><td>基层合作组织、种养大户及其他涉农单位、团体</td><td>1 000 元</td></tr>
<tr><td>联系会员</td><td>基层农民、支农志愿者及其他个人、涉农单位</td><td>100 元</td></tr>
<tr><td>附属会员</td><td>加入本会的合作组织及涉农团体的内部成员、加入本会的农民户主以外的家庭成员</td><td>10 元</td></tr>
<tr><td>预备会员</td><td>瑞安境内农民尚未履行会员登记手续的视为预备会员</td><td>不具有表决权、选举权和被选举权。可应邀参加某些业务与活动，享有部分优惠和服务</td><td>认同本会会训，愿意参与本会业务与活动</td><td colspan="2">预备会员无需缴纳会费或折抵会费</td></tr>
<tr><td>备注</td><td colspan="5">会员停权与复权：未按规定时间与要求缴纳或折抵会费的会员，予以停权。停权会员保留会员资格，仍可参与本会的业务与活动，但是不具有表决权、选举权。会员恢复履行会费义务两周后，予以复权。</td></tr>
</table>

（三）结构设计与业务运作

针对“三位一体”农村合作协会具体而言，农村各级各类合作社在保持原有的法人地位的基础上，普遍加入合作协会，实行多重会籍制度，基本分为：合作社为基本会员；联合社、专业团体为核心会员，其中的内部成员以及外围农户也可直接加入作为联系会员。这种“联邦式”的会员分级制度不仅是对现有利益格局的尊重，也是对每个入社会员利益的尊重，不仅可以发挥各个会员的优势作用,还可直接将农协与每个农民联系在一起。夯实农协的群众基础,“反哺”合作社的规范化建设以及相关部门的深化改革。

基于农协的组织特性,农协至少是由一个合作组织组织而成,因此相当于一个合作组织的行业协会。逐步扩大农民与合作社对于农协的参与程度。农协不仅可以为农民提供直接的帮助,也可为专业合作社提供技术、流通、管理等方面的指导和服务。努力实现基层供销社重新融入农协中,保证供销社回归“三农”服务以及合作制的发展,并以自身的发展为榜样,发挥骨干带头作用。农村信用社的增资扩股,并不会淹没原有股东的利益取得,原有社员可以作为小额股东重新加入农村合作协会中去,只是一种形式上归属的改变,并不会改变社员的既得利益。不仅如此,大规模的农协还可以更好地保护小额股东的利益不受侵害。农村合作业务可以立足本土发展,以农村合作协会为出发点,鼓励合作组织大力发展信用评级、农民担保等业务,拓展营销网络,加大服务力度与广度,既降低银行贷款风险,又保证农业资金的来源。农业发展离不开科技的支撑,大力发展科技支农项目,采取特派员下乡考察等手段,因地制宜地研究适合的农业技术,尤其是必须加强关键技术的研发力度,保证农协建设的技术支持。农协也可以接受政府部门的委托,帮助政府行政职能的高效实现,成为政府的合作方,并欢迎与邀请各界人士志愿投身于新农村建设的潮流中来。

实行专业合作梯度发展模式,实现农产品分类发展与流通,最终实现以农协为基础,覆盖面广的专业委员会,形成成本低、组织化程度高、覆盖面广的组织化行为;社区合作的发展离不开农民的支持,必须因地制宜、实事求是,整合各种农村资源,实现综合性的农村服务;努力实现与完善基层合作社中的各项功能,尤其是金融、流通、科技等与农民发展息息相关的功能;发展中心合作社,扩大农协的服务面,实现农协的带头作用。推广并使用“瑞安协”等具有代表性的集体商标,保障各项服务的有效展开。促进农协中设立信用、供销、科技等等各职能部门,在有序、高效的基础上各司其职。

可以预见,将来的发展趋势将是基层供销社重组加入农协,农协则持股合作银行,实现托管方式管理。通过互惠互利,供销社与合作银行也可利用农协的市场与群众基础发展自身,从而拓展两者的营销网络。农协通过发挥其行业协调、行政指导、产品监督和行业自律等功能,充分体现农协中基层合作社以及农户的主体作用,随着政府职能的深刻转变以及农村综合改革的不断深入,农协不仅可以帮助政府实现部分职能,也可以成为县、乡政府的有力合作者。

从瑞安前期的运作情况来看,农协的作用不只是单纯地为农民提供服务,还必须发挥组织作用,收集与反映农民的集体诉求,集中和放大农民的声音,体现农民的主体地位。农协不应成为单纯的慈善性组织,不应将自身职能设定为简单的慈善给予,还应充分发挥其引导与鼓励的作用,帮助农民自主致富,在合作制的基础上创造更多的实际的"好处"。农协既然是农民自己当家做主的合作组织,必须充分发挥农民的主体力量,努力成为农民的谈判代表,时刻为农民谋福利,在实现现代化农业发展的基础上,确保涉农部门的政策帮扶以及金融、流通、科技资源向亟需这些资源的农村倾斜,改进生产方式,降低行政成本。

调查发现瑞安"三位一体"农协的实践形成了以下特点:

首先,以金融为核心。金融的发展离不开信用的界定,农协的发展以及农业经济水平的提高,必须建立在对合作社乃至农户的信用评级的基础之上,并在外部评级的基础上,充分鼓励合作制及其社员发展自评、互评等一系列的信用评级手段。2007 年 6 月底进行了对 3 万多农户和 24 家合作社的信用评级。农信担保公司提供贷款担保约 5 300 万元,小额信用农户贷款超亿元,发放联保贷款 800 万元。在此基础上,瑞安农协信用部率先开展了股份分红试点,并在朱岙底合作社和北龙合作社中嫁接金融功能,2006 年朱岙底农民提高年均收入 3 000 多元。可以发现,为实现金融的发展,农协中的信用评级、担保体系建立以及资金互助工作正在紧锣密鼓地展开,农村的金融发展正在持续升温。

其次,以流通为主导。农协在生产、服务等各环节(包括质量管理、物流以及售后服务等等)统一推广使用"瑞农协"作为集体商标。大力推进农超对接等农贸一体化体系,努力打造无公害绿色食品专卖店、专卖柜。64 种农产品直接进入 39 家超市门店及农贸城摊位销售。农协组织 23 家合作社的 42 种农产品参与举办农特产品展销会,一个月不到的时间,五洲超市的一个门店就为农协单位销售 9 000 多公斤农产品,实现销售额 2.7 万元,农产品销售的中间环节大大减少,销售售价明显提高。农协的供销部努力开拓农资供应新渠道,开展了多项农资团购活动,农协整合了梅屿、荆谷、顺泰等几个乡镇的农资供应门市部,成立了"农资放心连锁店",农协还利用浙江省农资集团惠多利农资连锁体系,带来了 300 多种来源可靠、价格便宜的农资,大大节约了合作社和会员农户的生产成本。浙江省供销联社批准瑞安农协加入,瑞安农协成为其成员单位。

最后,以科技为支撑。科技支农项目向合作社倾斜,由农村合作协会辅导申报并协助研发、督查和验收。科技特派员加入农协并与基层合作社结对。协调整合科技信息中心的农技站、农机站等资源,组建瑞安农协科技部,负责农业新技术、新品种的引进试验研发、科技指导与培训、科技交流考察与合作等活动。依托瑞安科技信息网,整合瑞安农业信息网、瑞安农业科技网,建成瑞安农村合作网。加强农协及合作社平台的应用技术开发,以信息化推动合作化。提高农业技术的开发水平,并在一些地区推广橄榄树治理、番茄防虫害、玉海春早开发、温莪术系列产品开发等几项技术,取得了显著成效。此外,瑞安农协还获准加入了温州市科协并以瑞安农协及其会员单位为平台,通过引进与合作的方式,先后组建了温州医学院瑞安温莪术研究开发中心、福建农科院瑞安果树引繁科技创新服务中心、浙江省农科院瑞安园艺科技创新服务中心、温州农科院强绿番茄研究所、瑞安农科所梅屿蔬菜设施栽培技术示范中心等五个农村科技创新服务中心。

瑞安农协的结构设计以及具体运作说明,“三位一体”农协的建设必须立足中国实际,将内外资源整合,改造苏联模式下的合作组织,研究农村专业合作为主与农村社区合作为主的两种模式,对于国际上的合作社制度与农会制度进行折衷融合。通过组织整合与资源整合相结合,促进农民专业合作社的综合、联合与整合,促进供销社、信用社的改革、重组与回归(回归合作、回归三农),促进政府涉农部门转变职能、规范行政与问责,反映农民以及合作社的诉求和呼声,维护其权益和地位。通过这种根植中国本土制度的自主创新,汲取广大干部群众集体智慧的结晶,时刻立足最新的理论与经验,不断更新与改进我国现实体制下的综合农协路线图。

(四)瑞安“三位一体”农协机制

1. 法律机制

虽然瑞安市发达的市场经济带来了农村生产力的迅速解放,但瑞安人敢于创新的人文精神和文化底蕴并不能解决发展过程中难以避免的现实问题,其中资金不足、条块分割严重的问题尤为突出。因此,必须调整现有的生产关系,以适应生产力的发展。虽然,农村合作协会的组织形式也不一定是包治农村百病的良药,但从国内外历史发展来看,也还没有更好的方法能够替代农村合作协会的组织形式,有效解决农村生产发展中出现的综合问题。不可否认的是,农协虽然是超越旧观念,打破已有既得利益的新型农村发展体系,是一个新的发展平衡点,但在没有强制行政政策的支撑下,一切都显得那么脆弱与多变。可想而知,这个平衡点是动态的、脆弱的,尤其是缺乏体制上、法律上乃至部分现实的保障。导致后续发展无力,推广更加无从谈起。瑞安农协成立以来,始终游离在体制之外,没有社会地位和法律地位。由此不难发现,是否能将瑞安经验抽象化、制度化乃至法制化,是瑞安农协能否开花结果并在全国各地落地生根的关键。

2. 资金机制

根据国家有关法律法规,以及相关政策文件精神,瑞安农村合作协会试图从两个方面来缓解资金短缺问题:一是农民在供销社与信用社中资产利益的实现,自合作协会成立之日起,其必须代表广大入社会员的利益,其章程中也将行政区域范围内的农民划分为其不同层级会员。因此,一方面瑞安农协必须成为农民的利益的代言人以及服务的提供者,作为供销社和信用社中社员股金及权利的受托人。另一方面,在两社整合之后,可以行使原两社对其社员也就是现有股东的权利及义务。这为农村合作协会的发展提供了弥足珍贵的现实资源。

二是农协也可实行部分的政府职能,代替农业政策执行、实现农业技术推广和实施的综合劳务,由政府支付一定的劳务报酬。最终实现农协的可持续发展和服务“三农”的目标。因信息的不对称以及政府的政治属性,政府很难对农业的发展进行因势利导、因地制宜的支持,加之绩效评价体系的缺失,农民成为了被动行为者,丧失了自主发展的特性,可能演变为,为了得到发展补贴,吹嘘与虚构推广项目和效果,导致了另类“放卫星”的形成。或者政府将这种政策与技术的推广办成了慈善补助,没有从根本上改善农民的发展现状,加之其中腐败现象丛生,资金在下放途中就被各种利益主体选择性地扣留。由此可见,这种推广是对农民自主性以及主体性的忽视,没有抓住“三农”问题的本质所在。因此,必须发展农协这种专业合作组织、农民发展需求统筹并承接政府劳务委托的统一平台和协调组织,依托农村合作协会——专业合作组织——农民为体系的发展模式,依据农民的自身发展需要,时刻倾听农民的内生发展需求,针对性地实施农业政策和农业技术推广。这种政府将部分服务“三农”的业务以及技术的推广通过具有代表性的合作组织进行推广,将政府的政策制定与推广义务相分离的行政方式，能大大提高政府的行政效率，更大限度地发挥农协作用，更好地服务“三农”。最后，政府按照推广效果给予农村合作协会一定的劳务报酬。

3. 服务机制

服务“三农”是农村合作协会的成立宗旨，农协各项工作的展开都必须以此为中心进行。显然，农村合作协会服务“三农”主要体现在两个方面：一是，农民及农村专业合作组织的联购联销；二是，促进农村金融合作的发展。立足“三农”发展整体层面，不难发现，其发展需求是综合的、立体的，其发展必须要注重全方位的联合与合作，不仅需要产中、产后，也需要产前统筹、协调和规划，这样农业才能高效发展，否则容易出现无序竞争、效率低下、重复生产投入等非良性发展的现象。因此，全方位、立体式、综合性的合作、联合和整合，在一定程度上能缓解这种现象的发生，也将是“三位一体”农协服务“三农”的必须长久坚持的有效服务方式。

4. 政治机制

有学者认为：由于中国选举非正常化，中国的参政议政通道从上到下由企业家们把持着：钱多的，进入高层的人大或政协；钱少的，进入低层的人大或政协。这批企业家所组成的中国官员依然代表的是包括自身在内的少部分人的权利，并没有政治化，很难成为全民的代表，更无法反映农民的心声，中国可能逐步走向“政治黑金”。农村合作协会作为以经济为纽带的乡村组织形式，具有覆盖面广、群众组织扎实、综合性强、带头作用明显、代表群众利益、经济效益明显的特征。

因此，不管从哪个层面来看，农协必然成为农村发展的现实需要，是今后乡村治理的首选模式。在中国目前的政治生活中，工人有工会作为他们的代言人，企业主有商会作为他们的代言人，农民的代言人却是个空白。农村合作组织协会作为代表农民的组织，应该发挥农民代言人的作用，它应该和总工会、总商会一样在国家政治协商的大家庭中发挥作用。中国共产党在农村的组织部署，也有必要顺着农村合作协会——专业合作组织——农民的体系延伸到基层，如图 1-3。中国的政治体制改革和民主进步是在和风细雨式的不知不觉的状态中慢慢推进，任何激烈的行动都会破坏中国的现代化进程。农村合作组织是代表农民实现社会民主化的可行的成本最低廉的路径选择。

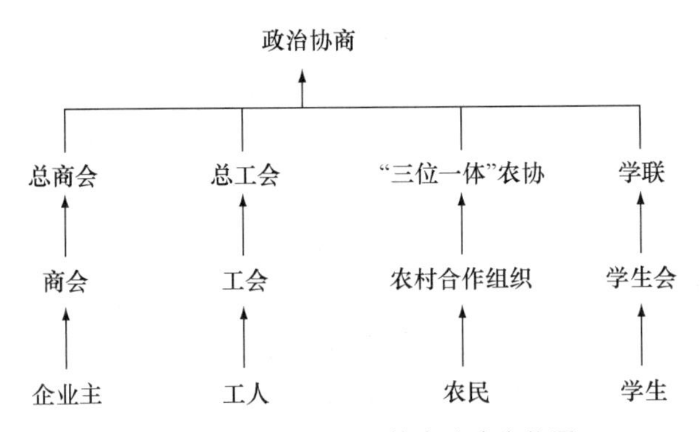

图 1-3　农村合作组织协会政治定位图

(五)“三位一体”农协资金流程与绩效

温州瑞安农协提出了构建农村合作组织资金的外部来源的设想。该模式的主要流程是:在一定的社区范围内,地方政府向农村合作组织直接注入财政资金;农村信用社或者农村社区银行按合同规定向农村合作组织和农民提供小额信贷和吸收存款。农村合作组织协会每年定期对协会的成员进行信用评级,农村合作组织需要公共资金时向农村信用社或者农村社区银行提出小额信贷申请,农村信用社或者农村社区银行以农村合作组织提供的信用评级向农村合作组织发放贷款,并且以农村合作组织协会的注册资金承担有限责任。参加合作组织的农民需要生产投入时直接向农村信用社或者农村社区银行提出小额信贷申请。农村信用社或者农村社区银行根据农民可以依托的农村合作组织的联保发放贷款,农村合作组织以农民的入股额或投资额为限承担连带责任,同时农村合作组织协会以注册资金向农村信用社或者农村社区银行承担有限责任。这样,在农村合作组织协会的体制下,既可以解决农村合作组织和农民的资金需要,又可以为农村社区银行的资金提供安全保障。

“三位一体”的关键之一在于政府对农村合作组织的投入。农民财产的稳固以及服务的积极性,并不是农民合作事业启动和发展的全部条件,农民合作事业的发展必然需要强有力的外部力量的支持。不以自身营利为目标的合作组织要能够自我维持和发展,必须满足以下两个条件:一是需要具有奉献精神的合作组织领导者,二是必须获得来自外部的物质资助来保证组织的正常运作。这种资助的承担者即为社会,由全体国民承担其发展成本,如同当初进军

“工业化”而使农民承担发展成本一样。以我国现阶段的综合国力,已经具备承担这种成本的能力。目前,以“支农支出”和“新农村建设”为名的国家财政支农资金每年达几千亿元。然而,这部分资金在新体制的使用效果并不乐观,效率低下,资金不到位现象屡见不鲜,通过农村合作组织可以大大提高政府财政涉农资金的投入绩效。

“三位一体”的关键之一在于农村合作组织协会对其成员进行信用评级并进行有限责任的信用担保。因此,农村合作组织协会必须是一个经济实体,必须有自己的经费来源。为了解决这个问题,项目组提出一个思路。从中国农村合作经济发展的历史来看,20 世纪 50 年代,中国信用社作为农村金融合作,供销社作为供销合作,系统的构建已经基本完成,只不过被“一大二公”错误引导,盲目追求“大”“公”的发展,将“合作化”混淆于“集体化”,导致合作制发展失衡,合作定义不清。虽然信用社和供销社问题重重,不可否认的是,在两者发展过程中大量的资金与资源的积累为农协的发展提供了一定的资金基础。

农村合作协会基于其两项基本职能:一是实现农民代言人和综合服务人的角色。二是成为信用社和供销社农村合作组织成员股金及权利义务的受托人,再受委托全权行使两社中成员也就是改制后股东的权利和义务。这样就可以为农村合作组织协会提供源源不断的经费来源。这项工作在县政府的协调下完全可以做到,强调农村合作组织建设必须在政府引导下进行的意义正在于此,见图 1-4①。

根据不同主体对农村合作组织绩效的侧重,项目组聘请了 5 位专家分别对瑞安农村合作协会资金绩效等级进行评估,各类评价因素和评估指标见表 1-2。

---

① 农合组织协会资金外部来源“农协模式”流程如下:一、政府直接通过财政向农村合作组织进行资金支持,其方式可以是农村合作组织协会承担农村政策、农业技术推广、公共服务等方面的综合劳务,政府提供相应的报酬。二、信用社向农村合作组织协会注入无主财产。三、供销社向农村合作组织协会注入无主财产。四、信用社根据农村合作组织协会提供的信用评级向农村合作组织或者农民提供贷款。五、农村合作组织协会向社区金融结构提供农村合作组织和农民的贷款担保和信用评级。六、社区金融机构向农村合作组织或者农民提供贷款。七、农村合作组织加入农村合作组织协会。八、农村合作组织协会向农村合作组织进行信用评级并承担有限责任。九、农民加入农村合作组织,并以出资额为限承担有限责任。十、农村合作组织向农民提供联保并承担连带责任。

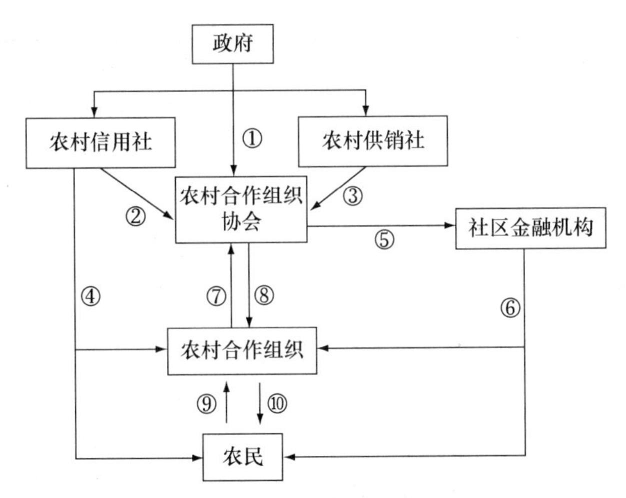

图 1-4　农村合作组织协会资金外部来源的"农协模式"图

表 1-2　瑞安农村合作协会绩效评估因素、权重和评估比例表

评估因素权重分配				评估因素评估等级比率			
因素分类名称	序号	单因素名称	权重 A_{ij}	Ⅰ	Ⅱ	Ⅲ	Ⅳ
				评估比率 r_{ij}			
农户收益	1	信息服务	0.35	4/5	1/5		
	2	收入增加	0.2	3/5	1/5	1/5	
	3	农资费用节约	0.1	1/5	2/5	2/5	
	4	民主程度	0.1	1/5	2/5	1/5	1/5
	5	农民素质提高	0.1		3/5	1/5	1/5
	6	农民满意程度	0.15		2/5	3/5	
组织发展	1	内部管理制度	0.2		2/5	3/5	
	2	分配公平性	0.3	1/5	2/5	2/5	
	3	参与公益事业	0.1	1/5	2/5	1/5	1/5
	4	竞争力	0.15		2/5	3/5	
	5	吸引力	0.25	2/5	2/5	1/5	

（续表）

评估因素权重分配				评估因素评估等级比率			
因素分类名称	序号	单因素名称	权重 A_{ij}	Ⅰ	Ⅱ	Ⅲ	Ⅳ
				评估比率 r_{ij}			
农业产业化进程	1	集中销售比率	0.2	1/5	2/5	1/5	
	2	农业技术推广采用	0.35	1/5	2/5	2/5	
	3	区域种养规模效应	0.15	2/5	2/5	1/5	
	4	联系龙头与农户程度	0.1		1/5	3/5	1/5
	5	农业产值对经济增长贡献	0.15		1/5	2/5	2/5
	6	带动农民就业	0.05		1/5	3/5	1/5
配合政府工作	1	政策贯彻实施情况	0.3	1/5	2/5	2/5	
	2	对政府决策支持力度	0.2		2/5	2/5	1/5
	3	政府扶助效果	0.3	1/5	2/5	1/5	1/5
	4	上联政府下联农户	0.2	1/5	1/5	2/5	1/5

农村合作协会在不同阶段的运行效果的侧重是不一样的，经专家讨论，统一认识后，得出权重集：

$$A = \{0.4, 0.25, 0.2, 0.15\}$$

由评估比率可确定评估目标和评估集合之间的评估矩阵，并对每个等级 V_j 赋予一个系数 C_j（为一个选定的正实数），比如Ⅰ评估等级为 1，Ⅱ评估等级为 0.7，Ⅲ评估等级为 0.4，Ⅳ评估等级为 0.1，C_j 组成一个向量 C，

$$C = (c_1 c_2 c_3 c_4) = (1.0, 0.7, 0.4, 0.1) \tag{1-1}$$

以农户层面评估指标为计算列，求该因素的评估矩阵 R_1：

$$R_1 = \begin{bmatrix} 4/5, & 1/5, & 0, & 0 \\ 3/5, & 1/5, & 1/5, & 0 \\ 1/5, & 2/5, & 2/5, & 0 \\ 0, & 3/5, & 1/5, & 1/5 \\ 0, & 2/5, & 3/5, & 0 \end{bmatrix} = \begin{bmatrix} 0.8, & 0.2, & 0, & 0 \\ 0.6, & 0.2, & 0.2, & 0 \\ 0.2, & 0.4, & 0.4, & 0 \\ 0.2, & 0.4, & 0.2, & 0.2 \\ 0, & 0.6, & 0.2, & 0.2 \\ 0, & 0.4, & 0.6, & 0 \end{bmatrix} \tag{1-2}$$

各类因素的评估结果：

$$B_i = A_i \otimes R_i = (a_i)_{1\times n} \times (r_{ij})_{n\times m} = \bigvee \begin{bmatrix} n \\ (a_i \wedge r_{ij}) \\ i=1 \end{bmatrix}_{1\times m} \tag{1-3}$$

$$\begin{aligned} B_1 &= A_1 \otimes R_1 \\ &= (0.35, 0.2, 0.1, 0.1, 0.1, 0.15) \otimes \begin{bmatrix} 0.8, & 0.2, & 0, & 0 \\ 0.6, & 0.2, & 0.2, & 0 \\ 0.2, & 0.4, & 0.4, & 0 \\ 0.2, & 0.4, & 0.2, & 0.2 \\ 0, & 0.6, & 0.2, & 0.2 \\ 0, & 0.4, & 0.6, & 0 \end{bmatrix} \\ &= (0.35, 0.2, 0.2, 0.1) \end{aligned}$$

同样的方法可以计算出:

$$B_2 = (0.25, 0.3, 0.3, 0.1)$$

$$B_3 = (0.25, 0.35, 0.35, 0.15)$$

$$B_4 = (0.2, 0.3, 0.3, 0.2)$$

经归一化处理后得:

$$B_1 = (0.4, 0.24, 0.24, 0.12)$$

$$B_2 = (0.28, 0.32, 0.32, 0.11)$$

$$B_3 = (0.23, 0.32, 0.32, 0.13)$$

$$B_4 = (0.2, 0.3, 0.3, 0.2)$$

$$\text{综合评估矩阵 } R = \begin{bmatrix} B_1 \\ B_2 \\ B_3 \\ B_4 \end{bmatrix} = \begin{bmatrix} 0.4, & 0.24, & 0.24, & 0.12 \\ 0.28, & 0.35, & 0.35, & 0.11 \\ 0.23, & 0.23, & 0.32, & 0.13 \\ 0.2, & 0.3, & 0.3, & 0.2 \end{bmatrix} \tag{1-4}$$

综合评估结果

$$
\begin{aligned}
B &= A \otimes R \\
&= (0.4, 0.25, 0.2, 0.15) \otimes \begin{bmatrix} 0.4, & 0.24, & 0.24, & 0.12 \\ 0.28, & 0.35, & 0.35, & 0.11 \\ 0.23, & 0.32, & 0.32, & 0.13 \\ 0.2, & 0.3, & 0.3, & 0.2 \end{bmatrix} \\
&= (0.4, 0.25, 0.25, 0.15)
\end{aligned}
$$

经归一化处理后得：

$$B = (0.38, 0.24, 0.24, 0.14)$$

$$
\begin{aligned}
b &= CB^T = 0.38 \times 1.0 + 0.24 \times 0.7 + 0.24 \times 0.4 + 0.14 \times 0.1 \\
&= 0.66 \qquad (1\text{-}5)
\end{aligned}
$$

根据最大隶属原则，由总评估结果看出：瑞安“三位一体”农协运行绩效良好。但是内部管理还有问题，必须优化内部治理结构，才能进一步发挥合作组织的潜力。

三、经验启示

（一）瑞安先行试点的阶段性成果

1. 理论创新带动制度创新，政治权衡造成改革态势

“三位一体”农村合作协会的筹建进行了长期、系统的理论准备。不仅继承、消化和吸收了社会学、政治学和三农学界的知识资源，又大大超越了原有的研究范式和思维定势，从经济学、金融学和法律学、公共管理等学科汲取养料和灵感，通过理论创新带动制度创新。有关工作，涉及了金融深化研究、市场营销学研究、非政府组织研究、欧美模式与日韩模式的合作制比较研究。特别是创造性地把现行制度下的合作社、社会团体与民办非企业单位进行有机嫁接，在组织结构设计、金融机制设计上有所创新。

在理论上、制度上既立足当下，又着眼未来，形成一套完整的体系设计与政治理论。在技术研究层面，注重专业性与可行性并存。在政治理论上要海纳百川，人称“左派见其左，右派见其右，保守派见其守，激进派见其进”，并在广为探究的基础上，充分发挥其灵活性，不要拘泥于定式。在改革之初，必须整合与团

结一切可以整合的资源与力量,融合多种理论与发展的意识形态,树立正确的政治理论,在理论层面占领优势,赢在起步。

试探底线。实时把握各方对于改革的反应与回应,他们的底线在哪里需要在改革前有个预判。在这个意义上,瑞安所作的工作至少相当于"摸着石头过河"脚下的第一块石头。通过"一个农协,各自表述",可以"仁者见仁、智者见智"。各抒己见,"在其位,谋其政",不同专家看到的是不同的理论问题,包括三农问题、金融问题、社会问题,政治问题等。

造成态势。联合横向与纵向涉农部门,与横向部门初步达成协调与共识,并引起相关纵向部门关注和介入。形成合力支农的局面,鼓励农民与合作社的参与和支持。不可否认,目前这种局面尚不成熟。横向与纵向部门间的发展矛盾以及不同的利益诉求,成为了发展的一个不稳定因素。必须尽快深化体制改革,发展新型制度,这也是促进体制改革的又一因素,也为改革打开了"又一扇窗户"。

2. 充分利用现有的组织资源,精心预留未来发展空间

"三位一体"农村合作协会这个名称有利于争取金融部门的好感与支持,也容易避免陷入"农业合作"的狭隘范畴或者"农保协会"的敏感字眼。进一步可以简称"合作协会"或"农协"。简称"合作协会",侧重于合作社的联系,农村合作协会是各级各类合作社的大联合,至少可以说是一个合作社的行业协会。简称"农协",侧重于农民的联系,农协归根结底是为农民服务,是农民的间接组织,是一个结构化的组织。

在我国农村,长期以来,县级以上的各种经济活动都被政府和官办供销社、信用社一级各种官僚部门和"龙头企业"所垄断,农民合作的空间有限。现在这种"三位一体"、"条块交融"的合作协会,在基层合作的基础上形成纵向的联合组织,为农民和农民合作社找到了"娘家",也提供了更大的合作空间。在政府的鼓励和引导下,可以有越来越多的农民参加合作社,越来越多的合作社参加合作协会,塑造和提升农民在新农村建设中的主体地位。

农协中的会员分级、双重会籍"联邦式"设计体现了其对现有格局的尊重,预留了发展空间,是改革与发展的求同存异、先易后难、循序渐进、重点突破。多种类型的分级方式,既充分发挥核心会员的优势和作用,也容纳和平衡各级各类会员的利益和诉求。其中的奥妙所在,更在于促进农民供销社、信用社、专

业合作社和其他涉农部门的健康发展、规范化建设以及深化改革。

从最低层面来看,至少农协可以作为合作社的一个行业协会或者一种联合组织,在服务“三农”的基础上,接受部分政府委托,实现高效的政府政策实施,主要是完成技术推广、社区服务以及农业扶持等职能。在不断发展与深化体制改革的过程中,农村合作社协会可以通过取长补短、去其糟粕,最终达到综合农协的功能。即便目标无法实现,但其的存在仍有一定的意义与价值。目前来看,虽然现阶段农协会员组织将以专业合作社居多,似乎更接近欧美模式,但是随着社区性合作组织的不断增多并整合进入农协,特别是更多的农民与农协建立和巩固直接联系,农协又将向日韩模式方向移动。这就是制度设计和博弈结构的高度弹性。此外规定了人员的交替改选制度,有助于维护农协发展的稳定性和开放性,更加注重民主与制衡。

3. “一个农协,各种表述”:部门之间的动态博弈机制

为了平衡协调各方面的利益,调动各方面的积极性,瑞安先行试点中主张“一个农协,各种表述”。供销社、合作银行、科协、科技局、农办、农业局可安心于其自己的地位与作用。瑞安农协还寻求加入了浙江省供销联社和温州市科协。民政部门也从登记主管机关的角度给以支持。

“三位一体”农村合作协会的构建必须从实际出发。他们的方法是整合历史遗留下来的体制内资源,发挥信用社、供销社的积极性,努力取得农业局、科技局的支持,同时把改革开放后农村自发涌现出的专业合作社、村经济合作社结合在一起。瑞安在先行试点过程中,逐一争取了各类金融部门、涉农合作组织、涉农部门、检查部门以及相关事业单位的大力支持。市委组织部、团市委也积极参与——组织部从整合基层组织资源的角度,配合农协试点加派和调整农村工作指导员,而团市委则与农协共建新青年志愿队,把团员青年的支农活动搞得有声有色,得到了团中央的表彰。很多农民骨干与合作社带头人更是热情投入。甚至于,瑞安广播电视台关于农协的报道都在省里得了奖。

在现行体制下,农协与内部整合组织也存在着法律地位上的不同,农协并不制约内部部门或组织的独立运作,在职能分化的基础上又存在着一定的资源共享,因此,农协按照社会团体法人注册,而其内部的供销部、信用部、科技部等按照民办非企业单位法人进行登记。例如农协信用部、农协科技部分别是由银监办、科技局作为业务主管单位,避开了农口部门的利益之争。这使得农协未

来的生存，并不依赖于单一职能部门，诚然在其创立之初，农协有必要依托于相关部门资源，但并不能与之脱钩。例如农协供销部依托于、但并不依赖于供销社。农民供销合作、信用合作、专业合作三者相互包容，并进一步发展与整合。在“三位一体”结构中，农协为农民和农民专业合作社提供服务，对农民专业合作社进行管理规范，针对供销社、信用社提出改革方案并实施。如果现有的供销社、信用社不能从农民利益出发，将自身利益与农民利益捆绑在一起，不断深化自身改革，最终在三位一体结构中必将被边缘化；反之，如果供销社、信用社积极参与改革与发展，为农民提供更多更好的服务，这将为其自身的发展赢得巨大空间。

任何事物都具有两面性，阻力即为动力，各个利益集团之间的摩擦力是把双刃剑。瑞安改革必须一步一个脚印，因地制宜，不能追求激进、猛进，必须不断深化，全局发展，但又不能默默无闻、暗自发展，必须通过先声夺人、吸引眼球的方式，从而获得各种涉农部门与利益主体的参与，以得到资源与资金支持。农协中每个部分又是有机的个体，为促进合作的发展，必须引入倒逼机制，进行合作博弈。要平衡涉农部门单位之间的利益，实现政府与农民间的平等地位，从而促进良性互动与合作发展，以实践的方式走出全面发展的农协道路。这样一种你中有我、我中有你、相互交叉、相互渗透、相互牵制、相互促进的结构，是动态的稳定，又具有内生的动力。这正是瑞安先行试点的精髓所在。

瑞安农协的发展只是一个雏形，但是基本的结构和路径是清晰的。这个结构和路径的形成必然经过一个必然与偶然并存的反复磨合的过程。关键在于超越旧有观念和既得利益，进行理论创新和制度创新，建立一套继往开来、推陈出新的理论，更要在各种利益关系之间进行大量的平衡、协调、补偿和置换。从而建立一种动态平衡的博弈结构，探索性地找出一种可能的改革路径与策略。

最初试点的可贵之处在于基本没有动用行政强制，也能成就这样一番局面，这恰恰说明“三位一体”的构想有着开花结果的客观土壤。瑞安只是找到了一个平衡点，但这个平衡是不稳定的、脆弱的，尤其是缺乏政策上、体制上、法律上的保障。如果在其他地方的推广过程中，仍然是“摸着石头过河”，就难免事倍而功半，甚至迷失方向。

因此，将已经成功的试点的路径与结构通过法律形式确定下来，对于巩固得来的珍贵经验以及后期的推广都有普遍的意义。一个新体制，必然是建立在立法先行的基础上。通过已有的实践来看,“三位一体”的建立已经不存在理论上的困难。因此,在今后的发展过程中更多的阻力可能来自部门利益集团,所以必须杜绝部门立法现象的出现,必须要从整体层面,宏观把握问题,进行理论的思考和体系的设计。

4. 农村金融深化与农民组织化的统筹兼顾:金融合作未必要靠真金白银

金融是经济的核心,在“三位一体”农协的结构和运作中合作金融即为合作经济的核心。大力整合现有的供销合作、信用合作和农民专业合作的资源、组织与功能,创建“三位一体”的综合性的农村合作社协会,正是要以金融为核心,以信用为脉络,指导和扶持农民发展合作组织,并在合作社与合作协会平台上开展农村信用评级和信用联保,进一步探索符合农村实际的担保与反担保措施,从而与现有银行体系实现对接和互补,将社会资本有效转化为经济资本,探索金融支持新农村建设特别是支持农民合作组织发展,进而建立农村金融良性循环的可行路径。

农村金融深化问题与农民组织化可能是一个硬币的两面。金融抑制和金融深化的思想概念具有一定解释力和启发性。但简单套用金融抑制和金融深化的一般理论来分析和解决中国农村金融问题,存在一些误区。片面推进农村金融的市场化,特别是简单增加商业性金融机构的数量,并不能有效破解金融抑制。农村金融之鼓励“竞争”,乃是一种奢求。农村金融之缺乏“竞争”,也是一种假象。依靠片面的强化“竞争”来满足“服务”,固然有所裨益,但这毕竟是杯水车薪,大量基层农民根本无福消受,这种“服务”必然成为一种形式主义。引入股份制村镇银行、贷款公司等所谓新型农村金融机构,并无力转变农村金融的状况(特别是其低端市场)。

农村金融中的信息与信息机制有其特殊性质,因此在风险与控制机制上也有特殊的要求。需要借助农民组织化特别是合作化,促进农村金融深化,并在农村金融深化中有效维护农民的利益。农村金融理论的新发展,特别是“市场不完全竞争理论”,也非常重视借款人的组织化。而借款人组织化对于农村金融来说,就是农民组织化。农民组织化与农村市场化不可偏废。通过农民的适当组织化,既强化了对于农民的信用约束,又降低了银行的信用风险,拓宽了银行的营销网络,反过来扩大了对于农民的信用供给,这对于银行和农民两方面都是有利的。

正如习近平总书记所主张，（要）完善农村信用制度，为农村资金市场的发展创造良好的信用环境。完善的信用制度包括信用登记制度、信用评估制度、信用风险的预警、管理和转嫁制度。农村信用制度的建立与完善是保证农村资金市场健康发展的前提条件，有助于加强企业、农户与农村金融机构的沟通，也有助于将信用低劣的交易主体驱逐出市场。……实行信用评级制度，由资信评估机构根据规范的指标体系和科学的评估方法，对农村企业和个人的信用状况进行客观、公正的评价。

金融的本质是信用，信用的本质是信息。如果我们通过农民组织化，包括有组织的信用评级的方式降低了农民与银行之间的信息不对称，就有助于提升农民的信用，这其实是一个金融过程，这就打通了农村金融改革与农村合作组织建设这两个过去相互分割的领域。真正旨在关注底层的普惠金融体系，需要一个有效载体即普惠合作体系使金融居于合作体系的核心地位。

5. 政府主导和农民主体可以相互促进

毋庸讳言的是，农民主体性，容易成为"三位一体"农协的软肋。在农协的结构设计中，预留了逐步扩大农民参与的空间。但能否完全落实农民的主体性，还是一个疑问。这个过程会有很多的摩擦和冲突，稍有不慎，可能前功尽弃。不过，经验证明东亚小农村社会条件下的综合农协不可能是纯粹的、真正的、民间的合作组织，而是半官方组织（或者"公法组织"）。至于纯粹的民间志愿者推动的草根合作组织，其农民主体性也同样是不容高估的。所谓农民自发的合作社，更可能成为"大户吃小户"的工具。

至于"政府主导"，也不是一件容易的事情。由于长期以来的"条块分割"，政府意图的形成与贯彻往往受到狭隘的部门、地方利益的困扰。"政府主导"、"农民主体"未必对立，两者直接面对的阻力更多来自于部门利益集团。因此，"政府主导"、"农民主体"在很大范围内可以相互促进、相得益彰。政府的主导，需要的不是对于农民包办代替，而是帮助农民建立制度结构，特别是要打破现有的部门利益绑架政府的制度结构。而农民主体，亦将巩固政府的合法性、群众基础和执政权威。

（二）浙江全省推广

2006 年 7 月 28 日，时任浙江省委副书记周国富在瑞安的汇报材料上做出专门批示。周国富副书记的批示全文如下：

“瑞安市对农村新型合作化‘三位一体服务三农，条块交融统筹城乡’的探索和实践，既顺应国际上合作制发展的趋势，又符合当前浙江省农业经济发展的实际，具有理论与实践的创新性和现实意义。我们应当深入总结和研究，并使之不断完善提高，同时，在面上进行一些探索和实践。

虽然我们都清楚新农村的建设必须以农民为主体，但现实是，在小农经济的生产方式下，分散的农民很难组织起来。因此，我们必须发挥一切可以发挥的力量，将农民组织起来，提高农民的组织化程度。当然，这个组织化，不但要有农业生产、加工、销售于一体的产业发展组织化，还要有科技、金融、服务相配套的服务发展的组织化，真正实现家庭经营、统分结合、条块交融、城乡统筹的生产发展的组织化体系。只有这样，我们才能形成生产、金融、供销、技术等多位一体相融合的合作制形式，真正意义上促进‘三农’发展，实现农村改革、农业发展、农民增收。这是发展解决浙江三农问题的一种新方式，应给予相应的重视与研究。”

2006 年 8 月 2 日，省委副书记周国富等专程到瑞安考察指导。周国富同志在座谈会上的讲话要点如下：

“我们的‘三农’问题也是‘路漫漫其修远兮’，我们‘上下而求索’。需要我们各部门上下形成合力来求索，不是靠哪一个人，靠哪一个农民，靠哪一个部门，而要形成一个合力。瑞安的经验就给我们很大的启示，瑞安的经验说明了几个问题。

第一个问题，就是我们对市场经济要有一个再认识。……市场体制，既要有股份制，也要有合作制，特别是对农民，要发展合作制。……

第二个问题，瑞安对‘三位一体’的探索，我觉得很有价值。……农民只有组织起来，提高组织化程度，才能真正起到主体作用。……那么组织农民最好的载体是什么？就是合作制。瑞安的实践证明，合作制是提高农民组织化程度的一个有效的载体。合作制怎么建立？瑞安的经验给我这么几个启发：第一个启发，合作制是农民利益的联合体、粘合剂。这与五十年代的合作制不同，……第二个启发就是‘三位一体’是活性酶、活性剂。……‘三位一体’加入到合作制里面，整个农民组织化才会活跃起来，才会激发起来，真正地提高起来。……

瑞安的经验就解决了联合、融合、结合的问题，总的就是推进发展合作制，为农业增效、农民增收服务。瑞安这个经验是非常好的,对我们整个'三农'问题,对我们供销的问题、信用的问题、农业科技服务的问题,提出了一个新课题。

瑞安要在现有的基础上推出更加成熟的经验,其他县市也要开展试点,然后再研究推广。这里面有大量的思想认识统一的问题。为什么瑞安获得这个经验,我认为这与瑞安有深厚的文化底蕴分不开,当然,也离不开瑞安市委、市政府的重视与支持。瑞安农民的探索是伟大的;瑞安有关部门的探索也是伟大的;瑞安市委、市政府的战略眼光和主导有为的行为也是伟大的。我们这些部门应在党委政府的领导下、很好地把这个事情办好。必须提到的是,我们的陈林博士也起了很大作用,是他引进国外的一些文化知识,把瑞安的文化底蕴提升、与现代文化融合。同时,国际、国内的一些专家学者,大家也很关心。这是个创新,是个态势,这个创新态势不只是出自一个人,而是来自整个集体,是我们整个党委、政府合力在探索,在创新,也是人民群众在创新。……希望温州市委、市政府、有关部门继续探索这项工作,为浙江省提供好的做法和经验,为我们'三农'事业的发展、合作制的发展做出新的贡献。"

2006 年 9 月 14 日至 15 日,时任中共中央委员、中华全国供销合作总社党组织书记、理事会常务副主任周声涛一行,到瑞安考察指导工作。

周声涛指出,"'三位一体'为农服务是社会主义新农村建设的必然要求,是形势发展的需要。中央历来高度重视'三农'问题,把'三农'问题作为党和国家各项工作的重中之重。十六届五中全会提出社会主义新农村建设长期的基本任务,即'生产发展,生活宽裕,乡风文明,村容整洁,管理民主'。用温家宝总理的话说,就是'两个'不动摇:家庭联产承包责任制这个基本的经营制度不动摇;加大发展农村生产力,增加农民收入不动摇。这是根据农业特点和我国实际提出来的,也是改革开放三十多年来的实践所证明的。……我们在新时期做好为农服务工作,首先要思考农民需要什么服务,概括来说,是科技服务、信贷服务、流通服务和信息服务,也就是科技含量要高、信贷规模要大、流通服务要跟得上、信息服务要灵的现代化服务。从这个意义上讲,'三位一体'适应了新农村建设的形式和要求,具有鲜明的时代特征。"

周声涛指出,"'三位一体'为农服务是在总结实践经验的基础上提出的。当前,为农服务的部门和资金充裕,但最大的问题就是条块分割,未形成合力。瑞安市探索和实践的'三位一体'实际上是把方方面面的力量捏合起来,形成服务‘三农’的合力，这也是合作社发展的要求。目前，供销社也好，信用合作社也好，与真正意义上的合作社还有较大差距。这些年，我们也在不断探索。20世纪90年代，我们提出‘扭亏刹车’，经过两年努力，供销社从2000年开始盈利，为巩固这一态势，我们又提出了‘四项改造’，即以农业产业化改造基层，以现代流通方式改造供销社传统经营网络，以产权多元化改造供销社社有企业，以开放办社改造联合社。应该说，‘四项改造’是符合供销社实际的，这几年我们在这个路子上不断探索，从去年开始，我们着力做好两件事，一是提出‘新网工程’，着力要把农业生产资料、日用消费品、农副产品购销、再生资源回收利用四个网络改造整合好。二是要把基层供销社建设好。供销社改革不能完全走企业化的路子，我们和信用社、专业社有着为农服务的共同目标，又都是合作经济组织，能够一拍即合，很快捏合起来。瑞安市供销社‘三位一体’的实践是一件与时俱进、开拓创新的事，也符合新农村建设要求的探索，这件事应大胆实践，在温州市进一步推广。”

2006年10月10日，温州市委、市政府在瑞安召开推进农村合作“三位一体”建设现场会。会议指出：“瑞安的实践，既符合中央和省委、省政府的精神，更符合当前农民群众的根本利益。瑞安的工作，应该充分肯定；瑞安的经验，需要认真总结；瑞安的做法，值得大力推广”。

会议肯定了瑞安市“三位一体”建设工作和农协的工作经验，认为建立健全农村新型合作组织，完善农村社会化服务体系，是市场经济条件下，提高农民组织化程度和农业产业化水平的重要载体，是实现农业增效、农民增收、农村发展的有效途径，也是推进社会主义新农村建设的重要举措，甚至可能是最终解决瑞安市“三农”问题的重大突破口。同时要求瑞安市政府及农协要不失时机地、积极稳妥地推进“三位一体”综合农协工作，推出更加成熟的经验。同时要求其他县市也要开展试点，坚持边试点边研究、边发展边规范，发展与规范并举，在试点中闯新路，在发展中求规范，在规范中促提高。

会议强调，各级党委与政府要将推进“三位一体”农协建设作为当今服务“三农”发展的重要任务之一，应给予足够的重视，切实加强组织领导，做好协调工作，为农协发展铺好道路，并在其发展的同时努力帮助其整合各种资源，为其发展添砖加瓦。做好宣传工作，大力宣传农协的优势所在，激发农民合作的积极性，形成各村建立“三位一体”农协的良好氛围。在会上时任瑞安市委书记葛益平全面介绍了瑞安农村合作“三位一体”建设情况。

2006年10月24日,时任浙江省委书记习近平同志在杭州听取瑞安市政府“三位一体”工作负责人关于推动农民供销合作、信用合作、专业合作“三位一体”,建立新型农村合作经济组织的经验介绍,习近平充分肯定瑞安市构建“三位一体”农村合作体系的做法和经验,指出这种新型合作与联合组织把合作制农业产业化经营又提高了一个层次,实现了新老合作经济资源的对接和各种合作经济组织的合作与联合。强调农协的发展必须顺应当今的经济发展潮流,适应我国农业专业化、规模化以及现代化的发展道路,总体上实现农民生活奔小康的趋势。必须始终坚持“以农民为主体、为农民服务”的基本方向,不断探索与发现促进新农村合作事业发展的新方式,在已有合作制的基础上,采取多样化、基础化、现代化的发展措施,兴办更多的农村经济合作组织,不断提高农民的生产、流通和加工的组织化程度。

习近平认为,实践证明,这种新型的农村合作经济组织的合作与联合,是农民在保持产权相对独立的前提下自愿组成的一种新型的集体经济,是在完善农村家庭联产承包责任制中的又一个制度创新。这是发展现代农业的客观要求,是改变农业弱质产业和农民增收难的必然选择。从浙江农业农村发展趋势看,已经到了必须重视合作经济发展的阶段。要坚持“以农民为主体、为农民服务”的基本方向,采取强有力的措施,兴办更多更好的农村新型合作经济组织,加快社会主义新农村建设步伐。

习近平指出,对农村新型合作经济事业发展工作,我们已积累了点上的经验,现在要向面上推广。经过全省各地一段时间的实践,在适当时候,可以考虑在瑞安召开现场会,进一步推动农村新型合作经济向前发展。

2006年11月1日,时任浙江省信用联社朱范予理事长与省供销联社诸葛彩华主任到瑞安考察。1月8日,浙江省供销联社和信用联社在杭州共同召开新型农村合作经济组织发展座谈会,浙江省农办负责人参加了会议。会议部署了全面推进“三位一体”试点工作,确定了全省18个试点县市。

2006年11月9日,温州市推进农村“三位一体”试点工作会议在市农办会议室召开,传达了时任省委书记习近平讲话精神,并通报了省委准备在瑞安召开“三位一体”现场会的情况;时任市委副书记包哲东在会上作了重要讲话。包哲东副书记指出,这次会议的目的是:认真贯彻落实中共中央、国务院《关于推进社会主义新农村建设的若干意见》以及全省、全市农村工作会议精神，认真贯彻落实省委书记习近平在2006年全省农村工作会议上提出的“积极探索建立农民供销合作、信用合作、专业合作‘三位一体’的农村新型合作体系，努力服务于社会主义新农村建设”的重要讲话精神。瑞安市在推进农村新型合作经济发展方面迈出了可喜的一步，得到省委书记习近平的肯定。为进一步推进“三位一体”建设，温州市决定扩大试点范围，在乐清、永嘉、苍南进行试点。

2007年12月1日，时任浙江省委副书记周国富在省供销合作社《社务信息》第57期（省农办副主任邵峰、省供销合作社主任诸葛彩华和省信用联社理事长朱范予在新型农村合作经济组织发展座谈会上的讲话摘要）上做出重要批示：这三篇讲话很好，各有特点，体现了探索创新的精神，体现了合作共赢的精神，在坚持各自合作制的基础上，寻求联合和综合的体制和机制，为着新农村建设的目标而共同努力，达到了1+1+1大于三的好效果。面对着新出现的事物，不要先评头品足，不要急于下简单结论，而要深入地去研究、去探索，努力创出一条新路，这才是我们应有的态度和应该积极倡导的做法。

2006年12月19日，浙江省委省政府专门召开全省现场会，总结和推广瑞安经验。时任省委书记习近平在会议上讲话指出：瑞安市“三位一体”农协的建立是一次大胆的创新，具有一定的现实意义与实践经验，值得继续深入探索。所以这次会议以现场会形式放在瑞安召开。

习近平提出：从瑞安等地的实践来看，组建供销合作、信用合作、专业合作“三位一体”的新型服务平台；有效整合三大系统、三重服务功能、三级合作体系；由于是新生事物，其内在结构和外在配套上都还需要不断探索创新，特别是对于“三位一体”的基本内涵、功能分工，要以点带面促进发展，坚持试点与研究同步，发展与规范同步；各地各部门要按照“条块交融、统筹城乡”的要求，形成“条块结合、横向联合、农民主体、社会参与”的工作格局；各地要把发展“三位一体”的农村新型合作经济作为实现农业现代化的重要手段，切实加强组织领导和政策扶持，着力营造良好的舆论氛围和发展环境，使之成为解决“三农”问题的一个重要途径。

（三）仍然存在的问题

在2006年12月全省现场会之后，由于省市领导的人事变动以及某些职能部门的态度不明朗,部分试点县市包括瑞安的工作一度出现徘徊甚至反复的局面。浙江农村“三位一体”综合试点工作所取得的经验和成效还是阶段性的,但在瑞安先行试点中所投入的成本是可以忽略不计的。这项工作的顺利展开,已经在全省乃至全国获得了巨大的反响。但即便是在温州这个标榜以改革与创新为宗旨的热土上都出现了一些问题与许多严峻的挑战,可想而知,这项改革在别的地区开展的难度将会更大。这条路途不是一帆风顺的,伴随着崎岖坎坷,改革仍然任重而道远,需要我们继续做出不懈的努力。

应当注意到,“三位一体”是合作组织的代表。是合作事业,是志愿者的事业,不是官僚管理的行政组织。这就决定了“三位一体”的发展不能照搬行政套路和官僚作风,必须充分发挥合作制的作用。服务“三农”是每一个社会主体的事情,是全社会的事情,不能将这件事情强冠到某些部门头上。一些部门或者个人已经成了尾大不掉的既得利益集团,严重阻碍了“为农服务”任务的进行。由于层层盘剥的出现,政府出台的各种惠农政策在真正到达农民的手中时已经所剩无几,大量的利益在政策执行中被利益体所克扣。至于一些企业或者工商部门已经或多或少地与权力相勾结,在农村生产、流通、销售等环节占据一定的垄断地位。反过来说,如果我们致力于提升农民的整体地位,这种“位势”的提高必然极易牵动许多利益集团的敏感神经。

常见误区之一是:避重就轻。有的部门对于先行试点中总结的经验与原则各取所需,如有的地方供销社热衷套取财政资金成立担保公司,信用社只管要求增加财政存款,借预警之机提出增加农民专业合作社扶持资金、并由自己支配。甚至到了指鹿为马的地步,把对于所谓农业龙头企业的倾斜支持和补贴,也说成是“三位一体”的任务。某市农业局借“农资配送”之名推行行政垄断,当地人大代表提案要求取消,该部门却声称——农资连锁是“三位一体”的具体工作之一,云云。

常见误区之二是:牵强附会。浙江省省委提出农民供销合作、信用合作、专业合作“三位一体”。这是三种各有渊源的合作功能与形式,而不是具体某个现存机构。其中,供销合作不等于供销社,信用合作不等于信用社,对此不能简单地望文生义。有一种误传的说法,“以农业专业合作社为基础,供销合作社为依托,信用合作社为后盾”,以及“依靠农民专业合作社解决生产问题,依靠信用社解决信贷资金问题,依靠供销社解决农产品流通的问题”。对于三个“社”简单维持现状，敷衍了事，这是不符合“三位一体”的本质要求的。有的地方则是简单拼凑一个农村合作经济组织联合会（协会）或农民专业合作社联合会，以此冒充“三位一体”。这就回避了各类合作组织的规范和整合问题。三位一体不是合并，而是合作和整合。“三位一体”不是三“社”一体，不是归大堆，但也不能是现有供销社、信用社、农民专业合作社的松散结合。

诚然，现存三个“社”的利益不尽一致。可如果供销社、信用社乃至农民专业合作社，这“三位一体”果真一如其声称的是代表“农民”利益的，又为何不能“一体”呢？如我们所知，现存农民专业合作社，真正规范的极少，绝大多数比较弱小，还有不少是挂羊头卖狗肉，实际上充其量是合伙企业，而且其业务各有偏重。纵使那些规范的农民专业合作社，勉强只能代表少数核心大户的利益。供销社、信用社有些经营效益尚可，有些则濒临倒闭，早已偏离合作制。但是三个社的社员群体是交叉、重合的，有共同利益的基础。特别是供销社、信用社原来的社员群体，在农村是广泛覆盖的。真正要做到“三位一体”，三个“社”各自的社员群体必须结为一体，整体上的共同利益通过农村合作协会这一公平平台达到表达和实现。各自的特殊利益仍然可以通过原来的“社”来保存和体现。从而建立一个“联邦式”的组织结构。

还有的人悄悄置换概念，把浙江省委原来提出的“合作体系”，改为某些利益集团喜欢自称的“服务体系”，美其名曰为农服务，到底是为农民赚钱，还是赚农民的钱？这是一个问题。“合作体系”在逻辑上必然要求是以农民为主体的，而“服务体系”则是一个暧昧不清的概念。

但即便是在这种艰难的情况下，瑞安的试验按其固有的逻辑，仍然在外围不断发酵。这也证明了“三位一体”合作组织理论与实践的强大生命力。“三位一体”农协这一项目 2007 年 11 月入围第四届中国地方政府创新奖，2007 年 12 月入选该年度“全国改革十大探索”，2008 年 11 月入选“全国改革开放 30 周年 30 创新案例”，2009 年 12 月通过民政部部级课题成果评审。

近几年来，在我国各级各地“两会上”，“三位一体”农村合作协会的建立也是呼声不断。根据不完全统计，在温州市及所属县市区人大会议上涉及“三农一体”农协的相关建议四件，在温州市政协会议上的提案五件，特别是在 2009 年 2 月的温州市政协九届三次会议上，有多个提案的主题同时都是农村合作“三位一体”建设。在省内外其他市县政协上的提案，根据笔者掌握的资料，有两件,相关发言更多。在省级政协(浙江省政协、海南省政协)上的提案四件。在2008年和2009年的全国“两会”上,连续有基于瑞安经验的政协建议、提案,为农村合作“三位一体”事业鼓与呼。2009年1月,在浙江省政协十届二次会议上,关于“三位一体”农村新型合作经济组织经验的总结和推广提案,更成为引人注目的“一号提案”。民革温州市委,民盟海南省委、九三学社温州市委及浙江省委、致公党温州市委和致公党中央,都曾以各自党派的名义,向本级政协郑重做出提案。

学术界、新闻界和有关主管部门、外省市政府也一直保持着高度的关注。近几年来,“三位一体”的发展一直成为众多日报社与上百家境内外媒体竞相报道的主要内容。国内各大院校以及各地区乃至国际上的学者专家,纷至沓来,进行调研和总结,并从中分析与学习。并且近十多个省(市、区)的有关部门、县市也组团到浙江瑞安等地考察取经,或者邀请有关负责人前往交流指导。

几年来,在实践探索和理论思考中逐步形成一些共识:首先,“三位一体”,在形式上是供销合作、信用合作、专业合作三类合作组织的三位一体。主要是促进三个合作社的规范与改革,不断加强三者间的综合与整合。“三位一体”不但是合作金融、合作流通与合作科技三重功能的一体,而且是县、乡、村三级合作组织体系的一体,还是集经合组织、民间自治团体与半官方的政府辅助组织的一体。

浙江省委提出的“三位一体”构想顺应当下的农业发展潮流,具有广泛的群众基础,实实在在为农民服务。这一构想抓到了三农问题的要害,是解决城乡统筹问题的关键所在。浙江的实践探索表明“三位一体”的均衡结构和实施路径是确实存在的、是可行的。这是基于我国国情,不断进行制度创新和深化体制改革的有益探索,同时也是各级各类合作事业与改革发展的殊途同归与必经之路,更是科学发展观与和谐社会理念的生动体现。

中共十八大之后,新一轮改革蓄势待发。2013年4月,汪洋副总理调研要求总结浙江等地“三位一体”的经验。2013年5月,《人民论坛》刊发专题文章《统分结合,三位一体:习近平的三农情怀》。2013年8月,有关部委向汪洋副总理报送《关于日韩农协的考察报告》,同时提出国内方面,浙江省开展的供销、信用、专业合作“三位一体”的新型农村合作体系创新试验。汪洋副总理8月29日批示:“请分送锡文、长赋、井泉、杜鹰、守宏、韩俊、静林同志阅研,并请提出意见。由供销总社采取适当方式听取意见,完善方案。我择时听一次汇报。”

根据领导要求，有关部委随后又报送了一份浙江“三位一体”合作基层情况的简报，2013年9月13日汪洋副总理批示：“可考虑适当的时间去看一下。”9月下旬，有关部门约请有关学者专家参加座谈和论证，又召开了一个相关部委参加的研讨会。2013年10月9日，汪洋副总理在浙江绍兴考察农民供销合作、信用合作、专业合作“三位一体”建设情况。10月12日，汪洋副总理在国务院专题会听取汇报，批评了农业部门的部门利益思想，肯定了农村合作“三位一体”方向，要求进一步深化改革，选几个省，积极推动农协试点。

2014年1月22日—23日，全国人大农业与农村委员会委员、原全国供销合作总社监事会主任蒋省三同志来瑞安调研“三位一体”工作。在浙江省供销社监事会主任施祖法、市人大常委会主任叶世林、副市长倪希杰等领导陪同下，调研组一行实地考察了马屿镇梅屿蔬菜专业合作社、瑞安市汇民农村资金互助社和瑞安市农贸城。组织各有关部门召开了“三位一体”工作座谈会，温州市任玉明副市长、瑞安市李无文市长、温州市农民合作社章晟主任等领导出席座谈会。瑞安市委书记陈建明会见了调研组一行。

蒋省三同志充分肯定了瑞安的工作。指出瑞安市要深入贯彻落实中央农业工作会议和2014年中央一号文件精神，要认真应对商品农业给三农带来的变化，要积极做好市场、资金、科技和人才等涉农问题。要继续探索实践“三位一体”建设，要实现“三位”和“一体”的有机结合，促进农业增收、农民增效，推进农业现代化建设。

2014年2月底，温州市农村工作会议召开，市长陈金彪同志发表讲话，陈金彪说，“构建‘三位一体’新型农村合作体系是习近平总书记在浙江主政时的一项重要部署。长期以来，省委省政府高度重视‘三位一体’建设，3月初，省委王辉忠副书记又专门来我市调研这项工作，提出了具体要求。”

2014年3月初，温州市专门出台了《关于深化“三位一体”农村合作体系建设的意见》。发展“三位一体”必须实现合作制中“统”的结合，将分散的农民整合在一起，使其在合作竞争中处于有利地位，这对于提高农业总体生产能力、风险防范能力、促进农民生活水平提高、改善其生产方式都有着积极重要的作用。这些年，各地做了一些尝试，取得了一定成效，但与新时期农业发展的趋势和要求还有一些距离。下一步要着重解决好三个问题：

一是农民合作组织如何整合提升的问题。目前，在全市工商登记的农民专业合作社有9 215家，显而易见，规模小、数量多的现状极易阻碍合作组织中

“统”的实现。因此,“三位一体”的发展必须解决好合作组织的规范与管理问题,做到示范带头作用,这是促进其发展的首要任务,有必要取消归并一批、做强做大一批,通过模范带头作用,发展一批融合科技、流通、金融功能于一体的新型农业合作组织。2015年全市要培育示范性“三位一体”合作组织100家。

二是农民合作组织内部三项功能如何拓展的问题。“三位一体”的核心是生产合作、供销合作、信用合作。目前,农民合作组织在推进生产合作、供销合作方面,取得了积极成效,相对薄弱的是信用合作。为此,要积极开展农户信用、资金互助、农信担保、保险互助等多种形式的信用合作,不断拓展信用合作功能。2015年全市要力争发展农村信用合作组织50家以上。

三是如何完善外部社会服务功能的问题。要通过搭建农业科技服务平台,大力培育农业经营性服务组织等形式,弥补合作组织自身功能的不足。特别是金融服务方面,由于缺少有效抵押物,包括农业种养大户、农民合作组织在内,普遍存在贷款难的问题,涉农类金融机构及非金融机构要予以大力支持。要积极推行普惠金融工程,实施创业普惠、便捷普惠、阳光普惠,切实加大信贷扶持力度,努力满足农民合作社开展生产经营的贷款需求。

如果借用数学的语言,“三位一体”构想,是个联立方程:该方程有解,有唯一解,而且是稳定解。合作组织的建设,更要在有关各方的最小公约数和最大公倍数之间寻找博弈的均衡和演进。目前的技术设计已经基本解决,但是还需要足够的政治动力。

四、小结

温州瑞安“三位一体”的实践,不仅超出三农问题上传统的农村社会学、政治学范式,而且涉及金融学特别是草根金融的研究、市场营销学特别是会员制营销的研究、非政府组织特别是社会团体构造的研究、合作组织特别是欧美模式与日韩模式的比较研究,“三位一体”创造性地把合作组织、社会团体与民办非企业单位进行有机嫁接。无论从历史还是从现实来看,“三位一体”农协是新农村建设的有效载体,但是还没有形成有效的制度供给,最重要的约束在于原有“三位三体”的合作体系利益的框架锁定,要么是强制性的制度变迁导致的制度失效,要么是民间自下而上的制度变迁动力不足导致制度供给存在很大缺口。这就期待有识之士的大力推广与培育,更期待政府与民间合力的形成。

第二章

三类农合组织分立运行的现状与发展

本研究认为“三位一体”农协的建立不是另起炉灶，而是对目前农村现存的三类农村合作组织的整合与提升。目前农村现存的供销社、农信社和专业合作社是分立运行的，它们都面临着各自的问题，都有各自的发展对策，分析它们的现状与发展对策，可以让我们进一步认识到“三位一体”农协建立的必要性。

一、农村供销社现状的 SWOT 分析与发展对策

农村供销社（简称供销社）①是一种独特的经济主体，也是一种特殊的制度形式。改革开放前，供销社曾经红极一时，遍布农村，其作为计划经济体制下，发展农村经济的重要组成部分，已经垄断农产品生产、生活资料的供给以及生活用品的提供许多年，是政府发展“三农”，治理“三农”问题的重要工具，是改革开放前中国农业经济发展的重要推动力之一。但自从改革开放以来，供销社出现了诸多问题，其渐渐背离了服务“三农”、管理民主性以及组织灵活性的发展宗旨，随着市场经济的确立，农村各类经济主体相继进入市场，多渠道流通体制已经确立，供销社“一支独大”的局面已随风逝去，供销社已被发展的洪流充

① 供销社是以中国农民为主体组织起来的合作经济组织，由基层供销合作社、县级供销联合社、地市级供销联合社、省级供销联合社和中华全国供销合作总社组成。供销社几乎是和新中国同时成立的一个组织，起初是由农民入股组建的农民自我服务的合作经济组织。在 60 年发展历史中，供销社经历了两次转为全民所有制和两次退回到集体所有制的过程，现已演变成为政府的一个部门或全民大集体的企业。

斥得只剩下瘦骨嶙峋的外壳，真正的内涵意义早已逝去。在其发展的过程中，逐渐暴露出组织定位模糊、功能萎缩、组织涣散以及经营绩效不理想等诸多问题，在农村经济的发展中所起到的作用越来越小，已经无法跟进农村社会发展的步伐。近些年来，针对供销社的研究也销声匿迹，那些觉得供销社能大力促进农村经济发展的理论也偃旗息鼓①。然而，“存在即合理”，供销社在历史的长河中并未被消除（表 2-1），就说明这种制度必然有其存在的意义，并且我国中央政府也并未宣布完全放弃这种制度安排，而是在不断地摸索，试图通过制度改革与革新，让这种传统的合作组织在解决“三农”问题方面重新焕发生机。与此同时，体制创新也成为供销社发展自身的必选路径。因此，针对供销社职能的改革、制度的变迁、体制的革新必须提上议程，这是一个重要的“战略转折点”，并已经引起学术界的高度关注。

表 2-1　农村供销社制度的历史变迁

年份	供销社系统的经历
1950	成立中华供销合作联社
1958	供销社与国营企业合并
1962	恢复农村供销合作社
1970	供销社再次与国营企业合并
1982	把供销社办成农民群众集体所有的合作性商业组织
1987	要求供销社按照合作社原则，办成农民合作商业组织，完善生产服务体系
1993	十四届三中全会决定要求各级供销社要深入改革，办成农民的真正的合作经济组织
1995	恢复成立中华全国供销合作总社，支持供销合作社改革发展
1999	要求供销社坚持面向市场改革，坚持为农服务的方向
2007	供销社开展农业生产资料配送连锁经营
2009	国务院提出加快供销合作社改革发展的若干意见
2014	供销社系统将全面深化改革，在山东、河北、浙江、广东四省启动综合改革试点，把供销社打造成为农服务的综合平台

（一）农村供销社现状 SWOT 分析

在计划经济时代，提起供销社，无人不知无人不晓，它是农村经济的主渠

① 张井，“要考虑改革农村供销社的所有制实现形式”，载《商业经济文荟》，2007 年 4 月。

道,肩负了巨大历史责任,是沟通城乡经济的桥梁纽带,为农村生产生活物资的保障供给、农产品进城以及农业发展做出了巨大历史贡献。自改革开放之后,供销社逐渐在人们心目中淡化,直至今日,有的人甚至忘记了它们的存在或曾经存在,从中央到地方各级政府也把它们逐渐边缘化了。在1999年,供销社提出了“以参与农业产业化经营改造基层社,以实行产权多元化改造社有企业,以实现社企分开、开放办社改造联合社,以发展现代流通方式改造传统经营网络”的四项改造,在不到两年的时间里扭亏为盈,其间通过“新网工程”整合优化供销社现有网络结构,基本实现了市场化改革的目标,顺利迈出了融入农村市场的第一步。那么,现在供销社的现状究竟如何?见表2-2。

表2-2 农村供销社现状的SWOT分析

优势	劣势
◆ 合作经济组织特性有利于在农村更广泛地发挥作用 ◆ “新网工程”的实施有利于形成强大的经营服务网络	◆ 把所有制和所有制形式混同起来 ◆ 经营绩效不理想
机遇	**威胁**
◆ 社会主义新农村建设,为农村供销社大有作为创造了广阔空间	◆ 极易受到经济环境的影响

1. 农村供销社的优势(S)

(1) 合作经济组织特性有利于在农村更广泛地发挥作用

农村供销社作为一个具有官方烙印的经济组织,基于本身性质以及其特殊的历史原因,相比较其他党政机关和群众团体,供销社一般都可以拥有自己的社属企业。在市场经济条件下,农村经济发展存在两个难题:一是“卖难”。毫无疑问,摆脱统购统销的局面后,农产品的销路问题成为困扰农民的主要问题之一。二是“压价”。由于农民在市场竞争中表现出的弱势地位,收购商为实现自身利益最大化,必然“欺负”被收购的农民,对其收购品进行压价。这等于给农民设置了一道枷锁,导致农民的收入水平一直无法增长上去。为解决农民增收困难的问题,我国有关政府部门制定了许多帮扶与补贴政策。比如,减免农业税收,实行种粮直补等等。但在当前的时代背景下,这些措施只是杯水车薪,无法从根本上解决农民利益被不合理的价格上涨所抵消的问题。长久的政策“居高不下”,下行的行政不力,加之生产成本过高,导致政策福利根本无法普惠到需要的农民身上,这样的政策帮助就失去了其当初制定的初衷。因此,顺应市场经济的发展，将政府与农民结合起来，必须在两者之间找到一个可以平衡两者差异的第三方组织，我们也可以称其为桥梁、纽带或者媒介。这个桥梁的目的也是平衡富农与贫农间的差距，通过信息的收集以实现农产品真正的市场价值，借以改善农民的生活现状。显而易见，这个处于政府与农民间的第三方组织就是供销合作社。供销合作社作为一个独立的市场主体，与常见的其他国有企业一样，它是以实现最广大人民的根本利益为出发点，而不是追求利益的最大化来参与到经济运行当中的。它如同我们所说的，是一个桥梁、纽带或者媒介，发挥着联系、辅助政府调控价格、代表农民声音的作用，通过市场自行运作的方式，改革现有的救助方式，将"明补（直补）"改"暗补"，变"输血"为"造血"，实现农村生产方式的改变，发挥农民的主观能动性，调动农民自身的市场意识，充分挖掘潜在的市场竞争力。[①] 也就是说，供销合作社依据政府许可，依靠一定的组织或政府职能以及良好的资金情况，代替政府参与市场运作，进而实现农产品价格的调节，最终实现农民增收致富的目的。

（2）"新网工程"的实施有利于形成强大的经营服务网络

针对农村发展现状，2006 年 6 月经国务院同意实施，并列入 2007 年、2008 年中央一号文件的全国供销合作总社建立的"新网工程"，就是为了解决我国农村农产品流通体系不完善的现状，帮助农民寻找买家以及发现良好的买家，真正意义上解决农民买难、卖难问题，是继续完善与服务"三农"的一个现代化项目。项目最初目的就是为了在改造传统的农村营销网络上，建立现代化的经营服务、购销、消费以及回收利用网络。统计资料显示，截至 2008 年，全国供销社系统已发展"新网工程"连锁配送网点 47.76 万个。[②]

"新网工程"的建立是发展农村经济的好事，是为农服务和建设社会主义新农村的好事，同时也是供销社体系适应现代流通的要求，深化改革和强化衍生功能的重要工作。农村供销社的主要阵地在农村，以服务"三农"为宗旨，积极开拓农村市场，沟通城乡"双向流通"，是供销社义不容辞的责任。近年来全国供销合作社系统把推进"新网工程"作为改革发展的重点工程，合理规划，全面统筹，合力推进，加强领导，在各个方面都取得了重大突破，巩固了供销社的组

---

① 郭成、马丽，"浅谈农村供销合作社参与金融的途径"，载《科技信息》，2009 年第 35 期。

② 徐旭晖，"农村供销社职工与企业职工激励比较"，载《中国市场》，2005 年第 23 期。

织地位,提高了供销合作社为"三农"服务的质量和水平。"新网工程"实施两年多来,供销合作社坚持把市场化运作作为加快网络建设的主要方式,坚持把联合发展作为实现网络效益最大化的关键环节。现阶段"新网工程"呈现出低成本、高效率、高效益的良好发展局面,主体网络已经成型,辅助网络也全面展开,个别龙头企业的领导能力愈显突出,现代流通渠道已初步建立,全方位、立体化的综合服务正在成型。

2. 农村供销社的劣势(W)

(1)把所有制和所有制实现形式混同起来

我们必须分清所有制与所有制实现形式的区别所在,不能将两者混淆在一起。所有制主要是指财产归谁所有。供销社农合经济组织的资产属于参股农民共同所有,与国有经济中所提到的全民所有是不同的。因此,理论上就应该区分供销社与国有企业之间的关系,更不能归入镇政府;其亦不同于私人所有,供销社的资产无偿分给社员或职工个人于法无据。所有制实现形式则是指企业制度、企业组织形式、经营方式等财产被组织被利用的形式。实现形式可以随时间、地点和条件的变化而改变。例如土地所有权可通过建设用地使用权、宅基地使用权、承包经营权、用益物权和地役权等各种方式实现。

传统供销社所有制实现形式与社会主义市场经济体制发生矛盾的主要原因有二:其一是入股农民实际掌握不到供销社的控制权,而不是股东的供销社职工则实际掌握着决策、运营权;其二是劳动联合为当局意识形态所接受,资本联合则被先验地否弃了。

(2)经营绩效不理想

第一,企业经营情况。基层供销社已不直接经营商品,而是把门市部租赁给职工或租赁给其他人士,供销社收取租金,但是农村供销社收取租金很低,入不敷出,资不抵债,已名存实亡。基层社只留几个人负责管理,包括社主任、副主任、财会人员等,象征性地支撑着这个招牌,工资没有保障,经常拖欠。自1995年实行养老保险制度以来,几乎没有交过保险费,有的基层社年收入只有十来万元而拖欠多达二三百万元。各地政府主观上的放弃,造成了供销社难以生存的制度环境,影响因素基本可以分为三类:一是将供销社一卖了事;二是将社有资产改为国有资产;三是将供销社边缘化,任其在竞争的潮流中自生自灭。此外,内部基层员工的思想觉悟不高,进入供销社的本身目的不是为服务农民,而是只顾自身利益，奔着“进财政”、“吃皇粮”的目的而去，从不为供销社的改革与发展考虑。而高层领导也只沉醉于眼前的优势和成绩，存在自满情绪，缺乏忧患意识，对“三农”缺乏服务热情甚至连最基本的责任心都没有，只知道借改革之名行谋私之实，供销社的发展无从谈起。

第二，职工情况。人力资源是非常重要的，而农村供销社的管理者和职工队伍建设却呈现出跟不上改革发展的趋势、老龄化与知识匮乏等问题。以此同时，人才机制、教育机制以及激励机制的缺乏也制约着供销社的发展。数据显示，大部分老职工都下岗了，小部分老职工租赁供销社房产搞经营。这些下岗的职工并不享受失业待遇，因为供销社是集体企业，不享受国有企业下岗职工待遇，年轻的自谋职业，年老的大部分在家等待退休，根据经营状况的需要聘用的大量临时雇员缺乏对供销社的认同感[①]。

第三，改革情况。随着经济体制改革的步步深入和商品经济的日益发展，农村供销社的质与量都发生了根本性的变化，这是供销社改革首先必须注意到的一个重要问题。一是供销社服务对象——农民已发生了质变。从经济属性来看，20 世纪 80 年代以前的农民，只有按计划生产和交售农产品的权利，既没有自营权，也不承担经济风险。但 80 年代的农民则不同，他们有一定数量的土地承包权与转让权，有人财物和产供销自主权，有经营各种农产品和一定品种的工业品的权利，有产品和非产品的自营权，有选择购买任何经营单位的产品和选择经营单位出售产品的权利，其经济独立性已比较完备，成为现代中国人数最多而且最完备的商品经营者。二是供销社服务对象的范围扩大。原来国营商业已分别垄断城乡，供销社服务对象是农民。现在，多种流通力量打破了这种垄断局面，出现了交叉经营。为寻求市场，供销社经营范围已从农民扩大到全社会。同时，就是农民，也不仅仅是从事种植业的农民，也包括从事商业、工业、运输、信息等行业的农民。三是供销社地位和作用发生了根本变化。以往自给、半自给的农村经济的产品交换行为不得不依赖于供销社。现在，由于经济基础的改善，农民日益成为完全的商品经济者，由依赖供销社转变为相互依赖和有可能不依赖（同时供销社必须反过来依赖农民）的关系。四是供销社职能发生了根本变化。现在，供销社已基本失去其在社会经济中的行政职能，

① 姜华敏、李宇人，“浅谈供销社在新农村建设中的独特作用”，载《中国合作经济》，2006 年第 9 期。

这就要求供销社的职能必须从计划指定的农产品和工业品流通，扩大到任何商品的流通；从产品流通的单一职能扩大到产品生产（如农产品加工、轻工业品生产、直接的农产品生产）和非产品经营（如技术、信息服务等）的多元化经济职能。只有这样，才能适应社会经济的多元要求，求得生存与发展。

3. 农村供销社面临的机遇（O）

社会主义新农村建设的基本要求是“生产发展、生活宽裕、乡风文明、村容整洁、管理民主”，这是党中央为解决日益严重的“三农”问题所采取的重要措施。虽然在中央财政以及政策的支持下，农村经济得到了全面发展，农民生活现状大幅度改善，最大限度地刺激了农民的精神需求、文化需求以及物质需求，但受到运输成本的限制，以追求最大利益为目的的商业组织往往不愿意将资金投向分散的农村社区当中，导致农民需求难以得到有效满足。因此，农村供销社这种扎根农村、具有本土优势、并在党中央领导下的农村组织可以有效地弥补这部分的服务空缺，发挥传统商业组织无法比拟的优势，运用自身的特殊条件，更好地服务“三农”，为新农村建设增砖添瓦。

4. 农村供销社面临的威胁（T）

农村供销社对宏观经济环境的变化非常敏感，以2008年金融危机为例，金融市场的崩溃导致农村经济发展缓慢，问题丛生，直接导致农产品价格低下、流通渠道受阻、失业问题严重、经济发展绵软无力，这些问题的出现无疑雪上加霜，使得本就发展缓慢的农村经济止步不前，更给农村供销社的工作带来了巨大的挑战（见图2-1）。据统计，2008年1—8月份，农村供销社系统销售总额同比增长23.63%，其中4月份曾达到33%。下半年受金融危机影响，全系统销售总额增幅呈现逐月下降趋势。8月份为21%，9月份为18%，10月份为12%，11月份则出现了负增长，为-4%。1—11月份累计，全系统实现销售总额9117.45亿元，同比增长18.9%，明显低于2007年同期22.3%的增长幅度。在市场经济下，消费与供给的关系十分敏感，农民消费的减少，直接导致供销社的销售渠道的缩小，致使其开拓市场计划搁浅。面对国际经济的严峻形势，中国政府及时采取应对措施，农村供销社经营状况随之好转，2011年全国供销合作社系统继续保持平稳较快发展的良好势头，全系统销售总额首次突破2万亿元，达到20255.1亿元，同比增长29.5%，全国供销社系统利润总额突破200亿

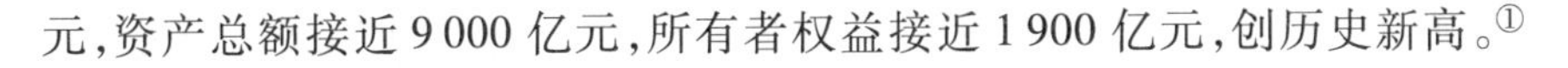
元,资产总额接近 9 000 亿元,所有者权益接近 1 900 亿元,创历史新高。[①]

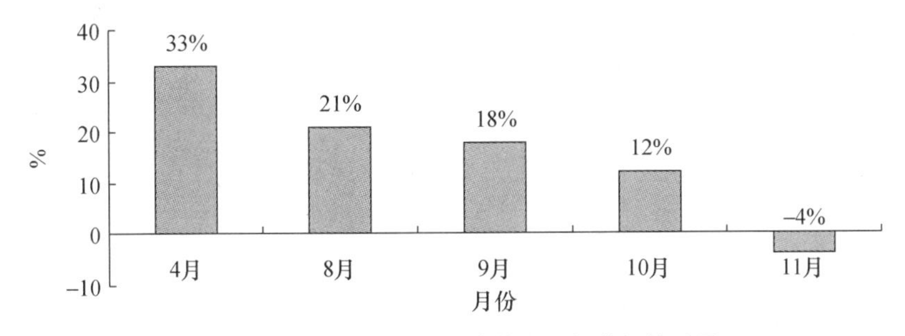

图 2-1　2008 年供销社系统销售总额增幅柱形图

(二) 农村供销社发展的对策

时任国务院总理温家宝在主持召开国务院常务会议时,讨论并原则通过《关于加快供销合作社改革发展的若干意见》。会上指出,供销社改革已经迫在眉睫。在市场经济的大环境下,促进"三农"事业的发展,农业经济体制的改革,必须始终以为农服务为宗旨,坚持合作制为基本原则,大力推进制度创新、体制创新,建立高效、功能完备、城乡结合、工贸并重的现代化新型农村经营体系,保证供销社成为新农村建设的主体力量,指导并带动农村、农民、农业发展。基于此,我们应如何看待供销社的改革路径呢?本研究认为具体可以从以下几个方面来讨论:

1. 建立健全现代企业制度,创新企业经营机制,提高市场竞争能力

(1) 股份合作制是农村供销社改革的合理制度选择

股份合作制既不是简单的股份制,也不是简单的合作制,是多种制度的有机融合,是以股份制的规模经济为发展架构,并以合作制为基础,最终为成员谋福利的基本原则结合起来的一种新的企业制度。首先,其特征明显:从产权关系上来说,它明确企业产权归属,同时鉴于合作制对绝对产权的一定限制,必须进行公共积累;从经营管理上来说,追求资产收益目标与追求共同利益的宗旨、股权的作用与职工的普遍参与等兼而有之;从分配关系上来说,实行按劳分配和按资分配相结合的原则。其次,与传统实现形式有别:传统实现形式即使有

---

① 陈丹梅,"浅谈农民合作经济组织在农村金融创新中的作用",载《上海农村经济》,2008 年第 6 期。

股金分红，但因股金和分红微薄，在认知观念上实际不承认生产要素分配；与传统实现形式相反，股份合作制在承认生产要素分配基础上，鼓励他们尽可能参股、入股。因此，供销社实行股份合作制是自身以及市场发展的需要，是基于传统制度的继续完善。

供销社在产权关系明确后依股份合作制原则管理，通过在内部建立高效的经营体制实现对各项业务的科学管理。如以现代企业为模本，可以设立董事会、监事会和社员代表大会等机构。这种事权分工机制能有效避免供销社内部腐败专权现象的发生，有利于供销社达到壮大自身经济实力以及服务于社员的双重目标的实现。

（2）发挥农村供销社龙头作用

供销合作社企业进一步改革改制，要在新农村建设中起龙头带动作用。充分利用资源优势，联合企业，积极发展适合当地的种植加工企业。在农产品购销网络上，采取“公司 + 合作组织 + 基地 + 农户”的模式，充分发挥生产端和销售端交流枢纽作用。与此同时，积极争取扶农政策。积极推进特色农产品的包装升级，提高农产品科技含量。在农资经营网络上，整合改造系统内各类资源以建立农资信用体系，采取龙头企业带动、基层供销社牵动、村级经营网点联动的“三位一体”发展方式。引导企业开展合作、加盟和联合等活动，以信息技术水平的提升为杠杆，壮大企业实力。

2. 加快发展农业现代经营服务和购销网络，营造便利实惠、安全放心的消费环境

（1）发展多形式、多层次的农商经营，同农民结成经济利益的团体

通过农商联营，把生产和流通有机地结合起来，把农民发展生产的积极性和自主权同市场的需求紧密地结合起来，使农民生产有方向，产品销售有出路。农商联营的范围、规模和形式应由小到大，由低级到高级逐步发展，循序渐进。由单项联营发展到多项联营，由单层次联营发展到多层次联营，经济性联营发展到开发性联营，单一环节联营发展到跨地区、跨部门和跨行业的横向联营。特别要与乡镇企业发展联营，充分发挥供销社的资金雄厚、联系面广等优势，与乡镇企业挂起钩来，大力开展联购联销业务，做好他们的产前、产中、产后服务工作。总之，不论搞哪种形式的联营，都必须以发展商品经济、扩大购销、方便群众生产与生活为出发点，并认真签订联营合同，明确各方责任、权利、盈利分

配比例等,使这种联营不断巩固和发展。

(2) 开拓新的领域,改善经营方式,把柜台上的单一经营扩大到整个社会上进行经营

以整个社会作为供销社经营的场所,不失时机地把经营和服务活动迅速地向农民所需要的领域扩展,以减少流通环节,扩大业务量:一是向农民提供商品信息服务,配合有关部门有目的、有准备地开展市场调查,提供市场信息,帮助制订生产规划。根据当地资源广开生产门路,发展市场需要和收益多的项目。二是适应农村经济发展和社会购买力提高的要求,扩大经营范围,增加供应品种,为农民提供现代化的生产生活资料;三是向农民提供科学技术咨询服务;四是向农民提供开发性生产服务。开发性生产投资大、见效慢、技术高,具有一定的风险,供销社要在资金上作后盾,在经营上作参谋,在技术上作指导,给予系列化的配套服务。

(3) 加快推进流通网络建设,完善农产品市场购销网络

第一,建立和完善消费品经营网络体系。随着农村经济的快速发展,新农村的建设与城镇化脚步已经进入了一个新阶段。农民消费结构也跟着起了变化,传统的商品结构已经无法适应现阶段农民的消费需求。因此,供销合作社必须有针对性地满足消费者的诉求,合理调整产品的供应结构,积极适应农民变化了的消费需求。一是大力发展农副产品的加工业,逐步改变供销社的经营机构;二是兴办运输业、仓储业;三是大力发展饮食业、服务业;四是积极发展修理业。通过逐步建设适当的农村生产力发展水平的商品生产服务体系,把供销社的经营活动同农村产业结构的变化联系起来,使供销社顺乎自然地办成农村经济综合服务的中心。农村供销社从事农村流通日久,与农村小规模生产特点相适应。经过多年的发展,供销社下的大型社有企业已见雏形,已经做大做强,充分发展起来。供销合作社专门召开全系统的企业工作会议,讨论支持农村中小企业发展,会议提出支持流通企业跨区域兼并重组,打造自有品牌,构建、完善销售和物流网络。

第二,建立新型生产资料服务体系。实现流通企业的销售与流通的有机结合,提供配送、租赁等多样化服务,为农民提供产前、产中、产后技术服务。积极推广科技含量高且有益于生态环境保护的新型农资产品。因地制宜,根据季节不同、地区不同,通过协同合作的方式,农资流通企业与生产企业共同研制新型

农资产品。农村供销社一方面要积极稳妥推进农资诚信体系建设，完善管理机制，拓宽流通渠道，同时要时刻注意假冒伪劣产品冒牌进入市场，从而破坏企业产品在农民心中的形象；另一方面要配合国家有关部门，积极响应国家有关政策，参与对农资市场秩序的整顿和规范，发挥好稳定价格的作用。

第三，建立和完善农产品经营网络体系。强化信息收集功能，完善农产品的生产与销售网络，培育自有品牌，建立产销一条龙系统，着力解决农产品“卖难”问题，减少中间流通环节，防止农产品价格的层层盘剥，从而降低农产品流通成本和损耗，提供高效、高质、安全的流通环节，提高农民收入水平。

3. 发挥供销社在农村金融改革中助推剂的作用

自1978年改革开放至今，我国农村金融体制的改革已历经了三十多载风风雨雨。虽然农村的各项工作都取得了引人瞩目的成绩，但现有的金融体制已严重滞后于农村经济前进的步伐。金融业作为社会经济的重要组成部分，渗透于社会的方方面面，大至全球和国家，小至企业、家庭甚至个人，现代社会无时无刻都离不开金融业，并且经济发展水平越高，金融货币化的程度也越高。而农村供销社作为最大的农民合作经济组织，它代表着农民的切身利益，是农民主体的集中表现，由于供销社作为农民自发成立的组织，它的发展又是离不开农民的推动的。如果能充分运用供销社作为第三方组织的作用，使其充当金融系统和农民之间沟通的媒介与桥梁，代替农民与金融组织进行谈判，从而提高其谈判地位，充分利用供销社现有的设施和经营网络，避免投资风险和市场风险，将会有利于解决农民贷款难等一系列问题。供销社参与农村金融改革，直接融入其中，既能取得较好的经济效益和社会效益，又能学习和借鉴金融业的经营和管理，一方面强化自身的体制与制度的创新力度，另一方面加快自身的发展步伐。为此，可以采取以下两项措施：

第一，农村供销社要有效发挥金融杠杆的功能，切实扩大农民和农村企业的市场需求。例如，运用多种担保形式，从抵押物方面改善农民的贷款形势，客观上扩大农民贷款的覆盖面；不断拓宽农村供销社的金融业务，继续扩大农村基础设施的投入；支持社会各种事业在农村的继续发展；针对农村现状，研究和发展多种信贷产品，多方面提高农民的消费能力。

第二，建设农村供销社的多种服务形式。农村的生产现状与生产方式决定了其资金需求一般具有规模小、频率高、时间急的特点，但由于成本收益以及自身规模的限制，农村供销社很难满足如此数量的资金需求。因此，农村供销社应开展多种服务形式，如建立小额信贷、社区信贷，尽可能满足农民的资金需求。此外，农民以个人的名义申请贷款，但其信誉度低，抵押物少，导致其很难申请成功，本研究认为可以以农村供销社的名义去申请。基于集体主义的优势，农村供销社在非政策性贷款中具有优势。①

4. 提高供销社职工的积极性，合理运用激励机制，加强内部管理

与其他生产力要素相比，人力资源的高增值性和效益递增性是显著的。这一"以人为本"的理念能较好地促使人们充分挖掘自身潜力，进而推动社会生产力的有效提高。企业的人力资源管理和供销社的职工管理都已意识到人本身是一种资源，可以持续不断地被开发和使用。此背景下供销社理所应当置激励机制于显要地位。激励指的是采取一定措施激发人的行为动机，或使之在内外部刺激下保持一种兴奋状态的过程。实际管理中这一效果的实现要求创造满足工作人员需要的各种条件，便于激发工作人员的行为动力，从而实现组织目标。科学激励基本要遵循以下原则：将个人与组织目标有机结合；物质与精神激励相结合；外在与内在激励相结合；正面与反面激励相结合。农村供销合作社的历史基因是以农民为主体逐步发展起来的集体所有制企业。长期的政府管理使得一般职工进入社管理层成为遑论。供销合作社在所有制性质上也经历了一再的变革，官办、民办、官民合办都曾出现，导致供销社的财产权、账务状况混乱。在破产、重组的压力下，许多供销社管理人员人心浮动。因此，如何调动和提高农村供销社职工的工作积极性，关系到供销社的发展与繁荣。

(1) 明确职工身份

供销合作社的职工身份没有得到真正的归属。改革前供销社属全民所有制性质，1982 年开始改革之后，简单地定为入社农民的集体所有制性质。然而，我们应该清楚，供销社并非政府职能部门，不是国家与农民之间的联合，这样的联合必然存在着地位上的差距，农民必然受制于国家，供销社是广大农民之间自发成立的具有民办性质的组织。基于供销社的本质特性，其发展方向应借鉴

---

① 王顺利，"供销合作社与新农村建设"，载《当代经济》，2009 年第 21 期。

民营企业的演化方向，并且形成无差别对待，享受与民营企业的同等待遇。因此，出于市场经济基础性原则，即双方自愿原则，职工与供销社之间签订劳动合同。其合同参照企业中的劳动合同，合同期内享受国家规定的同等待遇，合同结束双方的关系终止。

（2）加强职工文化知识以及专业技能培训

从供销社的利益出发，供销社中职工技能或者素质的提高可以通过专业的知识与技能培训而实现。因为从其法律义务来看，作为一个社团法人，供销社也必须承担对职工的教育义务。供销合作社可以通过联系社会力量举办夜校，提升职工文化素养；也可以对有前途的职工进行更多的智力投资；资助与组织各种技能培训班，让职工可以切身学习到致富技能、劳动技术，以及得到专家的“手把手”教学。

（3）将外在激励和内在激励相结合

外在性激励的意思是人们视工作为满足自己需要的一种工具、手段，人们需要的不是工作的过程或结果，他们把工作当作获得认可和奖励的途径。员工通过在工作中做出贡献，并得到组织给予的奖励才是他们的目的；内在性激励指创设一定的工作条件，使员工在工作当中获得乐趣，这样的工作并不仅是被当作工具，而是被当作满足人的价值、全面完善自身的更高一级需要的过程。社里的管理层要尽可能提升职工的品位，运用多种手段创造性地把外在激励转化成内在激励。

（4）建设农村供销社文化，实现民主管理

供销社可依据社里的职工构成、业务活动等逐步总结提炼出一套独特的符合自身发展目标的价值规范，而且应是大部分职工能够接受的；以反映农民心声的供销社，可以充分发挥社员的主体作用，由其自己制定章程和基本制度，通过职代会投票选举高管人员；在牵涉到农民的切身利益时，民主科学决策是必要的。此外供销合作社可本着“不求所有，但求所用”的原则广纳人才，积极主动开放地吸收接纳外来新鲜血液。供销社激励机制应当把能力主义和绩效主义结合起来，创造公平竞争的约束机制。

二、农信社系统改革历程评析与深化改革建议

（一）2003 年我国农信社系统改革评析

1. 2003 年前农信社系统发展历程

新中国成立后，由于土地改革，农民的生产积极性被极大地调动起来，但是部分农户因为无法偿还高利贷而使土地丧失，还有部分农户生活比较富裕，有大量剩余资金需要存储，农信社成为满足这种新型借贷关系的载体。1951 年中国人民银行召开会议决定全国开展农村金融工作，大范围建立和普及农信社系统。1958—1978 年，是农信社系统发展停滞不前的时期，由于大跃进、“一大二公”的影响，农信社系统的管理权被下放到了人民公社和生产大队，农信社系统民主管理形式被废除，所取得的成效也被否定，农信社成为中国农业银行的附属机构，丧失了独立自主权，走上了官办的道路。

1979—1996 年，农信社系统逐渐恢复发展。1984 年，国务院批准《关于改革农信社管理体制报告》，但是由于通货膨胀的影响，农信社系统的改革受到影响。1991 年中国农业银行重申农信社系统应该坚持“三性”（组织上的群众性、管理上的民主性、经营上的灵活性），信用社系统内部进行了清股、扩股。1996 年农信社系统和农业银行“脱钩”，逐步转向自主经营、自负盈亏的方式，组织内部实行“一人一票”制，其最高权力机构是社员代表大会。2000 年，国务院批准了由中国人民银行和江苏省人民政府拟定的改革方案，在江苏省进行改革试点，从产权制度和管理体制方面进行深入研究和探索。各省（市）农信联社成立日期见表 2-3。

表 2-3　8 省（市）农信联社成立日期

	江苏省	江西省	贵州省	陕西省	山东省	浙江省	重庆市	吉林省
成立挂牌日期	2003 年 9 月	2003 年 5 月	2003 年 11 月	2004 年 8 月	2004 年 6 月	2004 年 6 月	2000 年 3 月	2004 年 5 月

2. 2003 年农信社系统改革方案设计

农信社系统的改革必须始终坚持以为农服务为根本，不能在脱离“三农”的服务框架下进行，要加快推进产权制度和管理体制改革，完善农信社系统的法

人治理结构。根据国务院2003年关于《深化农信社系统改革试点方案》的规定,本轮改革主要围绕两个问题进行探讨:一是以法人为单位,因地制宜,规定不同的产权形式;二是信用社系统管理体制的改善,权力下放,信用社行使对自身的管理权力。

(1) 产权制度的改变。根据改革试点方案的要求,产权制度改革必须依照两个原则进行:一是投资主体多元化,二是股权结构多样化。不能盲目照搬硬抄,必须立足实际、实事求是,不同产权形式进行与之相适应的改革方案。农信社系统的改革不宜采用合作制的产权制度模式,鉴于中国每个省的农村经济发展不同,不提倡采用“一刀切”的方式进行改革,制度形式的改革模式有三种:农村商业银行、农村合作银行、统一法人制的农信社系统。

(2) 完善法人治理结构。依地区经济水平完善组织形式,经济较发达、农信社系统实力较雄厚并且少数商业化运作已经生根发芽的个别地区,筹备并建立面向市场的以股份为单位的金融机构;统一法人制度,在人口相对稠密、经济活动明显的区域,以县为单位将农信社和联社各为法人的现状改为统一法人;规模较小,无法统一法人的地区,则进行进一步的体制完善,继续延续乡信用社、县联社均为法人的体例。在此基础上,清查原有股权,做好资产核实工作,适当适时地放开地区入股标准,进一步吸纳农民、个体户和其他各类经济组织入股,从而实现社内股权的调整及优化。既要避免少数大型股东的垄断性控股,又要不因股权太过分散被系统内部人控制。

(3) 管理权力下放,由地方政府管理。省政府通过整合、组织与监督已有的行政资源,成立直接管理或者间接管理的管理机构,来具体行使对辖区内农信社系统的各项职能。省政府的管理应当依照政企分开原则,不干涉农信社以及联社的具体业务和经营活动①。

(4) 中央注资支持。基于农信社系统过去积累的为数不小的不良贷款等历史遗留问题,改革有着较大的阻力。为了农信社系统改革的顺利推进,国家对试点地区的农信社系统提供以下扶持政策:① 对因执行国家政策亏损的信用社系统给予补贴。② 从2003年1月1日起至2005年年底,对西部一些试点的农村信

① 按照“国家宏观调控、加强监管,省级政府依法管理、落实责任,信用社系统自我约束、自担风险”的要求进行管理体制的改革,由省一级人民政府承担农信社系统的管理责任。

用社免征企业所得税；对剩余的试点信用社，可以酌情减半企业所得税。[①]。

3. 2003 年农信社系统改革绩效评价

农信社系统自 2003 年改革 8 年来，农信社系统华丽转身，部分转变为农村合作银行，有的则改制为农村商业银行，信用社系统改革取得了一定的成效：

（1）资本规模扩大，盈利水平提高。截至 2010 年年底[②]，全国农信社系统各项存款余额为 8.8 万亿元，贷款余额为 5.9 万亿元，比 2002 年年末分别增长 3.4 倍、3.2 倍。从表 2-4 中可知，农信社系统（含农信社系统、农商行、农合行）的总资产明显提高，占银行金融机构总资产的比例大幅提高，农信社系统改革得到健康发展。

表 2-4　银行业金融机构总资产情况表（2003—2010）　（单位：亿元）

机构	2003 年	2004 年	2005 年	2006 年	2007 年	2008 年	2009 年	2010 年
农商行	385	565	3 029	5 038	6 097	9 291	18 661	27 670
农合行	—	—	2 759	4 654	6 460	10 033	12 791	15 002
农信社系统	26 509	30 767	31 427	34 503	43 434	52 113	54 945	63 911
银行机构	276 584	315 990	374 697	439 500	531 160	631 515	795 146	953 053

资料来源：中国银行业监督管理委员会 2010 年报。

（2）支农效益明显。根据中国金融年鉴统计的数据（见表 2-5），利用 Eviews 软件对农信社系统的系统贷款 X 和我国农业总产值 Y 进行回归分析，得到

$$y = \underset{(5.264)}{9\,769.988} + \underset{(11.168)}{5.738}x$$

$$R^2 = 0.961 \quad F = 124.718 \quad \text{S. E.} = 1\,564.32892$$

表示我国农业总产值 y 的总变差中，由解释变量农信社系统的系统贷款 X 解释的部分占 96.1%，拟合优度较高；斜率系数的 t 值为 11.168，该系数显著不等于 0，农信社系统的系统贷款对农业总产值有显著影响。S. E = 1 564.32892，

① 见《国务院关于深化农信社系统改革试点方案》，2003 年。“即日起，对试点地区所有信用社系统的营业税按 3% 的税率征收。可以通过两种方式对试点的信用社提供资金支持：一是由人民银行按照 2002 年年底实际资不抵债数额的 50%，安排专项再贷款。专项再贷款利率按金融机构准备金存款利率减半确定，期限根据试点地区的情况，可分为 3 年、5 年和 8 年。资不抵债数额按照信用社系统法人单位计算，以省（区、市）为单位汇总，专项再贷款由省级人民政府统借统还。”

② 2003 年是农村信用社改革的分水岭，近年来农村信用社改革如火如荼，他们的商业特性决定了数据的保密性，本报告近年来数据搜集难度很大，但是本报告研究的是 2003 年改革的绩效，选取 2003—2010 年的数据，并不影响本报告的研究结论。

表明农业总产值的估计值与实际值的平均误差为 1 564.32892,S.E. 较小。说明农业生产总值增长与信用社系统的系统涉农贷款的增加呈显著性相关。

表 2-5 农村合作金融机构贷款以及农业生产总值 (单位:亿元)

年份	各项贷款	农业生产总值
2004	1 998.31	21 412.7
2005	2 310.36	22 420.0
2006	2 764.94	24 040.0
2007	3 195.91	28 627.0
2008	3 674.53	33 702.0
2009	4 565.97	35 226.0
2010	5 459.70	40 497.0

(3) 不良贷款比例下降。2003 年改革,到 2004 年年末,6 省市(见图 2-2)不良贷款与年初相比下降了 293 亿元,2005 年,6 省市(见图 2-2)不良贷款率下降到 9.87%,实现利润比同期增加 80.69 亿。改革的最大成效就是各试点省市不良贷款率的下降和资本充足率的提高,如表 2-6 所示。

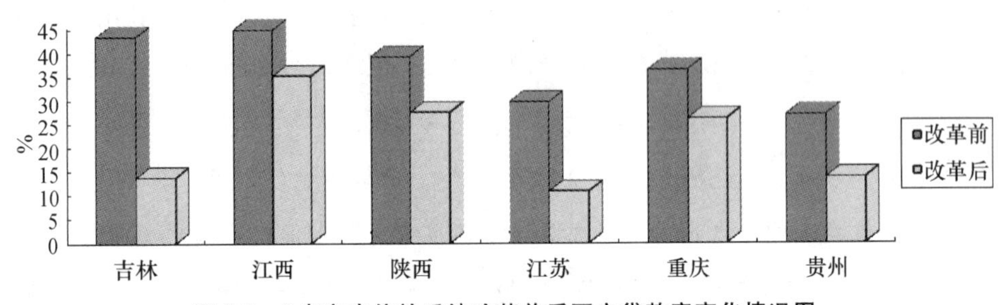

图 2-2 6 省市农信社系统改革前后不良贷款率变化情况图

表 2-6 6 省市农信社系统改革试点前后资本充足率的对比 (单位:%)

	吉林	江西	陕西	江苏	重庆	贵州
改革前	-52.8	-7.10	-3.1	-2.8	-6.0	-0.9
改革后	5.45	5.19	3.7	—	2,4	2

资料来源:《中国金融年鉴(2006)》。

(4) 盈利水平大大上升。截至2012年年末,全国农信社系统的系统涉农贷款和农户贷款余额分别为3.9万亿元和2万亿元,比上年末分别增加7 825亿元和3 937亿元。按贷款四级分类口径统计,全国农信社系统不良贷款比例为5.6%,比上年末下降1.8个百分点。截止2012年,我国银行业金融机构从业人员共有2 990 716人,其中农信联社有550 859人,农村商业银行有96 721人,农村合作银行有81 076人,农村合作金融组织从业人员占总从业人数的24.36%。[①] 税后利润也不断攀升,盈利水平上了一个明显的台阶。见表2-7。

表2-7 银行业金融机构税后利润情况表(2009—2012) (单位:亿元)

机构/年份	2009年	2010年	2011年	2012年
银行机构	4 467.3	5 833.6	6 684.2	8 990.9
农信联社	193.4	219.1	227.9	232.9
农村合作银行	54.5	103.6	134.9	179.0
农村商业银行	42.8	73.2	149.0	279.9
农村金融组织	290.7	395.9	511.8	691.8

(5) 管理权责明确。截至2012年年末,我国已共组建农村商业银行85家,农村合作银行223家,农信联社2 646家。全国各地依照经济发展情况走适合本区域特色发展道路,选择三种产权模式之一进行改革。地方政府对信用社系统政策执行情况、内部运行制度、风险防范等方面展开监管。

(二) 农信社系统当前亟待解决的问题

1. 三会职能发挥不完全

通过第一轮改革,农信社系统在法人治理上初步实现了"形似",但尚未达到"神似","三会"(社员代表大会、监事会、理事会或者董事会)运行效果未达到预期目的。当前,农信社系统虽然完成了规范老股金和增资扩股工作,但股权分散,且大部分个人股东专业金融知识欠缺,据统计,约有20%左右的股东是文盲或半文盲,难以借助股权、依靠"三会"形成健全的法人治理结构。农信社

① 中国银行业监督管理委员会:《中国银行业监督管理委员会2010年报》,2010年。

系统普遍设置了理事长、主任、监事长的行政管理模式,在实际工作中,理事长作为一把手兼党委书记,决策职责范围过大,监事长在理事长的领导下,往往不能大胆履行监督职责。

由于大部分社员代表缺乏必要的金融知识,社员代表大会缺乏履行权利的机制和能力。农信社系统的高级管理人员的产生按照《农信社章程》规定,应该由理事会、社员代表大会选举产生,但实质上却是由省联社自上而下的任命产生,最后只不过是通过理事会、社员代表大会把任命工作合法化。目前,联社领导班子都是党委成员,很多农信社系统都设有党委,在实际工作中,党委会议对很多事情具有决策权,这和当前实行的“三会一层”运行机制不符,存在越权、越位情况。当前,规定法人股比例不得低于30%,员工股份不得高于20%。由于各地经济发展情况和结构不一样,有些欠发达地区本来企业法人数就不多,和信用社系统有业务关系的更加少,所以法人股30%的比例比较难达到。而员工股份不得高于20%,也不能从根本上解决内部人控制的问题。

中国农信社系统呈现多元化管理,社员代表大会、监事会、理事会仍然是形式主义,职能的发挥程度不高,“三会”的法人治理结构无效率(见表2-8)。管理多元化导致市场责任主体错位。农信社系统没有完整的法人地位,被动地接受不同管理层的干预,成为错误的承担者。

表2-8 “三会”职能作用发挥调查表(2012,样本=45) (单位:%)

	完全独立发挥	一般发挥	很少发挥	流于形式
社员代表大会	11.5	79.3	4.5	4.7
理事会	56.23	33.15	6.67	3.95
监事会	6.65	86.43	5.2	1.72

由表2-8可知,农信社系统“三会”职能发挥作用不是很完全,农信社系统中非职工社员责任意识不强,参与农信社系统经营管理的积极性不高,只关心能否获得利益,股东会中只有11.5%完全独立发挥作用,79.3%是一般发挥作用。理事长由上级信用社系统和地方政府任命,对信用社系统进行经营管理,代表社员的利益,但是实际上经营管理层和社员的利益偏好不同,同时理事长和副理事长没有持股,要服从上级政府的命令,从根本上理事会在一定程度上代表了地方政府的利益,所以只有56.23%的理事会独立发挥作用。监事会的

职位在信用社系统中很多由内部稽核负责人担任，不能公正地对高级经营管理人员的活动进行监督，独立发挥作用的甚少。

根据《中国信用合作社管理规定》，农信社系统是经中国人民银行批准设立，由社员入股农信社，实现信用社中的民主管理，该社的主要业务就是为社员提供相应的金融服务。农信社系统成立之初，具有合作金融的特征，然而随着合作化运动的完成，合作化变成了集体化，产权及法律关系由清晰转向模糊，理应是合作社所有者的社员缺少参与合作社经营管理的积极性和可能性，农信社系统形成事实上的所有者缺位。

尽管农信社系统恢复了社员代表大会、理事会、监事会等机构，但根本发挥不了实质性作用。究其原因，一方面是因为股权过于分散，小股东数量过多，且都抱着搭便车的心理；另一方面，信用社系统的运营也的确缺乏三会制度实施的土壤，缺少内外部监管。信用社系统的经营缺乏所有者的监督控制，信息披露制度不健全，“三会”制度只是一种摆设。农信社系统的经营者并不是由社员大会选举产生，而是由上级部门指定，社员不能约束经营者的行为，经营者也不会倾尽全力为所有者创造利润，信用社系统经营陷入了“社员不关注——经营者道德风险——社员更不重视”的恶性循环中。理论上我国农信社系统为实现多元化发展目标，应该是利益相关者的法人治理模式，但是由于其中涉及众多治理主体，各自所追求的利益不同，存在分歧，股东所有者的权益偏好和债权人希望获得稳定收益从而期望农信社系统减少流动性风险之间的意愿很难一致；另外农村发展的现状要求，完善农信社系统的内部法人治理机构迫在眉睫。

2. 监管力度弱，作假现象依旧存在

在此轮农信社系统改革中，中央政府委托中央银行对改革绩效明显、财务状况好转的农信社系统进行注资支持，最主要的就是专项票据的发行与兑付。在这一过程中，存在两方利益的博弈。博弈的一方是地方政府与地方农信社系统，博弈的另一方便是中央政府，主要委托人民银行实行，见图 2-3。

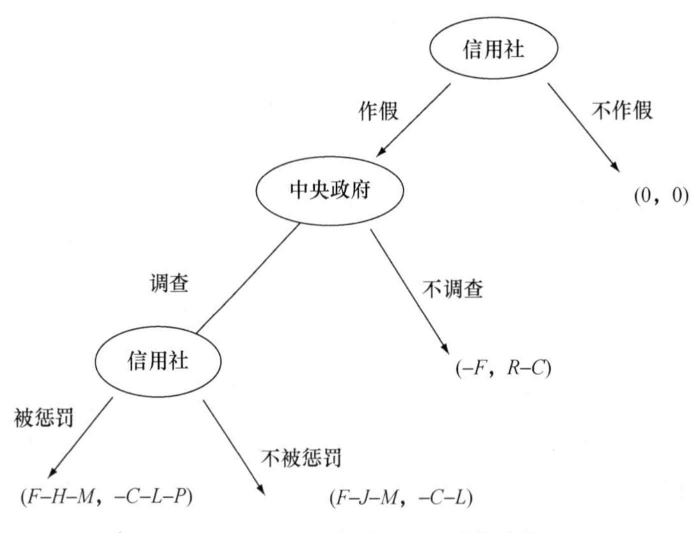

图 2-3 中央政府与农信社系统博弈图

对于农信社系统而言，由于与中央政府存在信息不对称的状况，在第一阶段有作假与不作假两种可能，若选择不作假则收益为 0，此时政府收益也为 0。在作假情况下，进入第二阶段，中央政府对于拨放的资金存在疑问，则有调查与不调查两个选项，若不调查，则信用社系统获得 $R-C$ 的收益，中央银行失去 $-F$ 的资金。若选择调查就必须支付相应高昂的信息调查成本，包括人力资本、信息识别资本、时间成本等，同时进入第三阶段，调查成本为 M，此时信用社系统为了防止作假被识破采取相应方法，包括游说调查者、伪造数据等，成本为 L，那么在发现作假后，政府或采取惩罚措施或者不惩罚，在信用社系统被惩罚时，中央政府将拨付的资金全部收回，效用为 $F-H-M$，政府的惩罚成本 H，信用社系统的效用为 $-C-L-P$，P 为农信社系统受到的惩罚成本。若选择不惩罚，则政府的效用为 $F-J-M$，J 为不采取惩罚措施时，政府失去的公信力，而信用社系统的效用为 $-C-L$。

在这个博弈模型中，尽管政府对上交的数据有怀疑，但基于高调查成本，政府还是会发放资金，除了一些经营状况不善但呈报的数据改变非常大的信用社系统，同时在这一模型中政府在实施惩罚措施后获得的效用为 $F-H-M$，但实际情况中由于专项票据的发行和兑付是面向全体农信社系统的，且是政府划拨专门处置历年亏损的，所以即使调查之后采取惩罚手段，中央的资金 F 也会下拨，因此在调查之后，反而增加了调查成本 M。所以对于中央政府而言，不调查是最优模式，而对于农信社系统来说作假是最优模式，此时达到纳什均衡。

农信社系统由中国人民银行管理与监督，这种集管理与监督两者于一身的方式弱化了信用社系统有效的外部监管力量。农信社系统所有者与实际经营管理者之间存在着严重的沟通障碍，导致两者交流出现阻力，有效的委托 — 代理关系难以发生，所有者无法对经营者进行有效的激励与监督，很难约束经营者的经营行为，而股东最常见的就是“搭便车”行为，监督权更无从谈起，这种病态的集体主义，必然导致“内部人控制”的发生。入股社员和信用社系统经营者之间掌握的信息不对称，内部人员利用自身所有的信息优势，为自身谋利往往做出损害社员利益的行为。

3. 多元化目标冲突，存在的经营风险大

我国农信社系统自产生之日起，经营目标上就存在多元化，一方面中央要求农信社系统扛起支农的大旗，实现农村发展、农业增长、农民增收的目标，以国家政策为依据向农村大量注资，形成大量的政策性亏损；另一方面，农信社系统作为具有法人资格的金融企业，在与商业银行的竞争中，为了追求自身利益最大化，必然通过减少向“三农”的贷款、向非农产业和商业性金融转移来获取利润。

尽管 2003 年实施的农信社系统改革大大减少了其不良贷款，但农信社系统仍然存在大量不良资产，见表 2-9。据调查，2012 年年底，全国信用社系统不良贷款 5 290 亿元，占贷款总额的 4.4%，当年有 46% 的信用社经营网点亏损，有 58% 的信用社经营网点资不抵债，资不抵债的金额为 161 亿元。其中严重资不抵债的信用社系统有 1 万个，占总数的 27%①。由于瞒报、谎报等诸多原因，加之非信贷损失的出现，反映的数据与真实数据可能相差甚远，风险情况可能远远高于账面所记录的水平。此外，即便农信社和农合行资本充足率达到了银监会要求，但与商业银行充足率口径计算的要求相比，仍然存在着较大差距。

① 周脉伏，《农信社系统制度变迁与创新》，中国金融出版社 2006 年，第 152 页。

表 2-9　农信社系统资产负债及所有者权益　（单位:亿元）

年份	净收益	资产	负债	所有者权益
1994	-1391.5	6791.0	7172.9	-381.9
1997	-1035.7	8706.6	8793.5	-86.9
2000	-1447.4	10122.0	10628.9	-506.9
2003	-1586.9	11431.0	12208.0	-777.1
2006	-2494.0	12392.0	13579.0	-1186.5
2009	-3032.0	13931.0	15532.0	-1600.9
2012	-3427.2	16108.0	17960.1	-1852.1

资料来源:杨俊凯,《中国农信社系统制度改革研究》,西北农林大学博士论文,2010 年。

4. 地方政府行政干预强化

2003 年改革中,国务院下令由省级人民政府对农信社系统进行管理,通过成立省级联社或其他形式的省级管理机构,具体行使对辖内农信社系统的管理、指导、协调和服务职能。根据《农信社系统省(自治区、直辖市)联合社管理暂行规定》,省联社的股东是辖内联社,从现代企业的法人治理结构分析,股东对省联社具有监督管理、参与决策权。因此,从理论上讲省联社应该接受各股东的监管,而事实上,国务院将它定义为政府的管理机构,对辖内农信系统进行管理,可以说这种逆向管理是与其本身定位相违背的。另外,市、县级农信社系统本身就是法人,能对自己的一切行为承担责任,其本身就有自己的发展目标、计划,而成立省级联社进行管理,反而模糊了农信社系统本身作为法人所具有的职权。

在人事方面,市联社、县联社的理事长、主任等高管人员分别由省联社、市联社直接提名任免;在经营自主权方面,省联社对下级联社干预过多,并且体现在许多方面,造成实际业务指导与行政指令的边界比较模糊。这种逆向管理导致了股东权益得不到保护,省级政府可能为了片面追求省内生产总值的增长,做出有悖于农信系统服务定位的决定,比如将贷款贷给大额企业主,而损害农民的利益,见图 2-4。

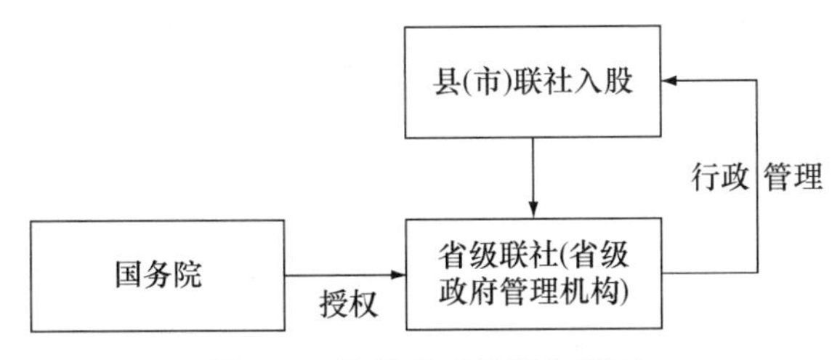

图 2-4　信用社系统逆向管理

5. 经营机制不完善

农业属于高风险行业，农信社系统的客户大部分是以从事农业为主的农户，这就不可避免地将农业的风险转嫁到农信社系统上来。农村信用社底子薄，规模小，在竞争激烈的农村金融市场很难做大做强。农信社系统作为自负盈亏、自我发展的金融机构，其经营必须符合安全性、流动性、效益性的要求，但依旧要承担着金融支持"三农"的主要政策性任务，这必然导致商业性和政策性的冲突，最后为完成政策性任务，就必然会损害股东利益。

银监会为了减轻农信社系统的支农压力，2006 年公布了《关于调整放宽农村地区银行业金融机构准入政策，更好支持社会主义新农村建设的若干意见》，一批农村资金互助社、村镇银行和地方性专营贷款机构相继诞生，农信社系统面临日益激烈的竞争环境。农信社系统面对的主要对象是农村的经济主体，农业的弱质性和农村经济技术的落后导致农信社系统长期面临较大的风险。因此，农信社系统不仅需要政策的长期扶持，还需要得到包括税收优惠、财政补贴、监管优惠、货币政策、保险政策等综合性的配套政策。国家对农信社系统出台了一系列扶持政策，但制度性政策尚不完善，原出台的所得税减免一半等政策优惠措施 2008 年也已经到期。

（三）进一步改革的对策建议

自 2003 年改革以来已经 12 年，全国各地的农信社系统在此次改革中的问题渐渐暴露出来，针对已经显现出来的问题，本研究提出几项进一步的改革建议。

1. 明确使命与定位

农信社系统是为"三农"经济发展提供金融服务与资金帮助的社区性地方

金融机构，是我国金融体系不可或缺的一部分。立足我国农业现状，不难发现，信用社成为现阶段农村金融发展的重要枢纽，同时也是农村间相互发展金融的纽带，它的发展立足于农村，扎根于农村，渗透于农村经济。党中央国务院对农信社系统在新农村建设中的作用寄予厚望，尽管农信社系统进行了改革，形成农信联社、农商行、农合行三类独立法人，但是农信社改革并不能改变长期形成的农民依靠农信社发财，农信社依靠“三农”发展的鱼水关系，为“三农”以及地方区域经济服务，是农信社的天职，也是其本质、其职能、其利益之所在，必须坚定不移地走下去。农信社系统以支持“三农”、服务“三农”为根本，其网点要最大限度地分布于基层，要百分之百地满足符合条件农户的金融需求、百分之百满腔热情地服务“三农”，要千方百计地解决涉农中小企业融资难题，千方百计地帮助小微企业降低融资成本，千方百计地提高办贷效率，要坚持“多予少取”的原则，给予农民尽可能多的贷款优惠。

当前农村信用社在农村市场的主要竞争对手是中国农业银行、中国邮政储蓄银行、村镇银行和小贷公司等新型金融机构。它们的市场定位和业务种类与信用社极为相似，目前农村金融市场的竞争还没有达到全面白热化，但农村信用社应该未雨绸缪，积极抢占市场，新一轮的市场竞争中，必须在相同中求不同，在好中求更好。小额信用贷款是农信社服务农民的王牌产品，是其核心竞争力之所在，必须把这件好事办好。要转变作风，进村入户，必须完善建档、评级、授信、颁证（小额贷款证）四项基础工作，完善农民信用征信系统，完善农民小额贷款联合担保制度，实行电子化动态管理。做到“村村有点有机有联络员，户户有档有卡有授信额”，做到农户建档面达100%，符合贷款条件的农户评级授信面达100%，金融机具布放面达到100%。农信社系统要根据农村产业结构调整和新农村建设的新情况、新需求、新变化，创新思维，树立“大农业”大观念，调整信贷结构。

2. 引入优质法人股

我国的农信社改革中，法人治理结构的完善、产权制度的变革和经营体制的改善这三者是相辅相成、循环共进的。我国农村合作金融组织在股权设置上必须规范，在社员结构上，应坚持以广大农户、专业户、个体工商户等为主的原则。农信社系统组织的最终目标即为蜕变成股份制商业银行。分散的股权设置往往导致激励机制的缺乏，单一的股东缺乏参与管理、治理以及组织发展的积极性,最终导致公司价值增长缓慢,公司内部治理、监管以及人员控制体系失衡,形成公司管理层强、外部股东弱的格局(Roe,1994)[①]。解决股权分散、法人治理结构不完善最有效的捷径便是引进优质的战略投资者成为股东。引入优秀战略投资者,一方面使股权相对集中,在一定程度上减少了小股东的个数,易于"三会"制度的开展,集中体现了对股东权益的保护,法人治理的强化、决策、执行、监督、制衡机制的有效发挥,能更好地享受大股东的权利;另一方面,优质的企业法人能够有效地为农信社系统的盈利性目标提供发展建议,还能拓宽存贷款渠道,实行强强联手战略,朝着服务三农、发展中小企业、繁荣地方经济的方向努力。

3. 弱化省级联社职能

省级联社进行行政干预,导致其自身与农信社形成"逆向治理"模式,有必要对省级联社的职能进行重新界定。在这方面,可以借鉴国外农村合作金融组织的经验,尤其是借鉴合作金融发展势态稳健的德国经验。我们可以将德国的金融组织体系看作一个自下往上的金字塔体系,其中每一个层次的金融机构都为独立的法人,将其分层为三个部分可以发现:第一层,基础层,为数众多的直接从事合作金融业务经营的信用合作社和合作银行;第二层,中间层,主要由GZB银行、SGZ银行和WSZ银行这三家银行组成的地区中心合作银行;第三层,最高层,为金字塔的顶端,即负责协调办理地区无法承担的义务,负责与政府和其他机构的业务联系、国际间业务往来等,维护全国合作金融机构的共同利益的全国合作金融机构的中央管理机构——德国中央合作银行(简称DG银行)。

我国省级联社的改革可以从德国的合作金融组织体系的建设中汲取经验,取消其作为省政府领导下的管理机构的头衔,可以作为独立法人开展省级区域内的金融活动,入股股东为市、县级联社,同时,省政府以大股东的姿态入股,一般占据20%—30%的比例,既能保证具有一定的效力引导国家支农政策的正确实施,又不至于股份过于集中影响"三会"制度的实施。此外,各地市、县级联社的经营方针的确定、管理者的选拔皆通过董事会选拔,不受省级联社影响。在

① 转引自朱武祥,"股权结构与公司治理——对'一股独大'与股权多元化观点的评析",载《证券市场导报》,2002年1月10日。

融资贷款方面，给区域内农信社系统提供帮助。这样的组织构架，从上至下提供服务，实行农村金融的联合，有利于农信社系统发挥优势。基于省级联社失去监管职能的考虑，在监管上可以设立行业监督组织，负责日常监管与金融统计，实现农信社系统内部民主决策、行业监督管理。

4. 建立法律保障体系

改革后的农信社是一种自负盈亏、自主经营的经济组织，农信社系统有强烈的离农倾向，出现了中央要支农，地方要发展，银监部门要防范金融风险，农信社要利润的多方博弈。我国作为一个农业大国，有9亿多的农民，解决农村金融问题是繁荣农村经济的必经之路。我国的农村合作金融发展至今，在扶持“三农”、发展农村经济方面发挥着巨大的作用。然而由于没有明确的法律确认，农村合作金融的可持续发展受到明显制约，从而也直接影响着其支农职能的发挥。从国外的法律保障体系来看，各国为了保障本国的合作金融体系的正常运转，都设立了较为完善的法律体系，从法律角度确定了农村合作金融的地位。

农村金融法的制定必须尽快提上议程，要对合作金融组织的性质做出合理解释，对其法律地位做出准确定义，完善其在机构设立、股东权利、经营管理等各方面的内容，这样才能确保农村合作金融组织的合法权益，促进可持续发展。当然，我们不能只单纯研究金融组织的法律问题，还必须有针对性地对其保险、基金、成员责任等多个方面进行分析。简而言之，立法调整应该是全方位、立体化、系统性的任务，需要众多法律部门的协同合作。同时，政府还需强化合作金融机构的金融监管法律制度，规范市场的准入与退出制度，建立信用评级机制，完善档案管理制度等。农村信用社受政府和社会的宏观环境影响极大①，各级政府需出台相关优惠政策引导农信社系统正确实施惠农政策，建立支持和服务“三农”的有效机制，协调各地信用体系，比如在减免税负、提供贷款资金、推动建立农村信用合作存款保险机制等方面，切实支持农信社的发展。

5. 大力发展中间业务

农村信用社的主要服务对象是“三农”，这个领域客户的最大特点是人多面

① Fengxia Dong, and Allen Featherstone. Technical and Scale Efficiencies for Chinese Rural Credit Cooperatives: A Bootstrapping Approach in Data Envelopment Analysis[J]. Center for Agricultural and Rural Development (CARD) Publications 04-wp366.

广,农村金融需求具有分散化、小额化、多样化以及总量发展迅速的特征。这种特征就决定了农村金融市场存在着巨大的发展潜力,拥有不可估量的业务数量与需求量。当下,银行的利益制高点已不再是一般的存贷业务,而是中间业务领域,中间业务的利润占银行整体收益的较大比重,中间业务的开展既可以减轻农信社的资本压力,又可以满足"三农"新形势新情况下对金融产品的需求,虽然其一直是农信社系统发展的软肋,但农信社必须强化中间业务领域。第一,由于农村客户缺乏保险、基金的相关知识,农信社目前业务单一,需以信贷资产业务市场为依托,加大力度普及宣传,以具有潜力的客户为对象,充分做足营销宣传;第二,目前农信社的设备、专业人才较商业银行都略输一筹,高端的中间业务需要专业人才、专业设备相配套,因此,农信社系统需增加投资,引入高科技电子设备与人才;第三,与投行签订业务,推行保险、基金等相关项目,为客户提供承销咨询服务,进一步拓宽业务渠道,比如可以承接农业保险业务,农村社会保险业务、支农扶贫业务等;第四,在普通的中间业务的基础上,结合地区客户的需求特点,有针对性地开展和创新服务。

6. 引进人才,完善设施

针对农民的金融需求创新金融产品,实行贷款、理财、咨询等综合性信贷服务。要重点提高客户经理的综合素质,培养一批懂经济、懂技术、懂政策、懂经营的客户经理,为农民提供资金、信息、政策等全方位的金融服务,使之成为农信社与农民联系的纽带,成为信用社拓展业务的营销高手,成为农民脱贫致富的金融专家。要大量引进优秀人才,优化人力资源配置,发挥员工最大潜能,在稳固占据农村中低端市场的基础上向高端市场进发。针对农信社电子化设备陈旧、网络发展不成熟的问题,应加快金融电子化建设,提高科技化、信息化水平。推广网络结算服务,建立多方面的服务渠道,提供全省统一的网上银行、手机银行、网络支付、ATM 等服务项目,加快电子支付业务的发展和普及。依据本区域特点,开发适合客户需要的电子产品,引导其正确使用。除此之外,加强全国农信社系统的合作,形成全国统一的农信社系统金融服务体系。

三、基于组织绩效的农村专业合作组织制度创新

诺斯指出,人类在制度这种大框架下得以生存,制度下的合作与竞争关系

是构成一个社会的重要因素，或者从另一个层面来说，构成了一种经济秩序。[①] 因而，制度是一套操作规则，规定经济主体间的行为规范。农村专业合作组织是否能在真正意义上起到带动农民增收、加快新农村建设的作用，根本在于其制度安排是否能够促进组织绩效的改善。

（一）农村专业合作组织制度创新的需求—供给

1. 制度创新的需求因素

当现有的制度安排无法给相关利益群体带来“效用”或“满足”时，这些利益群体会寻找并制定一项新的制度安排，以此获得潜在的利益。农村专业合作组织制度创新需求源于改变单个“弱势”农民地位、弥补市场失灵，符合农民增收、农村建设的需要，它直接受制于以下因素：

（1）制度环境因素

一项制度供给与需求的变化都是在一定的制度环境中产生的，并受着其他相关制度的制约。就中国而言，家庭联产承包责任制度的确立，农业生产的现代化、机械化和专业化的需要，以及农产品的生产、加工、销售等环节的市场化，是我国专业合作组织产生和发展的前提和基础。首先，在计划经济年代，单个农民没有独立自主的生产经营权，在农产品统购统销制度的制约下，对农产品的销售也没有安排权。农村改革后，家庭承包制赋予了农民生产经营的自主权，农产品统购统销制度逐渐废除，农民生产经营的积极性空前提高，但也开始迫使农民独自面临农产品销售的市场风险，因而出现了小生产的分散农户与千变万化的市场的矛盾。其次，农村体制改革后，农业生产发展，农产品开始出现剩余，尤其是20世纪90年代中期以后，农产品市场开始由卖方市场向买方市场转移，农产品相对供给过剩与农产品有效需求不足使农民觉得“势单力薄”，无法适应市场压力。最后，中国加入WTO以后，农产品市场的整体开放使农民面临着国内与国外激烈的市场竞争的双重压力。“小生产、大市场”格局迫使农民寻找新途径增强自身竞争能力。

---

① Douglass C. North, *Institutional Change and Economic Performance* [M], Cambridge University Press. 1990.

(2) 农产品生产要素和价格

改革开放后,一方面,中国经济迅猛发展,城市化进程加快,人民生活水平普遍提高,但随之相伴的是可耕种土地减少、劳动力成本上升、原材料价格飞涨,农业生产成本增加;另一方面,农产品供给过剩和激烈的市场竞争又压榨了农产品的增值空间和潜在利润。采取何种措施降低生产成本并增加利润空间这一问题迫在眉睫。在风险共担、利益共享的机制保障下,农村专业合作组织为其组织成员提供诸如以低价收购农产品、技术支持等服务,节约生产成本、增加销售途径,提高与政府或企业博弈时的实力,满足农民希望获得更多的利益和维护自身的权益的需求。

(3) 市场规模

以家庭为单位的小户经营模式虽然激发了农民的生产积极性,节省了政府的监督成本,但是由于单个农民不具有规模优势,往往在市场交易中的规模较小,竞争力薄弱,交易成本与交易次数往往成正相关关系,随着次数的增加而成本变得过高。根据经济人假设,经济主体以追求利润最大化为目标,即会通过制度创新来获得潜在利润,因此,为了改善在市场交易中所处的弱势地位,农民会通过协作联合,成立一种合作团体,以规模化生产、加工、销售等,实现规模效应,从而提高市场谈判地位,降低市场交易费用,改善市场资源配置的效率,以弥补市场失灵。

(4) 农业生产技术

技术是第一生产力,先进的农业生产技术的投入提高了农业生产效率,带来了农产品产出的增加,增加了农产品的增值空间,是农民获得潜在利润的有效手段之一。而中国农民缺乏必要的专业科学知识和投资能力成为限制农民增加收入,维护自身权益的障碍。农村专业合作组织如何发挥组织合作联合、筹集资本,引进先进的农业生产技术、招聘优秀的技术人才的功能等成为其制度创新的一种内在需求。

(5) 消费者偏好

随着人们生活质量和收入的提高,人们对农产品的需求不再只满足于解决温饱,农产品的多样性、安全性也变得愈发重要。消费者偏好的改变必然影响农民对“成本和收益”的考量。

2. 制度创新的供给因素

对制度的需求是制度创新的诱因，但是制度供给不一定与制度需求同步，其受到现存制度安排、制度设计成本和实施新制度的预期成本、现有知识积累和社会科学知识进步、非正式制度等因素的影响。

（1）现存制度安排

现存的制度安排会影响新制度的提供。当现存的制度需求与供给不均衡，人们对新制度的预期收益大于成本时，才会推行新制度。根据路径依赖原理，制度变迁过程存在自我强化的机制，若初始的制度安排强化现存的制度安排，那么现存的制度安排会直接影响新制度的供给。顺着既定的路径，新制度的形成可能进入良性的轨道，也有可能顺着错误的路径下滑，甚至被“锁定”。

（2）制度设计成本和实施新制度的预期成本

新制度经济学认为，在制度变迁收益既定的情况下，影响制度供给最重要的因素是制度设计成本和实施新制度的预期成本，即制度变迁的成本。我国农民和农业基层部门直接参与制度的设计，不需要投入大量的熟练劳动力资本，因而制度设计成本相对较低。但是制度实施的预期成本关系到制度安排是否在现实中得到执行。政府的扶持力度，现有法律对农村专业合作组织发展与壮大的保障，相关利益群体（如大股东、能人等）对制度安排的认可程度，专业组织内部机制运转情况等方面均会影响组织制度实施的预期成本。

（3）现有知识积累及社会科学知识的进步

弗农·拉坦曾指出，拥有的科学知识越多，设计和实施制度的效果就越好。拥有和增加的科学知识拓宽了思考的深度及广度，在制度创新时提供更多的选择可能性，从而降低新制度供给成本。在中国，农村专业合作组织起步较晚，但西方国家自第二次世界大战后就大力推进了农村专业合作组织的发展，近百年的知识经验积累为我国发展农村组织提供了一定的理论指导和实践教训，减少了制度安排中可能出现的误区。此外，国内学者逐渐地深入对专业合作组织的理论研究，从原本的农村专业合作组织的功能、类别等转向组织内外部制度（产权制度、治理结构等）的研究，有利于有效地指导合作组织的制度安排，减少改变制度的风险和成本。

（4）非正式制度

非正式制度指在长期社会交往过程中，人们遵守的约定俗成的行为准则，如风俗习惯、传统文化、意识形态等，一项与传统文化等非正式制度相融合的制度安排可以很大程度上得到大众的认同，一定程度上可以降低制度变迁的成本。受中国传统封建文化的影响，小农意识会对合作组织制度创新起到牵制作用，如有小农意识的人只相信与自己同宗同族的家人，自由散漫，缺乏自律，寻求安逸，这些非正式约束广泛地支配和约束人们的行为活动，因而在设计新制度时应结合这些具有中国特色的非正式制度，以减少制度安排的摩擦成本和组织内部产生的交易成本。

（二）新时期中国农村专业合作组织制度基本构架

1. 双重目标：经济目标和社会目标

实践证明，农村专业合作组织是中国加快新农村建设，促进社会公平的可行的创新模式。首先，单个农户因经济实力薄弱而在投资、生产、销售等环节上处于弱势地位，无法适应新时期下激烈的市场竞争，形成了农产品滞销的尴尬局面，市场资源配置机制失效，而专业合作组织是应对市场失灵的一种制度创新模式，其利用合作制形式，运用筹集的资本为其社员提供诸如技术、信息等各项服务，降低了生产成本，提高了农民的市场谈判力，带动了农民收入的增加，促进了农业的发展，有利于我国加快新农村建设、推动产业结构升级。其次，从社会公平角度来看，专业合作组织秉承民主、民管、民治等原则，兼顾公平和效率，帮助农户树立合作互助意识，带动农民就业，增加农民收入，缩小城乡差距，为农民谋求更多的福利，实现社会公平和社会发展目标。

2. 农村专业合作组织制度创新框架

（1）产权制度—治理机制—制度环境—制度绩效：一个基本模型

$$Q = F(S_{(r,m,e)} \mid L, K, M)$$

其中，Q 代表了制度绩效，F 是函数的总称，S 是制度构架，制度构架由产权制度（r）、治理机制（m）和制度环境（e）三者共同决定，制度安排影响了农村专业合作组织劳动力（L）、资本（K）和生产资料（M）等资源配置的效率，进而影响了组织运营的绩效，即在产权制度、治理机制、制度环境这一系列制度安排下所产生的绩效合力越大，制度绩效越大，组织资源配置的效率越高，那么组织运营的效率越高。

(2) 从制度角度分析影响组织运营绩效的因素

鉴于农村专业合作组织对外追求利益最大化和对内提供平等服务的特殊性和矛盾性,考察制度创新与组织绩效之间的关系时,要求从公平和效率角度,综合考察一项制度安排对组织绩效产生的影响。本研究认为,影响组织绩效的因素主要来自于两个方面:

第一,从组织内部制度安排看,专业合作组织的内部经济绩效取决于其治理机制,进而取决于产权结构。只有与组织形式相匹配的产权安排,才能有效发挥治理机制的作用,规范和激励社员行为,进而促使组织有序、高效地运转。

第二,从组织外部环境看,制度环境是否有利于专业合作组织的发展也是影响组织绩效的重要因素之一,任何制度创新和供给都受制度环境的影响。

3. 一个基本分析框架

基于前文的分析可知:组织经济绩效取决于治理机制,进而取决于产权结构,这些组织内部制度安排的科学、规范与否会影响到对组织成员的激励与制约和组织运营的效率,进而影响组织的凝聚力。因此,本研究认为产权结构、治理机制、制度环境三个方面的制度安排对组织绩效产生影响,见图 2-5。

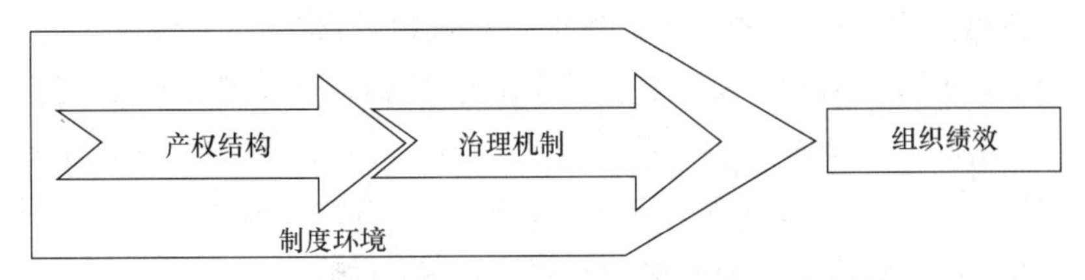

图 2-5 农村专业合作组织制度绩效的基本分析框架

(1) 产权结构

现代产权经济学创始人阿曼 · A. 阿尔钦(Armen Albert Alchian)曾这样定义产权:“产权是一种通过社会强制而实现的对某种经济物品的多种用途进行选择的权利”[①],哈罗德 · 德姆塞茨(Harold Demsetz)认为“产权是一种社会工具,其重要性来自于以下事实:产权帮助人形成那些当他与他人打交道时能够合理持有的预期,这些预期通过法律、习俗以及社会道德等表达出来,因此,产权规定了如何使人受损,以及调整人们的行为,谁必须对谁支付费用”[②]。为

① 伊特韦尔等,《新帕尔格雷夫经济学大辞典》,经济科学出版社,1987 年。

② 德姆塞茨著,《所有权、控制与企业》,段毅才等译,经济科学出版社,1999 年。

此，产权可以理解为一种制度安排，规范了人们的行为，使外部性内部化。而约拉姆·巴泽尔（Yoram Barzel）在罗纳德·科斯（Ronald Coase）产权理论的基础上指出：清晰的产权安排有利于降低成本、提高资源配置的效率。虽然法律明确界定了产权，但在实际应用上产权由于并未完全界定清晰而产生交易成本，因而产权制度的成本是人们选择何种制度的重要依据，是组织低成本、高绩效的核心组织制度，也是保障组织有效运行的基础。

基于制度学家对产权理论的研究，专业合作组织的产权安排可以归纳为：第一，产权是一组权利的集合，包括所有权、使用权、处置权、让渡权、收益权治理制度；第二，产权是经济主体的行为性权利，体现了人与人之间的契约关系；第三，激励与约束机制是产权的重要形式，清晰的产权界定直接影响资源配置效率的高低，一个组织的经济效率如何，最终取决于产权制度中对个人的激励与约束。

（2）治理机制

一套完整的治理机制是内部治理机制（决策机制、激励机制、监督机制）和外部治理机制（市场环境、制度环境）的有机统一。决策机制规范了决策权在组织成员间的分配，明确了什么人具有什么样的决策权和该如何分配剩余控制权；激励机制产生于委托代理问题，专业合作组织成员是委托人，聘用的管理者是代理人，激励机制的设定关键在于如何设计一套有效的激励制度减少代理人的机会主义行为，并在保证代理人参与组织管理可获得的效用的前提下，最大化地降低代理成本和代理风险，体现了经营成果在委托人和代理人之间的分配，促使委托人和代理人之间的利益趋于一致；监督机制是实现社员利益、民主管理的保障，有对理事会、监事会、经济层的监督等，合理、健全的治理机制是专业合作组织执行力有效推行的重要条件，也是组织运行效率的助推器。而外部治理机制是专业合作组织成员通过市场体系以及相关法律、法规强化对管理人员的监督。

从本质上看，治理机制主要解决的是不同利益群体间的权、责、利的分配和牵制，达到利益平衡，即专业合作组织的参与者在实现满意的利益（公平需要）的同时促进专业合作组织整体绩效（效率需要）的提高，在公平和效率这对矛盾体中达到最优平衡点，实现专业合作组织为社员提供服务并追求自身价值最大化的宗旨。

(3) 制度环境

制度环境是指一系列与政治、经济和文化有关的法律、法规,良好的制度环境可以降低制度创新的成本,促进新制度的形成。可以说,任何制度供给和制度需求都是在一定的制度环境下形成的,制度环境与制度安排相辅相成,互为前提与条件,共同构建了特定的社会游戏规则。合适的制度环境有利于制度创新,是促进专业合作组织的发展和影响绩效改善的重要因素之一。

(三) 目前农村专业合作组织制度安排的缺陷

1. 产权制度方面

(1) 利益分配制度不完善:组织成员的异质性

随着合作社的不断发展,合作社开始引入外部资本和管理人员等,提高了合作社成员之间异质性程度,也增加了利益分配的复杂程度。当合作社成员都是所处行业相同、生产实力相近的同业者时,他们有着相同或相似的效用函数和目标函数,因而利益分配是按交易额返还,治理结构也并不复杂。然而,当合作社出现具有不同目标和效用的成员时,原先统一的“所有者—惠顾者”社员就会分裂开来。只进行交易而不投资的惠顾者要求按交易额返利,而只进行投资的股东则要求按股份分红,两者对资源的不同需求提高了治理和利益分配的难度,在产权安排时应综合考虑多元化成员的要求,单方面地满足一方要求会挫伤成员的积极性和损害组织的公平性,反而不利于合作社的发展。

(2) 缺乏有效激励:产权残缺

完整的产权安排应包含所有权、使用权、收益权和转让权。首先,在产权完整的情况下,经济活动不存在外部性,资源配置可以达到帕累托最优,实现经济效率最大化。当前,《中华人民共和国农民合作社法》规定,社员的产权不能转让和不可上市交易时,残缺的产权影响了资产增值的空间,降低了合作社成员的投资预期价值,进而打击了投资激励。其次,法人财产所有权缺失。截至2011年,农民合作社法实施四年,处于起步阶段,因而导致专业合作组织可能因缺乏明晰的法律贯彻实施而没有独立明确的法人地位,未到工商登记机关登记或在工商登记机关登记为社会团体、企业法人等,这种法人财产权的不明确性给农村专业合作组织的运作和政府扶持政策实施的选择带来了困难。

(3) 产权界定不清晰:公有产权 vs. 个人产权

模糊的产权安排,如产权归属不清晰时,容易造成社员权利稀释、搭便车等问题,从而影响组织运营的效率。虽然2007年颁布实施的《中华人民共和国农民合作社法》规定"公积金按照章程规定量化为每个成员的份额",在一定程度上克服了产权界限模糊的问题,但是,当前许多农村专业合作组织处于新创或发展时期,没有将产权明确到个人,在组织创立初期,共有财产较少,而产权界定的成本可能较高,大于个人产权建立为合作社带来的收益,但当合作社壮大后,个人产权将变得难以界定,社员的利益无法保障,尤其是随着会员增加,政府支持力度加大,内部人、社员、投资者之间的产权界限也更加模糊,投资主体如龙头企业等侵犯个人产权和利益的情况屡见不鲜。

2. 治理机制方面

(1) 治理结构缺陷

Henehan and Anderson(1990)认为,理事会结构特征影响合作组织的绩效。国内学者黄胜忠等(2008),徐旭初和吴彬(2010)发现,理事会人数增多对合作组织绩效改进起着积极作用。当前许多西方国家的农村专业合作组织采用的是理事会和经理层相结合的治理结构,利用专业化分工提高经营管理效率。在中国,职业经理人市场处于初步发展阶段,所能提供的专业人才有限,同时,现阶段的农村专业合作组织规模大多较小,其管理人员大多来自龙头企业、农村能人等,整体上文化程度不高,是否能科学地管理组织运营(决策、监管)仍有待商榷。另外,许多组织尽管设置了社员大会、理事会、监事会,但是其设置形同虚设,专业组织章程规定应开设的会议没有执行和落实,流于形式化、空壳化。

(2) 决策机制:内部人控制问题

从资本构成上看,专业合作组织主要由农村能人、专业大户、龙头企业、政府所属的农技或供销部门投资建成,而普通农民投资较少,这种财产所有权的集中引发了决策权的集中化,导致了"内部人控制"、"能人决策"等问题。由图2-6可知,理事会全体成员平均股份比重54.17%,最大的高达95%,并且前十大股东平均股份比重约为65.47%,这些在合作社内拥有大股份的理事或股东掌握着很大部分的决策权,占据主导地位,成为合作社掌握实际控制权的"内部人"和核心力量。尽管合作组织受到法律、章程的约束,但是普通农户对组织资本筹集、组织运营管理贡献较小,从而无论在组织日常管理上或在制度创新上,农民在组织中往往处于从属地位,参与组织决策时力量薄弱,获得的利益较少,激励作用不强,反而会产生搭便车等行为,要在真正意义上实现民主管理、民主决策还需要加强农民的主体地位。

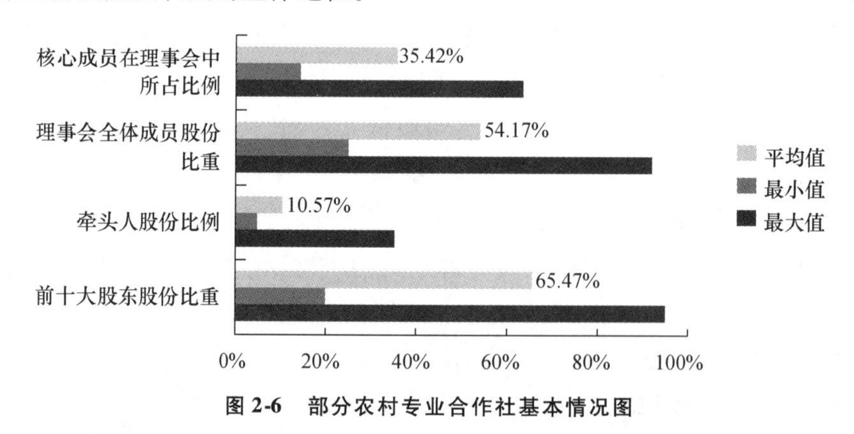

图 2-6 部分农村专业合作社基本情况图

(3) 激励机制失效:委托代理问题

目前,我国农村专业合作组织多聘请专业经理人来管理组织,因而造成“两权”(所有权和经营权)的分离,但是由于合作社对利益分配上的特殊规定,使专业合作组织出现了明显的委托代理问题。2007 年实施的《农民专业合作社法》规定,“可分配盈余首先按成员与本社的交易量(额)比例返还,返还总额不得低于可分配盈余的百分之六十;其次,按照出资和公积金份额比例分配”,而合作社同时规定剩余索取权是一项选择性权利,即只有当成员对合作社提供惠顾时才会有这项权利,并且这项权利不可转让。这些规定意味着管理人员报酬是有限的,甚至无法弥补投入成本(知识、时间、才能等),无法激励管理层以专业合作组织利益最大化为中心,使之产生“偷懒”等机会主义行为,造成道德风险。缺乏对管理人员的必要的报酬奖励,难以使其对组织管理保持积极性,维持对合作社的忠诚度,甚至管理者为了寻找更多潜在利益,反而会出现权力滥用的不利现象。

(4) 监督机制失灵

基于我国农村专业合作组织处于初步发展阶段的现状,许多组织的日常经营监管不合理。首先,对组织管理层缺乏有效的监督。在组织章程不能得到贯彻实施、内部人控制等问题下,出现普通社员监管权力受限制和监督机构形式化等监督机制失效的现象;其次,专业合作组织内部缺乏必要的财务监督。组织在财务管理方面缺乏必要的监管制度,导致组织会计账簿设置、登记不规范,入账不及时,会计资料不全等,有的合作组织甚至有伪造账簿的行为,为社员提供虚假的会计信息。监督机制失灵容易诱使个人产生“偷懒”、“投机”等机会主义行为,产生由信息不对称导致的道德风险,影响决策机制、激励机制、利益分配等机制有序、健康地运行。

3. 制度环境方面

现阶段,我国对由农民自发形成的农村专业合作组织缺乏完善的法律约束和政府扶持。我国虽从 2007 年 7 月 1 日起开始实施《农民专业合作社法》,但是现存的法律法规缺乏对合作组织的发展做具体的限制性的规定,也没有具体的关于引导科学化、规范化制定组织制度的相关规定,使得我国农村专业合作组织在制度安排上缺乏科学性、执行力度不强。虽有的专业合作组织在工商管理局注册登记,但也有很多仅为民间组织,这些组织内部的制度安排混乱,无法形成一个系统性的规章制度和程序;此外,各级政府对农村专业合作组织的扶持政策虽然很多,具体落实到实处,让农民感受到政府的支持的较少,有些地方的政策甚至是一纸空文。据网上投票数据显示(图2-7),农村专业合作组织在资金融通、土地流转、农业生产基础设施三方面急需政府相关部门扶持和法律、法规保护。

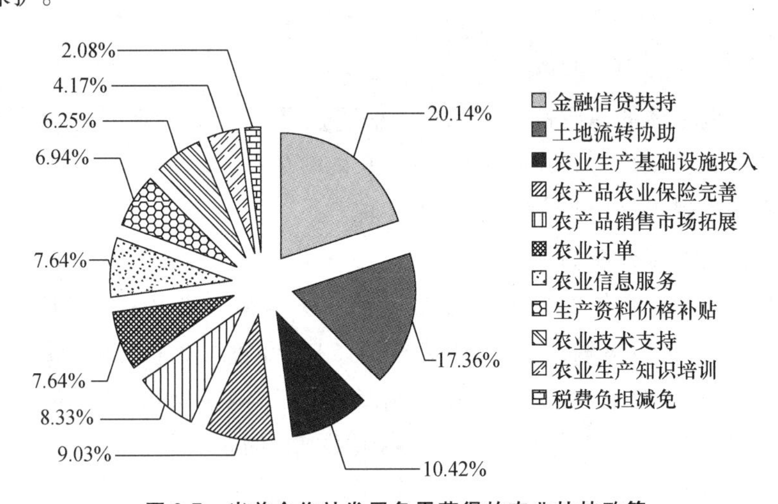

图 2-7　当前合作社发展急需获得的农业扶持政策

资料来源:中国农合组织研究网,“当前合作社发展最急需获得的农业扶持政策”调查,http://www.ccfc.zju.edu.cn,2010-11-02。

上述调查结果显示，农村专业合作组织最需要获得的是金融信贷扶持政策。虽然自2007年《农民专业合作社法》正式颁布施行以来，政府部门已经出台了《关于做好农民专业合作社金融服务工作的意见》和《关于支持有条件的农民专业合作社承担国家有关涉农项目的意见》等政策措施来保护和推动农村专业合作组织的发展，尤其是在金融信贷方面，但是数据显示，资金融通支持仍然是被调查者最希望获得的政府扶持政策。此外，土地流转协助、农业生产基础设施与金融信贷扶持需求约占总体的50%，因此，当前合作社发展急需农业扶持政策。

四、新时期农村专业合作组织制度创新的措施

1. 建立现代化产权制度

(1) 坚持“民有”原则

坚持民有，即是坚持专业合作组织的产权为农民所有，肯定农民在专业合作组织中的主体地位，以维护农民的个人利益。由于现阶段专业合作组织存在农民股份普遍偏低且政府或龙头企业等占主导的问题，而坚持农民拥有合作社产权，是专业合作组织健康发展、不偏离为农民创收、增加其福利的初衷，因此坚持农民作为合作组织的主体地位是保障农民权益、促进专业合作组织良性发展的关键。

(2) 明晰个人产权制度

随着投资主体的异质性，入股方式如资金、劳务等呈多元化发展。通过立法建立社员个人账户等方式明晰个人产权，能够保障社员的权益不受侵犯和提高社员间的凝聚力，以利于激励机制的发挥。

(3) 针对产权残缺的对策

立足我国专业合作组织发展现状，参照在美国和加拿大快速发展的“新一代合作社”组织的发展模式，针对不完整的产权，可做出如下安排：限制社员资格，以减少搭便车的风险；允许产权可以在组织成员间转让和流通，对向组织外流动应作严格的限制，以此解决投资者剩余索取权问题。

2. 优化治理机制

(1) 完善组织章程及机构设置

健全、科学的组织章程是农村专业合作组织的运行纲领，由全体组织成员

根据专业合作组织经营规划共同制定,明确组织目标及性质、业务范围,设定社员权利与义务,界定组织职能,规范财务管理和破产清算等程序。严格按照组织章程如期举行社员大会、理事会、监事会,是让组织有序、有效运行的保障。在治理机构设置中,基于公司治理模式和我国现阶段发展特点,结合社员大会、理事会、监事会和经理层,合理界定四大组织机构的权利范围,形成相互制约的关系。组织内部明确的专业化分工有利于治理机制的良性、规范化组织运行。见图2-8。

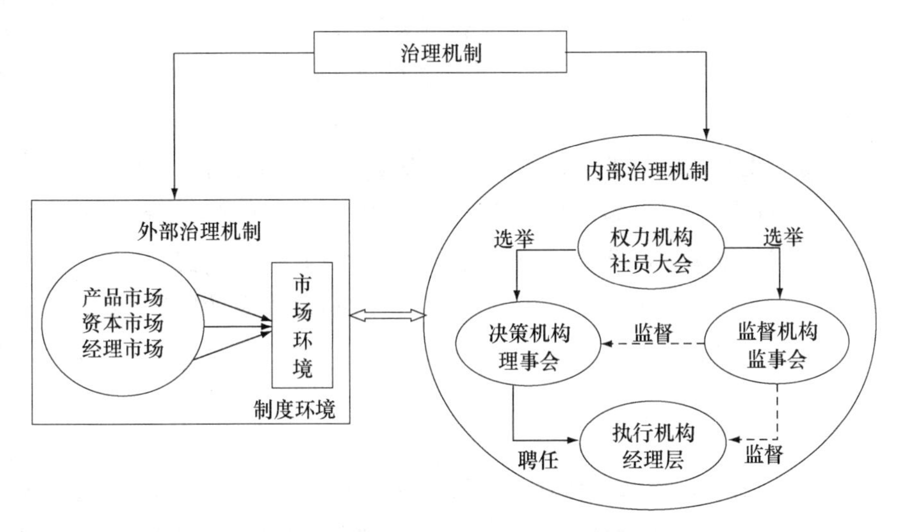

图2-8 农村专业合作组织治理机制体系

(2)健全决策机制

基于我国大多数农村专业合作组织存在“内部人控制”问题,农产品生产、加工、销售等可能出现的自然风险和市场风险,建立健全、科学、民主的决策机制显得尤为重要,这直接表现在对社员大会、理事会、监事会、经理层决策权力的安排。首先,坚持社员大会作为组织的最高权力机关,坚持普通社员的主体地位,全体社员共同商定有关组织运营的重要事宜;其次,合理界定理事会、监事会的决策权力和保证普通社员参与其中的比例,以减少内部人控制的可能性和“偷懒”等机会主义行为。

(3)改善激励机制

有效的激励机制可以促使组织利益和个人利益的协调与统一,激发组织成员工作的积极性,强化其组织认同感和凝聚力,进而带动组织经营绩效的提高。完善激励机制应包括对管理人员的激励和对社员的激励。

第一,加强对管理人员的激励力度的措施。首先,允许其分享专业合作组织的盈余分配,防止管理者目标和组织目标的偏离,降低委托代理过程中可能出现的道德风险,这种与自身利益挂钩的安排可以带动管理人员的工作热情和减少代理成本。其次,借鉴公司治理中针对管理层的报酬激励制度。以工资、奖金等形式的报酬激励方式是对管理人员付出同等劳动的肯定和回报,稳定可靠的收入来源也是吸引专业人才加入农村专业合作组织创新的保障。

第二,完善对社员的激励制度。专业合作组织的参与者可以划分为惠顾者和非惠顾者(投资者),加强社员的激励效果的措施如下:首先,应提高普通社员的出资比例,提高他们在参与组织决策、监督过程中的话语权,降低“内部人控制”的风险;其次,健全利益分配制度。在坚持按交易额返还给惠顾者的主原则下,合理界定按股份分红的比例和奖励,对合作组织有杰出贡献的成员进行年终额外奖励和表彰,此外,专业合作组织可以对其成员提供培训、交流会等服务,加强社员的内涵创新,让物质激励与精神激励双管齐下,最大限度地发挥激励作用。

(4) 优化监督机制

农村专业合作组织是否能在公平与效率之间找到一个最佳平衡点,实现为社员服务和追求组织利益最大化的目标,关键在于监督机制是否有效。首先,对社员大会、理事会、经理层等治理体系的监管是激励机制发挥作用的保障,规范了相关人员行使权力时的行为,降低了由于信息不对称造成的道德风险,维护了组织“民有、民管、民治”的宗旨;其次,在财务管理方面,加强会计监督和信息披露的力度可以提高组织透明度,规范会计行为,防止管理人员“滥权”,做出与会计人员勾结伪造账簿等危害普通社员利益的行为。因此,坚持财务监管和财务公开有利于合作组织健康发展。

3. 建立适合农村专业合作组织制度创新的环境

(1) 完善现行法律制度

首先,2007 年颁布实施的《农民专业合作社法》虽然规定了法人产权和个人产权,但是产权模糊现象仍然存在,尤其是在个人产权上,许多合作组织在创立时期没有做出明确的规定;其次,在治理制度上,要考虑如何协调“能人”和普通农民的关系，使能人和农民都能在合作组织中起到应有的作用。最后，在现行的法律条例上，应更关注一些与实际相连的问题，如增加保障交易安全的法律法规等，把政策落到实处，而非给人以雷声大、雨点小的感觉。

（2）规范农村专业合作组织设立和运营程序

鼓励农村专业合作组织正式在工商局登记，以方便统一管理和监督，引导科学化、规范化制定组织制度，外部保障机制和内部保障机制相配合共同促进专业合作组织高效、有序运营，进而维护普通农民的权利不受少数利益集团的侵害。

（3）政府扶持措施

政府有必要在完善有关农村专业合作组织的法律法规的同时，加大对农村专业合作组织的扶持力度，如制定有效地针对农村专业合作组织的长期经济优惠政策：对合作组织提供减免税、低息贷款、财政补贴等优惠措施，促进专业合作组织的发展与壮大。

4. 影响农村专业合作组织制度创新的其他措施

（1）相关利益群体互助

一是供销合作社。我国现阶段的农村专业合作组织虽然具有较大的发展潜力，但是由于专业合作组织在发展过程中普遍受到人才、资金、技术等方面的限制，而供销合作组织在我国经过长期的改革发展，形成了较为完整的组织体系，在人力资本、物质资本、信息资本上具有比较优势，带动供销合作社与农村专业合作组织合作联盟是推动农村专业合作组织自有组织体系形成的重要途径，利用双方的优势资源，达到共赢，如以供销合作组织中的龙头企业为龙头，组建农村专业合作组织，吸引普通农民加入，或直接以基层供销合作社作为单位，组建农村专业合作组织。

二是农村信用合作社。目前资金融通困难已经成为阻碍农村专业合作组织进一步发展的主要障碍之一，有关金融信贷方面的政策扶持已然成为被调查者最需要的扶持政策，没有必要的发展资金，农村专业合作组织很难进一步发展壮大。农村信用合作社作为我国农村金融的重要力量，旨在立足于农村，为农户和农业组织部门等提供必要的信用贷款支持，促进农村经济的快速、稳健发展，可以说，农村经济的发展离不开农村信用合作社的支持。作为加快新农村建设的潜力军和主力军，融资困难成为许多农村专业合作组织发展的绊脚石。因此，农村信用合作社应对农村专业合作组织给予必要的金融优惠，如降低贷款门槛，不仅降低了农村信用合作社对中小生产者提供的小额贷款的信用风险，也解决了部分专业合作组织资金紧缺却无法取得贷款的尴尬局面，促进专业合作组织的发展。

（2）农村专业合作组织间合作联盟

基于农村专业合作组织可持续发展的需要和日益激烈的市场竞争的压力，各个农村专业合作组织之间改变原有的对立竞争的模式，转为合作竞争，即建立合作联盟。合作竞争不仅可以带来更大范围的规模效益，也可使不同专业合作组织之间取长补短，降低生产、交易成本，并在技术开发、产品生产质量、市场渠道等方面开展合作，优化组织内外部资源配置，增强专业合作组织的市场核心竞争力，实现合作共赢，实现农村供销社、信用社、专业合作组织“三位一体”，实现农民的组织化，全方位地保护农民，推动农村金融的发展。

第三章

"三位一体"农协的逻辑机制

一、"三位一体"农协的经济逻辑——基于"成本—收益"分析

为了解决三农问题，中国一直致力于农村合作化进程。但是，农村经营主体细碎，经营规模狭小，交易成本高，相互之间的联系与合作不紧密，导致农村合作化必要但却难以推进①。破解其中的难题，需要对合作社的运行成本与收益进行比较分析，探索降低成本和提高收益的新途径。

（一）合作社的成本—收益分析

1. 合作社的成本

合作社的运行需要一定的成本。由于其存在特定的组织目标，所以合作社是一种高成本组织，对此，只能根据社员对组织收益需求的变化来不断调整制度，降低其制度实施成本和服务供给成本。②

合作社的运行成本包括内部组织成本和个人成本。内部组织成本是合作社的组织成立、运行与解散所发生的成本费用。与普通企业相比，合作社的内

---

① 韩纪江，"农村合作化必要但却难以推进"，载《温州职业技术学院学报》，2012 年第 2 期，第 9—11 页。

② 国鲁来，"合作社制度及专业协会实践的制度经济学分析"，载《中国农村观察》，2001 年第 4 期，第 36—48 页。

部组织成本比较低,这表现在三个环节:(1) 合作社的构建成本比较低,目前对于合作社出台了一些优惠政策。2007 年实行《农民专业合作社法》,向工商部门提交一些文件即可设立农民专业合作社。该法的出台,规范了合作社的建立与运行条件,进一步降低了开办成本。(2) 合作社运行的成本比较低,大多数合作社都是农民社员兼职负责日常管理,没有规范的组织机构和专职的办公人员,甚至很多合作社没有场地,或者干脆设置于农民家中,不需要支付场地费用。(3) 合作社的解散成本是不确定的,但一般也不会很高。合作社的资产归属很容易确定,往往是谁出资谁收回,谁使用谁赎买,避免了低价变现的损失,散伙成本不高。更一般的,许多合作社往往无疾而终,社员对合作社资产的责权利不明确,不需要散伙这个环节。上述低成本的代价是合作社的组织机构不严密,在投资决策、日常管理与交易环节不容易达成一致意见所造成的,也就是说其对外交易成本较高。当合作社开始盈利后,普遍存在的机会主义会提高合作社的内部管理与协调成本。这样的合作社处于小规模粗放经营和不稳定状态,往往无法成长壮大。一有风吹草动,尤其是遭遇不利的农产品价格波动时,很容易解体。

合作社的组建是基于农村熟人社会,彼此熟悉,但能否就此拥有信任呢?答案是否定的。在街坊邻居、甚至是家庭成员和亲友之间,普遍存在机会主义,这就是中国农村的现状。这也是为什么新中国成立初期的合作化(集体化)会遭遇失败。国有化的效率不高也在于此。私有经济之所以能高效发展起来,就是克服了共同所有权导致的机会主义成本。只有当外部存在严峻的生存压力,单个家庭无法生存时,合作化才容易成功。之所以普遍存在机会主义,是因为:第一,劳动过程难以监督,或者监督成本太高,使得监督得不偿失;第二,信誉评价机制出现问题,对不诚信行为,不以为耻,反以为荣;第三,申诉与处理成本高,对于机会主义分子,无法很好地识别,对违约或不诚信行为的惩罚太轻。这种强制合作下的机会主义所产生的巨大危害甚至比死亡还可怕。当年安徽省小岗村的农民甘冒生命危险分田到户,其实,他们自己也没有想到,如果他们真有这种精神,那为什么连死都不怕的人会害怕合作呢?

在合作社成员的管理上存在两个极端:禁止退出和完全自由退出。在没有退出权的情况下,必须剔除个别人的机会主义,但难题在于机会主义的识别成本太高;完全自由退出能够自动消除机会主义,但不利于合作社基本功能的发挥。在这两个极端之间,合作社社员需要对支付的个人成本进行甄别和决策。随着农民工工资上涨,农民的时间成本提高,用于投票表决的决策成本有增无减。是否组建或参加合作社,取决于在这种组织博弈中能否获利,为此,必须大量地搜集和分析其他社员信息,以确定合作是否对自己有利。

2. 合作社的收益

组织目标是追求通过共同努力而获得比个人努力更多的收益。农民在一起组织合作社的出发点也正在于此。合作社推动小生产与大市场更为有效地对接,既降低了农产品在消费市场上的购买价,又提高了农产品在田间地头的销售价。市场效率提高所获收益,应为合作社与市场共同分享。

就合作社而言,把农民组织起来进行生产经营会获得三个方面的收益。

首先,通过扩大规模和增加交易获利。正如组建企业可以降低交易成本,组建合作社也可以降低交易成本。这是一种通过扩大规模和改善组织架构而收获报酬递增的收益。中国农业生产是典型的小农经济,要扩大规模,有两种方式供选择。一是通过土地使用权租赁、转包,组建家庭农场;二是通过合作和入股,组建合作社。前者产权明确,管理决策权集中,但受制于当前的土地集体所有和家庭承包经营制度。后者与现有的土地集体所有制兼容,但存在产权不清、管理效率不高的缺陷。如果能够将合作社与家庭农场结合在一起,则不失为一个好办法,这需要进一步的理论研究与实践探索。对此,美国当前的合作社模式值得借鉴,如杨娜曼(2008)研究发现,美国新一代农业合作社(NGCs)拥有紧密的合作机制,一是产权清晰,二是利益联结机制完善。[①] 为了在明确产权的前提下追求规模收益,合作社可能朝着企业化方向发展,如吴彬和徐旭初(2013)认为,社员既是惠顾者,又是投资者,还是所有者或控制者的多重身份,造就了合作社治理的特殊性;但这种多重的身份特性受到了市场化的严重冲击,在现有的经济环境下,这种身份的矛盾越来越激化,造成内在的共同利益边界不清,共同的内在属性模糊淡化[②]。

其次,合作社拥有所谓的传统合作利益。传统的合作化思想建立在这样一个假设前提下:在农产品的销售市场、农业生产资料与生活资料购买市场,分散

---

① 杨娜曼,“美国新一代农业合作社组织的创新与启示”,载《求索》,2008 年第 2 期,第 45—46 页。

② 吴彬、徐旭初,“合作社治理结构——一个新的分析框架”,载《经济学家》,2013 年第 10 期,第 79—88 页。

的小农缺乏议价能力，所以联合起来组建合作社以对抗外部的交易对手。外部社会化服务本来应该可以降低农产品销售成本，但为什么又会经常形成对农民的盘剥呢？这与以前的农村市场化发育不健全有关，与城市和工业相比，如果农村市场不完善，在供求和价格的获得方面，信息不对称，农民便是不完全信息一方。随着城乡一体化和农村市场越来越完善，合作社的这一功能将会弱化。相反地，一些合作社反而走向另外一面，成为市场的垄断力量。比如，日本农协主要就是靠阻止大米进口和垄断米价而发展起来的，不可避免地存在效率问题。冯昭奎和林昶（2009）研究表明，日本农协有功也有过，已经成为日本农村的一股保守和垄断势力，其内部经营也因规模庞大、机构臃肿和脱离农民而出现侵害农民利益、效率低下、脱农化、特权化等问题[①]。

最后，与普通企业相比，合作社拥有一些税费减免与信贷优惠政策。解决三农问题，除了通过促进城市化来支持和鼓励农民进城之外，对于农村地区的发展向来便同时存在两条看起来并行不悖但却南辕北辙的路径。一是增加农村基础设施投入，深化改革开放，完善农村的市场机制，从市场化中要效益。二是通过合作化优惠政策将农民组织起来。简言之，合作社就是弱者的集合，组织起来才能由弱变强，形成市场的垄断力量。这种垄断力量由政府优惠政策在背后撑腰。这些政策往往与农业优惠政策捆绑在一起，让农民这一特定群体和农业这一特定产业受益。一些假合作的出现，便是为了谋求这些优惠政策。对此，也有一种观点认为，假合作也未尝不可，毕竟是为农业生产做出了贡献，从支持农业的角度看不必过虑。就国家政策层面而言，支持农业政策的成效是否显著，取决于农业生产经营成效，而不必拘泥于合作社是否具有完备的合作形态。

（二）合作社有效性分析

1. 合作社的有效性

随着合作社的成立与规模扩大，内部组织成本增加，外部交易成本降低。比较成本—收益，如果成本增加低于收益增加，合作社便是有效的。否则，便无法持续发展下去。除非有两种情况：一是政府支持，承担合作社的一部分成本

① 冯昭奎、林昶：“日本农协的发展及功过简析”，载《日本学刊》，2009年第2期，第85—98页。

或给予优惠政策补贴;二是假合作,与真合作相比,这不但可以降低内部组织成本,还可以避免支付作为合作社社员所必须承担的个人决策成本。而是否是真正的合作,不能抱残守缺,在思想上被禁锢于过去合作社传统规则的窠臼。与合作社传统原则的背离,正是市场经济发展的客观趋势。

其实,世界各国的合作社都在经历着变革。在现代社会,任何经济组织要保持旺盛的活力,必须具有开放性,根据外部环境变化不断进行调整和优化。傅晨(2003)认为,当前合作社活跃的农业领域发生了巨大变化,农业一体化经营显著,合作社的组织制度必须适应这一变化和要求,美国的新一代合作社模式便是一个例证。[①] Harris et al.(1996)提出,美国新一代农业合作社的关键特点是将生产者的资本贡献与产品提供权利相连接,与传统合作社相比,充分发挥激励结构、治理结构等方面的优点。[②] 尼尔森(2000)认为,新一代合作社的代理人问题要小得多,防止了社员的短期行为、机会主义以及投资分歧问题。[③] Chaddad and Cook(2004)从所有权的视角分析了美国新型农业合作组织的模式,认为传统的合作社与公司是两个极端模式,新一代农业合作社与传统合作社的区别在于对剩余索取权的可转让性放松限制,但坚持原有的使用—所有原则。[④] 胡新艳和罗必良(2008)认为,美国新一代合作社的制度安排更具利益、激励、非正式制度、时间动态等多个方面的相容性,这些组织优势确保了其更好地适应经济活动市场化、现代化、一体化的要求,更具效率。[⑤] 通过上述研究,可以看出,美国新一代合作社的有效性在于更多地遵循了市场化要求,向厂商组织靠拢。合作社无论怎么变革,其目的就是降低成本和获得更多的收益。没有源源不断的利益创造,随着成本提高,合作社就会消亡。旧的合作模式消失,新的更适合环境的合作模式出现,合作社这一农村组织形式才会长期存续下去。

---

① 傅晨,“‘新一代合作社’合作社制度创新的源泉”,载《中国农村经济》,2003 年第 6 期,第 73—80 页。

② Harris, A., B. Stefanson, and M. Fulton, “New Generation Cooperatives and Cooperative Theory,” *Journal of Cooperatives*, 1996, 11, 15—28.

③ 杰克·尼尔森、杜吟堂,“农民的新一代合作社”,载《中国农村经济》,2000 年第 2 期,第 77—79 页。

④ Chaddad, F. R., and M. L. Cook, “Understanding New Cooperative Models An Ownership-Control Rights Typology”, *Review of Agricultural Economics*, 2004, 26(3), 348—360.

⑤ 胡新艳、罗必良,“制度安排的相容性基于‘新一代农业合作社’的案例解读”,载《经济理论与经济管理》,2008 年第 7 期,第 13—17 页。

合作社的发展在东西方出现了两种不同形态。在欧美,合作社的专业化程度很高,在东亚,合作社的综合程度很高。这与两地的农村社会发展、土地资源禀赋有关。陈林(2009)认为,大农的单种业务量就足以达到经济规模,所以发展出现了专业性很强的合作社;小农的规模化、专业化程度低,要达到合作的经济规模,就采取了综合多样化的形式。[①] 规模问题在中国农村显得尤为重要。农闲时,经常看到农村里成群结队地打牌赌博等娱乐消遣,这不能简单地怪罪于农民的懒散和不进取。农民也是经济理性人,会对消遣与劳动的收益进行比较。当缺乏就业获利机会或者就业报酬很低时,便会选择娱乐消遣。政府经常组织一些免费的技术培训和就业指导,很多农民不愿意参加,因为他们认为这些学习与培训,在可以预见的未来对其毫无作用。尤其是农业技术培训,在小规模家庭经营的前提下,农事操作技术进步所带来的收益与其学习和劳动付出相比,微乎其微。如果扩大土地经营规模受到土地制度的制约,便只能采取综合合作方式。

之所以在东亚普遍地出现综合性的合作社,正是规避人均土地规模狭小,而不得不追求多元化规模收益的一个结果。但这无疑会增加合作社的内部组织成本,对此,将不得不依赖国家政策支持。陈林(2009)认为,小农经济的发展模式难以发展并支撑起专业合作社的运转,专业合作的出现更无从谈起,日本、韩国以及我国台湾的小农合作都是政府大力主导,具有公法地位和某些特许权,兼具合作与政府支农两个体系,既降低了农民与市场的交易成本,也降低了政府与农民的交易成本。

但是,政府介入或主导就真的能够促进合作社的发展吗?

2. 强制性合作化的成本—收益分析

新中国成立以后,中国的合作化便是走了一条完全由政府主导的道路。为了优先发展重工业和军工产业,低价强制征购农民的余粮、甚至是口粮,釜底抽薪,以合作化的名义收回农民的土地所有权,对农民的生产、甚至生活实行准军事化管制。

1952 年以前,实行土地改革,无偿没收地主和富农的土地分配给农民,由地

---

① 陈林,“论公法农协‘三位一体’农村合作协会的法理基础”,载《太平洋学报》,2009 年第 12 期,第 38—46 页。

主私有下的租赁经营向小农私有下的家庭经营转变,释放了农业生产力,农业产出增长很快。土地改革完成后,在基于成本—收益分析的基础上,出现合作社萌芽,有些农户之间开始自发互助,联合进行农业生产。这引起了领导层的高度关注,以自发互助组获得的成功为典型,开始建立初级生产合作社。此时,土地仍为私有,但以入股的形式进行集体经营,其他生产资料则作价归公。互助组和初级社总体来看是成功的,因为该过程遵循自愿互利与循序渐进原则。但不久之后,农业的社会主义改造程度升级,建立高级合作社,套用苏联集体农庄模式,实行高度统一的集体生产经营,土地等基本农业生产资料全部强制性收归集体所有。由于完全破坏自愿互利原则,高级社模式并未成功。1958 年风调雨顺造成丰产,被错误地认为是合作化的成果,开始刮起共产风,全面推行“一大二公”和“政社合一”的人民公社,实行共同生产、甚至共同消费的合作化模式,完全无视农民素质现状和内在诉求,无论是昙花一现的按需分配,还是按人头分配,都因缺乏物质基础,很快就被食物和物资短缺所阻止。1959—1961 年的大饥荒压制了共产风,重又回到以集体统一生产、家庭分别消费为特征的初级公有制模式,并在以后的十多年里固定下来。

合作化、集体化的过程虽有曲折,但利用强有力的政权机器,其实现却颇为迅速。组建起合作社、人民公社之后,国家在征购粮食时更加容易和便利,能够全面支配农产品,将所需粮棉油等大宗农产品顺利转移出农村。同时,合作化所形成的人民公社、大队、小队三级集体组织,使国家在农村基层具备强大而全面的控制力,从经济到政治、再到社会文化,形成一套完整的准军事化体系。

上述假自愿和真强迫的合作化,代价是惨重的,根源是“强人所难”,强迫农民加入并阻断了退出权。合作化的构建成本很高,不得不依靠国家机器强制执行。合作社的内部组织成本也很高:第一,在被迫无奈的情况下,农民普遍存在机会主义,偷懒耍滑,需要支付高额的劳动监督成本。第二,实行人民公社、大队和小队三级管理体制,因为缺乏自下而上的监督机制,这些组织的领导者也存在机会主义,瞒上欺下、贪污腐化、中饱私囊等现象普遍,极大降低了组织绩效。

此时的合作社,收益为国家和基层干部所有,国家得到大宗农产品的统购统销支配权,基层干部得到各种特权所孳生的利益。成本却几乎全部由农民承担,农民起早贪黑地劳动,在其中要想方设法地偷懒,以免在营养不良的情况下过度透支体力。由于劳动生产率极低,农民的所得有限,在许多地区甚至不能解决温饱问题。成本—收益的不对等,导致合作社内矛盾重重,只能靠行政强制力来维系,成为中国农业发展史上一次不成功的制度变革。1978 年后,探索建立家庭联产承包责任制,这是一种土地集体所有制框架内的责任制。开始时,部分大型生产资料仍归集体所有,其他小型生产资料则由农民家庭私有。这种责任制,在全国范围内经历了由不联系产量到联系产量,由包工时到包产量,由包产到户发展为包干到户,这样三个不同程度由浅入深的逆合作化过程,最终形成农户经营主体。1992 年后,进一步深化农村改革,经历林权改革、税费改革和第二轮土地延包之后,形成农业家庭承包经营体制。此时,农户家庭成为具有经济学意义上的厂商组织,根据成本—收益比较进行决策。农户家庭承包经营体制是对农村强制合作化、集体化的修正,而不是彻底革除,因为土地这一最重要的农业生产资料依然是集体所有。这种集体所有制是对新中国成立初期土地改革成果的否定,也是改革开放之前合作化不成功的产物。今后的农村合作化道路,绕不开这一既定事实。

(三)中国合作化的新趋势

1. 中国合作化道路探索

农村合作化的道路远没有停息,因为在农民工进城打工之后,农业生产面临的严峻人地矛盾并未消除,农业的弱质性和基础性特征依然存在。一方面,政府与学术界都在关注农民工离开后的农业劳动力不足、农业效益和收入、农业可持续发展等问题。另一方面,出于扩大经营规模的需要,农户经营主体开始自发联合起来。之前的强制合作化,持有赞成意见的是懒汉与穷人,原因是在共产风和吃大锅饭过程中,机会主义者可以捞得很多好处。现在,积极领导合作化的是农民中的商业精英,是完全出于自愿和自身利益需求而开展合作化。与现存的供销社、农村信用社、村集体经济组织等官办合作社具有本质区别,现在的农村合作化是以农民生产经营为核心的真正合作组织,为了在法理上与上述三类官办合作社进行区分,统一称为农民专业合作社。与那些假的合作社相比,农民专业合作社贯彻自愿原则和进行成本—收益比较决策,天然地拥有很多优点。社员之间关系密切,处于熟人社会中,在生产、营销和财务处理上互相监督。但是,农民专业合作社的规模较小,运作不规范,在农产品营销、农资采购和资金筹措等方面存在着交易成本高、信息不灵和信贷抵押品少等缺点。王勇(2012)认为,不同农民专业合作社的发展存在着较大差别,要使合作社真正成为连结农户与市场、农户与政府的桥梁,既需要政府积极支持,也需要合作社加强自身建设并用足用好政策。①

农民专业合作社获得成功的路径在何方,可以从成本—收益两个方面进行探索。不断降低成本的途径有两个:一是合作社的召集人具有较强实力、诚信和号召力,并承担绝大部分的费用支出;这类合作社,很可能变成所谓的假合作和真企业。二是寻求获得优惠政策支持,如国家通过各种途径下拨的支农资金、优惠信贷资金。当前比较成功的增加收益的渠道大致有两类:一类是因地制宜,开发名优特新稀农产品,利用独特卖点来提高销售附加值。一类是普通大宗农产品,通过规模扩大来获得利润。一般而言,规模与品质是一对矛盾,规模扩大,必然牺牲品质特性。无论是以量取胜、还是以质取胜,只要产品质量稳定,都可以形成市场品牌。一旦合作社的内部社员能够从品牌中获益,比如提高销售价格、降低销售成本、加快销售进度,便可以维持一种稳定格局。为了维护一个品牌,一方面,必须消除合作社内部的机会主义行为,靠社会资本进行识别和汰选,由当地熟人社会对不诚信形成压制态势。另一方面,需要不断扩大规模和拓展市场,才能养得起一个品牌。这两个方面是矛盾的,因为合作社规模扩大会面临较多的机会主义风险。

为了防止在不同地域上的规模扩大所带来的机会主义风险,一个简单可行的办法是在当地开展多样化合作,把农业生产、农民生活的各个领域、产供销各个环节都纳入合作社的业务范围。对此,日本、韩国农协的经验值得借鉴。日韩的农协已经发展成为一种综合性的农村发展组织,围绕着农业生产与农民生活,广泛开展农业产前与产后服务、信用贷款与保险等金融事业,以及扶贫、健康、养老等民生事业。这样做的目的,是通过就地扩大规模来降低社员的参与成本,增加其参与收益。

---

① 王勇,“农民专业合作社面临新境况分析”,载《中国农村观察》,2012 年第 5 期,第 41—53 页。

但是,与日本和韩国的情况有所不同,中国目前存在着三类官办合作组织,即供销社、农村信用社和村集体经济组织。村集体经济组织在不少地方已经名存实亡,被村委会所取代,主要职责转向农村社会管理,协助乡镇政府进行管理,支持和组织村民依法开展各种形式的合作经济和其他经济。所以,农民专业合作社如果就地横向扩张,拓展地盘和扩大规模,其市场会与供销社、农村信用社发生重叠。相互之间是竞争还是合作关系是摆在面前的一个棘手的问题。如果展开竞争,在较小的地域范围内,会因市场容量有限而导致两败俱伤。

2. 构建新农协“三位一体”的必要性

从国家层面来看,一方面,不希望供销社、农村信用社破产;另一方面,希望农民专业合作社得到大发展。所以,最佳途径是将三者结合起来,发展新农协“三位一体”。

2006年,浙江省率先试点农民供销社、信用社、专业合作社的“三位一体”构想,瑞安市农村合作协会成立,确立了“三位一体服务三农,条块交融统筹城乡”的农村新型合作模式,其组成包括当地供销社、农村合作银行和农民专业合作社这三类不同经营性质的合作机构,得到相关政府和金融部门的支持。新型农协之所以从浙江大量兴起,是因为浙江农村普遍存在着较多资金需求。供销社、信用社和农民专业合作社在金融方面的合作,与农产品和农资运销相比,操作成本较低,收益较大。农民专业合作社是资金需求方,缺乏抵押品和信贷渠道。供销社熟悉当地社会关系,与农民专业合作社之间存在实物交易行为,拥有对信贷资金进行担保的能力。信用社通过当地储蓄网点和优惠储蓄政策可以揽储较多资金,但对于农民细碎的贷款申请,审贷成本太高,如果由供销社作担保,发放给实力较强的农民专业合作社,则可以降低放贷成本,消除信贷违约风险,使农村储蓄资金回流至农村。这样三者相互结合,将外在成本内部化,在降低成本的同时,也提高了各自的收益。

新农协“三位一体”的建立依赖政府引导和支持,换句话说,就是要在政府干预下,避免三者之间的激烈竞争,以优势互补来开展合作,共同服务三农、促进农村发展。为了避免出现“拉郎配”的弊端,其基本前提应该是制度化,以明确的规章制度来消除私下的机会主义行为,按照风险共担、利益均沾、公平合理分配的原则,妥善处理社员之间的利益关系,降低内部组织成本。同时,对供销社与农村信用社的支农业绩进行考核,增加其与农民专业合作社紧密合作的收益。这将决定新农协"三位一体"的成败。

为了进一步降低成本和提高收益,吸引越来越多的农民进入新农协,应该为社员提供优质服务,这是新农协生存与发展的基础。在生产方面,促进农业技术推广,提供价廉物美的农资。在农产品流通销售方面,对农产品进行不同程度的加工、包装,推广使用地域性商标,推广农社对接、农超对接,利用各种渠道打开销路,提高销售价格。在生活方面,为农民提供价廉物美的日用消费品,并获得一定的利润。在金融信贷方面,对社员的信用进行评级,建立诚信档案,帮助发放抵押或联保贷款。发挥供销社、农村合作银行或农村信用社的原有渠道优势,摒弃效率低下、激励机制不足的劣势,加强与政府相关部门的联系,代表社员提出意见和看法,帮助社员解决遇到的行政审批、证照办理等问题。远期发展前景,还可以将政府涉农部门整合进合作社,关键是构建一个和谐的利益共享机制。

二、"三位一体"农协的制度逻辑

(一) 农合组织目标与构架

1. 双重目标

农村地区低生产力的原因是导致农村经济落后于城市经济的关键所在,而解决这个问题的有效途径就是农村经济制度的创新以及制度所处环境的建设。制度安排是指经济单位间合作与竞争方式的安排,为其成员提供一个完善的合作、管理、法律与制度变迁的机制,并在制度的发展中为该方案构建一个良好的制度环境供其实施。制度环境即为规则的确立,其主要是指政治、社会和法律这三个层面,并确立生产、交换和分配的基础。制度环境与制度安排是相互依存,相互促进的,两者是密不可分、相互包容的,互为前提与条件,在制度变迁演绎的过程中,制度安排离不开良好的环境,良好环境的产生又必须依赖合理制度的安排。[1] 制度的创新与建立都是在一定合理、完善、良好的制度环境下进行

---

① 奥利弗・威廉姆森,"对经济组织不同研究方法的比较",见埃瑞克・G. 菲吕博顿、鲁道夫・瑞切特编:《新制度经济学》,上海财经大学出版社 1998 年,第 129 页。

的。我们也必须清晰地认识到，合作经济的发展也离不开制度环境的推动与制约。

改变农村的生活方式和生产方式是新农村建设中的两个基本要义，而这两个要义的实现离不开农业生产的组织化，这是新农村建设的组织基础。生产方式的转变可以起到一定的资源、资金、人员等要素聚集的效果，是经济聚集效应实现的前提条件，实现经济聚集效应可以提高农村经济的发展空间，增加经济的发展广度，实现规模化、专业化的农村生产，建立现代化的农村社会。立足现状，合作经济仍然是创新农业生产方式的主要模式。

20 世纪 70 年代末，农村基本经济制度逐渐稳固下来，以家庭联产承包责任制为主的经济制度开始确立，是社会的一大历史变革，改善了农民的积极性，解放了农村的生产力，将农民从僵化的土地禁锢中释放出来，动摇了人民公社体制的基础，最大限度地解决了农民的温饱问题，也将农村土地的使用权归还给了农民。但放眼全国，中国经济的发展是全方位的，农村经济发展的同时，城市经济也已经快速发展，城乡间差距不但没有缩小，反而在不断拉大，如何使农民致富，成为新时代新农村建设的首要任务，而制度创新下的农村生产方式的变革为提高农村经济指出了一条明路。

经济运行于社会交互关系的特征是在一定制度以及生产关系相对稳定的情况下规定的。较技术而言，制度的确定能够影响到经纪人的利益追求以及社会平衡等因素，其中的主要制约因素就是社会权利结构与选择取向。新农村的建设就是对现有生产组织方式的变革，就是在市场经济的大环境下，充分尊重农民的主观能动性，改变现有的生产方式，从而持续推动农村经济的快速发展，其中关键要解决的就是土地资本生成能力以及土地的产出效率，并且新的生产组织方式也可实现要素的聚集，达到理想的规模经济，实现农业生产的规模化、专业化与现代化，进而促进农村经济的快速发展，使农民大踏步迈向致富的道路。通过双层经营体制的实现，加强集体经济的市场活力，增加农产品的市场竞争力，形成多种合作的发展形式，实现多种体制的有机融合，最终通过合作经济推动农村各类合作企业与合作组织的综合进步，并从制度层面与法律层面有针对性地解决“三农”问题，实现农村经济水平的提高。

改变农民生产方式，将“单干”组合起来，形成组织生产的合力，可以进一步提高生产的投入—产出比，继续深化农业生产中的“资本关系”。按照奥利弗·

威廉姆森(Oliver Williamson)等制度经济学家的观点,节约交易成本就是组织建立的前提条件,如无法实现这个前提,那组织就没有存在的必要性,这种成本一般表现在交易发生的过程中。原本由市场参与并处理的交易方式改为组织内部行政处理,将市场成本内部消化,争取做到易操作、低成本、高效率,保证交易的顺利实施。通过专业化与规模化的组织生产,可以有效降低生产与流通过程中的复杂程度与流通环节,进而,组织可以专注研发技术,从而提高生产的效率。合理的组织内部分工体系与激励—监督机构的设立,可以通过赋予各级代理人不同程度的剩余索取权来有效地保证组织运行的绩效,通过这种方法,可以解决规模经营所面临的问题,改善现有的资本发展现状,提高农村经济活力。

作为组织,围绕既定目标进行经营的动力是收益大于成本,假设组织运行动力的数学表达式为 $F(R) = E - C \geqslant 0$,F 为组织运行的动力函数,E 为组织经营效果的预期收益,C 为组织运行的成本。模型中组织的运行成本 C 是容易预测的,但预期收益 E 就取决于组织的内部和外部环境。其数学表达式为:

$$E = f[G(x_i, y_i), M] \qquad (3\text{-}1)$$

$$st. \quad G(x_i, y_i) \geqslant 0$$

$$M \geqslant 0$$

其中,$G(x_i, y_i)$ 为组织内部和外部因素共同作用而产生的预期收益的合力;x_i,y_i 分别为组织内部和外部运行的推动和约束的因素;M 为政府对组织的支持程度。组织内部和外部的因素对组织形成和演进产生正方向推力,也会产生负向阻力,当推动大于阻力时,合力 $G(x_i, y_i) \geqslant 0$;反之,合力 $G(x_i, y_i) \leqslant 0$。

农村合作组织的确立,并不是将家庭经营排除在现有的生产体制外,而是两者的相互促进,合作组织克服了家庭经营的局限性,而家庭经营的保留又是农民独立自主经营的体现。合作的出现大大提高了生产主体在交易谈判中的地位,规模经营又是规模化、专业化与现代化的代名词,组织中的内部合作与独立专业分工,既达到了利益共享又维护了成员利益,将两者利益捆绑,成为一个利益共同体。可以发现,组织的服务形式可以分为两种类型:一是社会化服务,这是市场经济原则的体现,最大限度地提高了组织效益与个人福利;二是自我服务,基于自身利益出发,自我服务即是对质量与成本的控制。农村合作组织克服与破解了农业的"天然"弱质性以及"均田制"的弊端,成为提高我国农业竞争力的组织保证,是立足我国国情的必然选择。

2. 治理结构

诺斯认为:充分的产权界定是制度变迁的核心前提,产权制度的界定改善了17、18世纪西方市场经济中的要素与产品市场,推进了规模化生产与专业化分工的出现,相应的市场规模就必须扩大,为解决这些情况所带来的交易成本的上升,组织变迁势在必行。同时,市场规模的扩大,改善了产权界定不清的现状,使得产权界定更加明晰,进一步降低了交易成本,提高了创新收益率。制度的变迁与组织的改革为经济增长带来了动力与发展空间。诺斯的理论对“三位一体”农村合作组织协会的治理结构有重要意义。①

最优的制度安排即是在这种制度下交易成本相较于其他制度而言是最低的。农村合作组织的制度就可以很好地提升农民的组织化程度,降低单个农民在市场中的交易成本,将小农民与大市场对接,平等化两者间的地位,使外部经济内部化,增加农民的收入空间,从而获得资源配置的帕累托最优。农村合作组织治理制度安排可以借助现代公司治理结构和委托—代理的经验,科学架构农村合作组织的内部组织体系,可采取社员(社员代表)大会、理事会(董事会)、经理和监事会的模式架构。在农村合作组织的基础上可以成立农村合作组织协会,如图3-1所示。

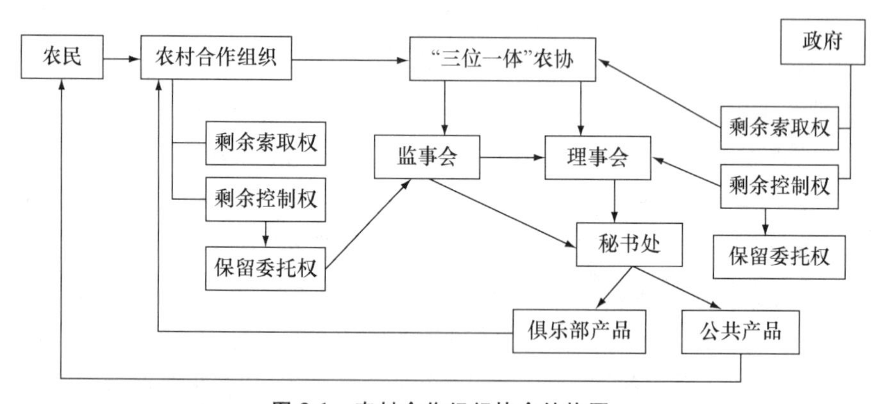

图3-1 农村合作组织协会结构图

① 1993年诺贝尔经济学奖获得者道格拉斯·诺斯(Douglass North)曾经得出过一个著名的结论:“一个有效率的组织是经济增长的关键”。诺斯认为,正是这一系列相互促进、相互关联的组织形式和制度安排的变化,为西欧的科技和工业革命铺平了道路。

（二）农村合作组织制度演进[①]

农村合作组织制度的设计在遵循合作制原则的基础上，吸收了企业组织的委托—代理理论和政治组织的权力制衡以及联邦制的思想；它没有刚性的规定，它在农村合作组织演进的不同阶段表现出一定的差异性，农村合作组织的具体制度由组织章程规定。

1. 农村合作组织演进的四个阶段

（1）第一阶段：专业合作。专业合作组织是农村合作经济组织发展的一个里程碑。其基本特征就是平等自愿、资金入股、一人一票、民主管理、管理规范、联系紧密。专业合作组织属于合作社法人，按照正常的合作组织的原则进行管理，实行利润返还，人股分红，是"利益共享，风险共担"的利益共同体，代表了中国农业经营体制创新的方向。基于专业合作组织的特性及其未来的发展可能性，可以总结出两个未来的发展路径：一是坚持专业合作组织性质不改变。以时刻为社员提供服务为宗旨，即保障社员利益不受侵害，遵循既定的合作组织的发展路径与发展原则，不断进步与完善。二是由专业合作发展为股份合作制组织。资本短缺是专业合作组织面临的最大问题，其原有的一人一票以及报酬有限特征严重制约着其资本吸收的能力，在此基础上，采取股份合作的发展模式，将一定程度上缓解这一难题，这也是合作制立足新时期、面对新挑战的又一创新。

（2）第二阶段：农村经济合作联社。单个专业合作组织势单力薄，抗风险（包括自然风险、市场风险和政策风险三个方面）能力不强，这是商品经济条件下决定了的事实。要有效解决这个问题，很重要的一条，就是要发展合作组织联合社。必须看到，商品农业特别是现代农业的发展，客观要求单个农民用合

① 新制度经济学普遍接受的是诺斯对制度的定义：制度是一个社会的游戏规则，或者更规范地说，制度是构建人类相互行为的人为设定的约束。组织是为了实现特定的目标而受共同意志约束的个人的集合。制度是社会的博弈规则，而组织和这些组织的领导人就是最主要的游戏者。诺斯指出：正是制度和组织之间的相互作用塑造了经济的制度演化。戴维斯和诺斯提出了一个关于制度创新的理论框架。其基本思路是：创新的动力来源于创新利润。创新利润是预期收益和预期成本之差。当外部条件的改变增加了预期收益，或减少了预期成本时，原先的制度均衡状态就会被打破，受利益驱动的组织就会从事制度创新活动。从创新利润的出现到创新活动的实施中间存在着时滞，因为组织需要时间认识潜在收益并做出判断，组织还需要时间进行相互接触，酝酿并组成行动集团。制度发展的过程，就是从制度均衡到制度创新，再到制度均衡，又再到制度创新的不断演进的过程。

作生产经营应对各种风险,并最大化地实现自己的经济利益,这是农民合作组织得以产生、发展的内在动力和基本成因;不仅如此,农民并不满足于眼前所得,需要在更大的市场空间和生产经营领域获取更大收益,这将促进真正意义上的合作组织之间的联合。可以从以下三个方面展开:一是在各级党委、政府及有关方面精心准备、策划下,以乡镇乃至在县一级进行合作组织联合;二是通过政策,鼓励合作组织自发地由下而上组建联社;三是依靠合作组织延长其产业链,逐步实现跨区域联合。

(3) 第三阶段:农民协会(“三位一体”)。农民协会是农村经济合作组织发展的又一新时期。其基本特征是实行会费制度的非经济实体。不是以盈利为目的的特性,决定了其中会员具有松散的利益关系,也决定了这是一个比较松散的社会性经济合作组织。其在民政部门登记,按照社会团体的组织形式进行运作和管理。主要功能即为农民在技术、生产、加工、储运等环节提供服务,主要提供针对农产品的产前、产中、产后服务,从而缓解协会在发展过程中遇到的来自于各方面的压力,即便如此,协会的发展仍然是不稳定、不完善的,仅仅是合作经济发展的开端。可以将其发展路径分为两个方向:一是保持协会性质,大力培育农民的经济意识与经营头脑,发挥协会的民主作用,不断地进步与完善。二是由协会向专业合作转型。跳出协会的框架,革新为专业合作组织的发展模式。因为农民金融意识提高,与市场深入合作,农民的风险共担以及利益共享的意识更加清晰,协会从松散的合作转型为紧密的专业合作的需求也就愈加迫切。

(4) 第四阶段:股份合作。合作组织为了自身竞争力的提高,必须提高自身的资金储备,其中融资成为一个必不可少的资金获取手段。但组织发展中不得不面临的矛盾就是:自有融资的增加远远不能满足资本增加的需要。伴随着经济深化发展、市场格局逐渐优化,传统贷款的方式已经不断减少,新型的证券融资成为主流。为适应资本市场的发展节奏,合作组织中出现了股份化,即开始引入股份制以解决资金难题,出现了所谓的“股份合作组织”。即便股份合作组织表现出了多样的融资渠道,但实质上与传统合作组织还是相似的,其本身的合作性质还是没有改变。股份合作组织是未来农村合作组织发展的方向。其明显特征就是股份制与合作制的结合,该种组织拥有自己的企业,并注册成为企业的法人,实行按交易额分配与按资分配相结合的分配制度。与专业合作社相比，虽然其允许其他资本参与分配，但这是为了增加自身的资本吸引能力，形式上仍然是一种不完善的、过渡性的组织形式，这是其组织本质、运行机制以及管理方式所决定的。这种过渡的组织形式，必然存在一定的组织缺陷，主要表现在股权分散、核心不明确、利益获得困难、缺少法人治理结构。具体来说，首先，组织中的股权僵化、难以交易与兑现，成为制度推广的一大障碍。其次，难以实现利益最大化，所有权的限制，导致经营权被约束，经营者没有充分的经营激励，缺乏积极性，资本利益得不到完全保障。虽然这些问题短期内难以显现，但长期下去必将影响这种形式的继续发展。最后，股份合作组织的最终形态即为产权明晰、管理专业、资本和利益至上的公司制企业。针对非农产业，这种性质的组织有一定的局限性，但对于农业而言，基于“三农”发展的“低位”特点，决定了股份合作组织拥有广阔的发展空间以及无穷的潜力。

2. 农村合作组织制度演进障碍

(1) 传统制度的影响

纵观历史，改革开放前合作制的发展实质上是集体化的过程。20 世纪 50 年代，合作化的发展，表现为人民公社的运动，扭曲了真正意义上的合作化运动，破坏了合作经济的本质，使人民对合作化敬而远之。[①] 由于过往经历的影响，导致人民对以前共产风、合作化心有余悸，对其阴影至今挥散不尽，唯恐避之不及；一些涉农部门对农村合作组织错误的认识，导致对其发展的必然性、历史性与迫切性理解不清，甚至个别干部群众以为搞合作组织就是走回头路，重新吃大锅饭，分不清现在的合作制与历史的合作制的根本区别所在。

(2) 现有制度的缺陷

第一，产权制度方面。产权的确立具有非同凡响的意义，在市场经济下，产

---

① 20 世纪 50 年代合作化特征：第一，没有遵循自愿原则。多数农民是通过政治或行政手段强制入社，总体上存在着服务功能不强、积累功能弱化、封闭、合作属性较弱以及难以以独立市场主体的身份参与经济活动等一系列问题。第二，个人产权逐步消失。土地改革把土地等生产资料归农民所有，实行分散经营；互助组是土地等生产资料归农民，分散经营，农民之间调节劳力或畜力、农具等余缺；初级社是土地等生产资料归农民，入股分红，有少量公共积累；高级社是入社的所有生产资料无偿合并，生产资料收益权被完全剥夺；人民公社实行政社合一，建立无限制公有产权（一大二公和一平二调），随后又确立了“三级所有、队为基础”的集体产权形式。第三，合作组织自主权被弱化。人民公社政社合一制度使公共决策通过行政体系到达农村基层，集体经济组织在现实中已经成为一个模糊不清、难以界定的东西，逐步退化为主要承担政府下达的各项任务的组织，带有浓厚行政色彩，缺乏对农民提供服务的功能，农民既丧失了私人财产权，也丧失了独立经营权。

权的确立保证资产的相融性、流动性，是市场经济主体生产的保障。市场经济的建立必须以清晰的产权界定为前提，但我国法律在这方面是欠缺的，甚至存在着自相矛盾的现状，更别提促进与保护发展的作用。主要从四个方面可以表明合作组织中法律机制的缺陷：一是农村合作组织法人财产权没有有效认可。农村合作组织大多数是农民自发形成，这种非官方的性质必然导致登记方面的混乱，登记部门五花八门，在工商、民政、农业等部门注册登记的都有，致使生产活动混乱，管理范围重叠交织。二是合作组织中经济主体的产权边界不明确；合作组织的资产所有权（包括占有、使用、收益、处分）不确定。三是农村合作组织中个人产权不确定。农村合作组织很难将产权明确到个人，随着组织的扩张，人员的增多，产权模糊问题愈来愈突出。四是农村合作组织与相关组织产权边界模糊。初期弱小的组织属性必然导致众多组织联合运作，相互依托进行经济活动，但随着每个组织经济实力的增加，业务范围拓宽，规模逐渐超出原区域范围，这时，原有的边界不清的矛盾就爆发出来，这往往也是纷争的源头所在。产权理论认为，缺少产权制度的变革，也就是没有法律上正式规则的保证，使得这种创新制度犹如过眼云烟，不能真正地发现创新改革的本质，无法真正地改变农村经济现状。

第二，土地制度方面。土地改革是制度革新的重中之重，是农民组织变革与演化的物质基础，遵循市场经济的一般规律，市场越完善、越成熟，土地权利就越向“重使用、轻所有”的方向转变。农业制度的变迁实际上就是以土地制度改革为主线的制度改革。土地使用权的放宽，即为对地权的释放，也就是农民劳动力的释放，通过这种地权的变迁，逐步提高农民的生活水平。但随着市场经济的逐步完善，原有的土地集体所有制的现状却没有改变，生产关系与生产力的矛盾日渐突出。我们不能坐吃山空，新型的农村土地家庭承包责任制不可能为农村提供永续的动力，无法全面解决日益积累的农村问题。从 20 世纪 80 年代开始，家庭承包责任制的缺陷逐渐显现：一是农户对土地的生产预期不足。二是土地流转与资源配置受阻。政府以及少数领导人对土地擅自霸占与使用权篡改，导致土地流转与土地生产无法进行。承包土地合同刚性化趋势明显

(流动、定价、单边选择都是刚性)[①]。由此可见,我国仍然是遵循着集体土地所有制的制度规定,土地流转受阻,资源得不到有效利用,将农民阻挡在流通领域的大门之外。不难发现,土地流转成为阻碍农村经济发展、生产方式转变、农村劳动力释放、城乡资源流转以及农村经济结构调整的主要原因,土地成为束缚农民的枷锁,牢牢将农民绑定在既定的土地上,无法发挥土地的最大经济效益,农村劳动力得不到有效的解放,难以实现现代化、工业化、新型化的生产道路,客观上制约了农村合作组织与农业产业化发展。

第三,制度环境方面。任何制度的制定与改革都是在既定的制度环境下进行的,制度环境是影响合作组织发展的重要因素。基于现状,可以总结出主要的问题所在:一是一些部门并没有给予农村合作组织一定的重视,甚至发展到并不支持的态度,更有甚者歧视群众社团组织,担心农业合作组织的发展是一种脱离体制的发展,影响经济组织的正常发展轨迹,带来不必要的麻烦,因此,从上级部门就制约了农村合作组织的产生与发展。二是出现了严重的行政越权现象,对合作组织的发展进行过多的干预。在某些地区,农村合作组织美其名曰政府主导,实际上成为政府的一种行政上的附庸。现有的政府部门更注重的是权力的控制,而不是真正为农村服务,从思想上与职能定位上就出现了偏差。对职能的认识没有随着形势的改变而不断深化,认为合作组织的事情就是自己的事情,对合作组织自我管理的职能控制起来,采用限制和约束态度。实践证明,由经济主体共同利益诉求结合在一起的合作组织,具有强烈的凝聚力与生命力,能够创造良好的组织效益,而那些被行政组织强拉硬扯组建起来的合作组织,往往成为行政部门的附庸,出现凝聚力差、效率低与绩效差的现状。三是目前在计划经济体制下形成的农产品服务流通体系,多数已演化为行政部门直接或间接管理,承包经营盛行,合作组织已经发展为以营利为主要目的的经济组织,不仅没有为农民谋福利,还与其抢占市场与渠道,其本质已经悄然转变,不能为“三农”提供服务,更有甚者为了自己的利益空间,挤占农村合作组织的发展空间与跑道,客观上阻碍了农村合作组织的产生与发展。

---

① 一是农村家庭土地承包契约关系中,集体处于主导地位,农民处在被动接受的不对等契约的局面;二是土地承包一个契约代替了一系列的契约,若干个短期契约被一个不能讨价还价的、不可再谈判的较长契约替代的契约结构没有变;三是契约所具有的行政指令性和排斥市场机制的作用依然与改革初期没有大的差别。

（3）制度变迁成本较高

诺斯指出制度变迁具有路径依赖①的性质，这一原理深刻影响着中国目前农村合作组织的发展。一是国家十分重视集体经济组织和计划体制下残留的行政干预对现有制度的影响，集体经济的获利者为既得的利益集团，他们在集体经济组织中获得大量利益，当合作组织发展起来时，将严重威胁他们的利润来源与市场占有地位，不仅削弱他们的行政管理权力，还会使他们丧失领导者的地位。因此，这是这些利益集团十分不愿意看到的，于是他们就会想尽一切办法进行阻挠与干预。二是由于多重现存环境因素的影响，制度变迁成本较高。制度变迁是需要成本的，诺斯指出，只有在预期制度收益大于制度变迁成本时，制度变迁才有可能发生。对于农村合作组织而言，必须衡量制度创新的成本大小，这其中包括：制度变迁费用、组织实施新制度的费用、旧体制的摩擦成本、消除制度变迁阻力的费用等等，成本越大越会打消新型合作组织建立的积极性。

3. 农村合作组织制度演进的促进措施

（1）加大对农村合作组织的制度供给的力度

首先，明晰产权，变承包地的土地债权性质为物权性质，完整农民的土地所有权，增加农民的土地资本流通活力。在制度经济学中，产权的明晰，代表着生产效率的提高。因为如果产权模糊，在交易过程中就需要大量的成本来界定产权的关系或者规定清楚自由流通的权利，容易造成交易费用过高，无利可图，不利于交易的达成。所以，必须以明确产权与优化产权配置为前提，从而降低市场机制运行的成本。农地产权制度作为正式规则，能够在涉及产权的交易行为

① 所谓路径依赖，是指在制度变迁中，存在着报酬递增和自我强化的机制。这种机制是制度变迁一旦走上了某一条路径，它的既定方向会在以后的发展中得到自我强化。路径依赖最先是生物学家用来描述生物演进路径的。生物学家在研究特种进化时发现，特种进化一方面决定于基因的随机突变和外部环境，另一方面取决于其本身存在的等级系数控制。在这一过程中，特种进化会产生各种各样的路径。生物学家史蒂芬·古尔德（Stephen Gould）较早地研究了生物进化的路径运行机制并指出了路径可能非最优先的性质，明确指出了路径依赖概念。新制度经济学的重要代表人物道格拉斯·诺斯用路径依赖来描述过去的机制对现在和将来的巨大影响力。诺斯认为，路径依赖类似于物理学中的“惯性”，一旦进入某一路径（无论是“好”的还是“坏”的）就可能对这种路径产生依赖。某一路径的既定方向会在以后发展中得到自我强化。人们过去做出的选择决定了他们现在及未来可能的选择。好的路径会对企业起到正反馈的作用，通过惯性和冲力，产生飞轮效应，企业发展因而进入良性循环；不好的路径会对企业起到负反馈的作用，就如厄运循环，企业可能会被锁定在某种无效率的状态下而导致停滞。而这些选择一旦进入锁定状态，想要脱身就会变得十分困难。

中为处于弱势地位的农民提供强有力的制度保证。能够有效地遏制利益集团为自我牟利而改变产权结构进行收益再分配的行为,这种保证农民独立经济所有权的制度是农业经济发展中必不可少的。再加上土地权利的法律前提与制度保障,使土地使用权物权化,保证农民得到长期而又稳定的土地使用权,提高农民积极性,促进合作组织的发展。

其次,为农村合作组织的发展寻找一个法律支点。在合作组织发展的过程中,出现了许多必须尽快解决的问题:第一,农民为主体地位是否确定;第二,是否明确了产权,入股社员是否有剩余索取权;第三,是否有发挥作用的法人治理结构;第四,社员的收入是否真正增加了,合作组织的积累有没有提高。农村合作经济是新农村建设一个不可或缺的环节,我国存在着多种所有制经济,包括国有经济、城乡集体经济、个体经济、私营经济、股份制经济及“三资”经济,这些经济都有与之相匹配的完备的法律法规,唯独合作经济只有一个《农民专业合作经济组织法》。农村合作组织的组织特性就决定了其明显地带有一定的弱质性,是弱者的联合体,在组织中财产共有,组织表现出明显的反市场倾向。组织中存在着错综复杂的行为主体,不仅有政府的主导[①],还有与农民、组织其他成员、市场、合作组织自身以及其他合作组织之间的复杂关系。因此,如果没有健全的法律约束,当其中某一方出现行为过度与过失时,容易导致组织中主体行为与关系的混乱,法律地位动摇,严重阻碍组织的发展。因此,必须建立明确的法律规范用以规定农村合作组织的法人地位,给予正确的合法身份,并因地制宜地提供一系列法律保障和政策支持,使其可以进行正常的组织运作与市场经营,为合作组织的建立保驾护航,拉平农村合作组织与其他组织间的经营地位,使其在健全法律机制的保护下开展营销活动。

最后,完善制度供给,推动农村市场发展。农村合作组织的发展离不开统一、规范、竞争、有序的市场体系。因此,第一,完善要素市场。改革僵化的粮食流通体系,拓展流通渠道,顺应市场与社会的发展趋势;创新农地流转制度,土地是财富的源泉,新型农地流转制度,既可以充分解放未开发的生产力,又可以为农业合作经济组织发展所需的规模经营奠定基础;金融体系的构建必须建立在充足的资金基础之上,因此,为完善农村金融体系的构建,必须建立良好的信

① 因为这里合作组织不是作为一种纯粹的、自发的市场主体,而是有许多政治、社会意义。

用借贷体系，实行全国联合发展，进行全国借贷联网，充分体现信用社与农村合作银行的组织优势与信息优势。第二，建立公平公正公开的交易规则，提高合作社的竞争力。第三，建立农产品批发市场体系，完善配套设施建设，保证农产品市场的顺利运作，最终实现农产品的产销顺利流通。

（2）走强制性和诱致性相结合的制度道路

从制度变迁的路径来看，制度变迁有两种基本方式，即强制性制度变迁和诱致性制度变迁。强制性制度变迁是政府行为。自1950年以来，我国就处在强制性制度变迁的环境下，事实告诉我们，合作化的道路是没错的，但是政府强制合作的措施明显违背了农民合作互利、平等自愿的原则，这种国家强制的行为违背了经济发展规律，是必然行不通的。因此，虽然政府的行政命令一定程度上抵消了在市场经济条件下的自发合作的组织成本，但不可否认的是其中仍然以政府意志为主，无法体现农民的现实利益与诉求，不是真正代表农民利益的合作组织，也就难以取得令人满意的成果。诱致性制度变迁则是个体或群众在寻求获利机会时自发倡导、组织和实施的制度变迁，主要体现的是制度的自发性与渐变性。诱致性制度是基于个人的需求以及自身的理性选择；个人的理性行为是受到外界规则以及自身内涵所制约的。于是，在家庭承包制出现后，农民对社会服务要求的不断提高，实际上也就是反映了对制度创新的要求，对市场经济与合作经济不断深入的认识，推陈致新，就是制度变迁的不竭动力。诺斯指出：制度安排的帕累托最优即表示该制度安排下已经没有多余的利润可以发掘，显然，在动态的制度变迁中这是不可能的，因而制度长期处于一种非均衡状态，这也是制度变迁存在的客观必然性和基本动力。他认为诱导制度变迁的主要因素，在于经济主体理性人的角色，希望自身利益最大化，能够获得的潜在利润，希望通过制度创新获得现阶段可以预期但无法获得潜在利润。为改变经济效率低下的现状，农民必须转变现有的经营方式，由小规模经营转变为合作经营，将自身组织起来形成一种合作型的经济组织制度共同发展，这就是制度变迁的主要诱因。不难发现，合作化的道路最符合农民现阶段的发展诉求以及利益需求。但我们也必须认识到，小农经济是影响和阻碍合作发展的一大障碍，它严重制约了合作事业的建设，加之农民文化层次偏低，缺少合作意识，难以自主形成合作化的力量。因此，完全依靠农民单一的力量很难将分散的农民整合起来，合作事业寸步难行。基于上述讨论，在我国土地制度仍处于非均衡的状态下,过高的交易成本还无法避免,使得诱致性制度变迁和强制性制度变迁同时存在。为此,农村合作组织未来发展方向的规划以及路径的选择,必须一步一个脚印,小心谨慎地选择。总结可知,强制性和诱致性路径两者各有其优势和缺陷,农村合作组织的发展应该博采众长,吸纳二者的优势,走出一条农民自愿、政府诱导、互利互助、因地制宜、多种多样、灵活发展的新型合作化道路。一方面,充分尊重农民的创新精神,鼓励并发展农民自主探索合作化的道路,在成功探索的基础上,政府要支持其发展路径,依照农民的自办、合办、领办以及联合办理的多种方式来改造传统的合作组织,发展新型的属于农民自己的合作组织。在此基础上,利用合作组织的集聚效应,充分发挥组织的资本积累效能,提高组织的产出效益、扩大经营规模、提高社员的技术能力、增强组织的凝聚力,从而提高合作组织的综合性竞争能力,起到维护农村社会稳定以及发展农村经济的根本目的。鼓励农民立足制度基础,发展创新性合作组织。另一方面,要发挥强制性制度变迁的作用。政府要因地制宜地制定相关帮扶政策,提供政策上的支持,并对合作社的发展进行引导与宣传,为其发展保驾护航。

(3) 营造制度环境并提供政府援助

优化合作组织发展的制度环境,是其发展的外部基础。一是要从意识形态上进行转变。转变发展意识,消除歧视农村合作组织发展的想法,并采取多种手段,有效降低组织的运作成本,并为组织发展营造良好的制度环境。二是要规范政府行为。理清“计划”与“市场”的辩证关系,政府必须弄清什么时候要计划,什么时候要依靠市场,适度的组织控制是促进组织发展的动力,但过多的政府干预将会降低组织的主观能动性,降低农民合作的积极性,阻碍合作的产生。政府要时刻明确自身的定位,该管的必须管,不该管的,交给市场与组织本身去调节。保持政府与市场之间的协同促进作用,才能在真正意义上形成促进农村合作组织发展的动力,保证农村合作组织的自我组建、自我管理、自我服务、自我受益的宗旨得以实施。三是给予积极的保护和帮助。政府是合作组织发展的保护伞,应为农村合作组织的发展提供相应的法律保护,通过立法来保护组员的合法权益以及组织的正常运行。四是给予积极的支持和扶助。农村合作组织不是唯利是图的商业性组织,是具有一定公益性的农村合作组织,为更好地为农民提供服务,国家必须在信贷、税收和财政等层面给予一定的优惠与支持,并设定专门的对接机构,提供相应的政策、技术、信息方面的指导。推动农村合作组织的发展与提供政策支持,政府责无旁贷,这是经济发展与合作组织良性运作的有效保障。为此,政府有必要建立一些有助于农民产生合作的制度条件与具体措施,促进农民走上合作化的道路。政府可以在合作组织的前期建立阶段提供一定的启动资金,在中期的发展中提供一定的政策优惠,在成熟阶段提供专业化的管理与先进的技术指导,也可以设立风险救助金,在组织危急时刻提供直接资金支持,实现多种形式的政府扶持。五是组织发展,教育为先。为了引导农民走“三位一体”农合道路,政府必须出面加强农民对合作化的认识程度,加强教育水平。通过分析农村合作组织与人民公社及高级社、社区合作组织以及股份公司的区别,提高农民对新型“三位一体”农合组织内涵的深刻认识。实行引导为先、因地制宜、分类指导的新型工作方法。要有重点地指导,进行深入探索,建成一批示范性强、带头作用明显、可积极推广的现代化合作组织,并通过政府支持在各地区切实可行地推广起来。同时,要定期进行工作总结,寻找先进的组织典范,通过扩大宣传成功组织的合作魅力,使人民充分了解到新型农村合作组织的引导作用,使其相信合作组织的明天是美好的,并让他们切实体会到合作对于农业增收与农民收入水平提高的推动作用,培养对农村合作组织的浓厚兴趣。

(4) 通过体制创新,构建农村“2+1”新模式

在家庭联产承包责任制确立之后,作为村民代表的村委会除了拥有对耕地和宅基地的所有权外,绝大多数在集体经济的发展上毫无作为,集体经济名存实亡,农村经济已在本质上发生改变,成为小农经济为主导的发展模式。但随着税费的改革,这些小农经济村庄中的村民和村委会之间的经济利益纽带被割断,村委会进一步失去了村庄治理的经济基础,作为利益结合体的“三位一体”农合组织为村庄治理提供了新的载体。村党支部、村民委员会是党的基层领导组织,主持并领导着本地区的组织发展工作,保证村级各类组织的正常运行与职能的行使(图3-2)。村民委员会是村民的自治组织[①],其职能主要为村内部

① “村民自治”的提法始见于1982年中国修订颁布的《宪法》第111条,规定“村民委员会是基层群众自治性组织”。落实村民自治的法律是《村民委员会组织法》以及各省、自治区、直辖市制定的《村民委员会组织法》实施办法。根据《村民委员会组织法》,村民自治的核心内容界定为四个方面:民主选举,即直选;民主决策,即通过村民会议决定重大事项,通过村民代表会议研究日常工作;民主管理,村委会按照村民会议制定的村民自治章程,村规民约,以及有关法律和制度,实施规范管理;民主监督,即实行村务公开、财务公开,民主评议干部,建立重大事项汇报制度等。

各类公共事业的治理与资源的整合,集中反映村民的声音与意愿。“三位一体”农村合作组织是村民自愿发展起来的农村合作组织,从事一定的生产与经营活动,有力地促进了农业生产的专业化、规模化、现代化,一定程度上满足了农民的社会服务需求,是集体经济发展的有效助力。正确处理村委会、村党支部、“三位一体”农合组织三者间的关系,充分发挥村委会管理与维权,以及村党支部的领导作用,立足“三位一体”农合组织的经济活动自主权,形成促进农村经济发展的三股合力。

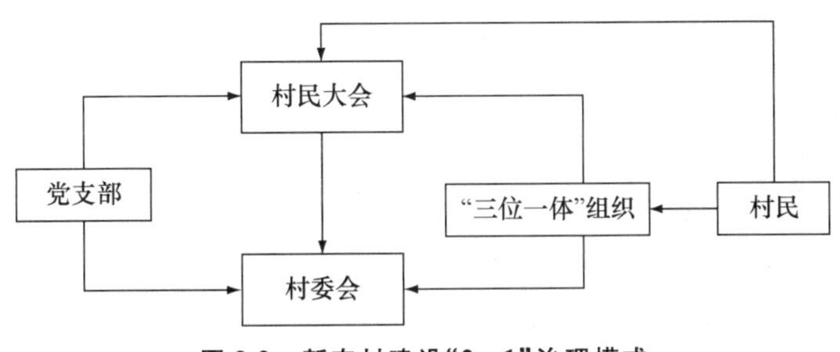

图 3-2 新农村建设“2+1”治理模式

三、“三位一体”农协历史逻辑

农村合作组织是以农民为主体,以自愿、自主为前提的农村组织,始终以为农服务、实现农民根本利益为最终目的,实行民主管理、自主创新的管理方式。具体内涵为:(1) 自愿原则,进出自由;(2) 民主管理,集体讨论;(3) 时刻以服务成员利益为根本宗旨,这也是组织得以存在的理由。环球范围内合作运动的经验给我们的启示是,农合组织领域广泛多元,涵盖生产、消费、供应、销售、信贷、保险等农业作为产业涉及的一系列领域,具体形式因文化传统等不一而足。

(一) 新中国成立前中国共产党的农合组织

中国共产党的历史伴随着中国农村合作运动的发展。20 世纪 20 年代大家所熟悉的一些农民合作组织,都会定期开设“农村合作”课程,比如广州农民运动讲习所。20 世纪 20 年代初期,众多先进的共产党员,如于树德、沈定一等人对合作社表现出了浓厚的兴趣,不仅在理论层面做了大量的宣传,使得“合作”思想传播开来,还直接组织一些合作社的建立。毛泽东在对“平民学社”成员有交往的基础上,对合作社的建立也产生了一定兴趣,认为合作社将会成为农民生产、工农运动乃至整个社会发展的必不可少的一部分。1923 年农民协会和农民消费合作社就是在中共领导的海陆丰农民运动中建立的。1926 年中央的《农民运动决议案》规定:“提供农村消费合作运动”。此后,众多地区相继开展农村合作社运动,将农民组织起来,成为农民运动的一种重要表现。毛泽东在《湖南农民运动考察报告》中写到:“合作社,特别是消费、贩卖、信用 3 种合作社,确是农民需要的”。在 1928—1937 年间,由于国民党长期经济封锁的环境压力,中共中央组织农民实行“自力更生,生产自救”,积极推动各类农民运动的顺利展开。

然而,与国统区反差明显的根据地区域大多是落后山区,农业生产力不足,生产水平低下;不仅如此,长期残酷的战争导致青壮年劳动力的缺失以及生产工具的不足,成为了制约农业经济发展的关键因素。在落后的生产力条件下,农民之间的互助合作成了解决农业生产困难的重要途径。20 世纪三四十年代,为了解决劳动力不足的困难,开始组织农民,成立劳动互助社(起初称“耕田队”);为了解决耕牛不足的困难便开始组织农民建立犁牛合作社。在 20 世纪 30 年代初期,合作社得到了长足进步,其中苏维埃政府连续颁布的合作社暂行组织条例、合作社工作纲要和发展合作社的大纲等文件起到了直接的推动作用。为了调节农村生产力与生产工具合理使用,从而大力促进农业经济发展,积极鼓励农民自愿组建劳动互助社、消费合作社以及犁牛合作社等生产互助合作组织,具体情况见表 3-1。

表 3-1 瑞金、兴国、长汀、西江县 1934 年劳动互助社和犁牛农村合作组织情况表①

<table>
<tr><th rowspan="3">项目
县别</th><th colspan="4">劳动互助社</th><th colspan="3">犁牛合作社</th><th rowspan="3">统计月份</th></tr>
<tr><th rowspan="2">社数</th><th colspan="3">农村合作组织成员人数</th><th rowspan="2">社数</th><th rowspan="2">股金(元)</th><th rowspan="2">耕牛头数</th></tr>
<tr><th>总计</th><th>男</th><th>女</th></tr>
<tr><td>瑞金</td><td rowspan="4">818</td><td>4 429</td><td></td><td></td><td>37</td><td>15 395</td><td></td><td>4 月统计</td></tr>
<tr><td>兴国</td><td>15 615</td><td>6 757</td><td>8 858</td><td>66</td><td>1 466</td><td>102</td><td>2 月统计</td></tr>
<tr><td>长汀</td><td>6 717</td><td>5 187</td><td>1 536</td><td>66</td><td></td><td>143</td><td>5 月统计</td></tr>
<tr><td>西江</td><td>23 774</td><td></td><td></td><td></td><td></td><td></td><td>8 月统计</td></tr>
</table>

① 史敬棠等,《中国农业合作化史料》(上册),生活·读书·新知三联书店 1959 年,第 43 页。

上述数字虽然不很全面、准确，但是，可以看出，即使在当时战斗十分激烈、敌我力量对比十分悬殊的情况下，生产互助合作性质的组织在苏区也曾出现过。1933 年和 1934 年是根据地中互助社成爆炸式发展的两年，集中表现为劳动互助社和犁牛合作社数量的快速增长，这从侧面表明互助合作社对农业发展促进效果明显。探究互助社发展的原因，可以总结出两点：一是有关《劳动互助社组织纲要》(1933 年)、《关于组织犁牛站的办法》(1933 年 3 月)，以及《关于组织犁牛合作社的训令》(1933 年 4 月 15 日)的连续颁布。二是在 1934 年 1 月中华工农兵苏维埃第二次全国代表大会的毛主席报告中着重强调了合作互助社是发展农业、解决农村劳动力不足的关键，农村发展的重点任务之一就是监督及督促互助社的发展。在此精神的指引下，我国的互助社得到了长足进步与迅猛发展。

1939 年，中国共产党领导下的山西抗日根据地建立了信用合作雏形组织——“农民低利借贷所”，在支持农民组织起来解决生产、生活困难，打击高利贷，支援革命战争和巩固革命根据地等方面都起到了积极的作用。虽然在日寇以及国民党的军事乃至经济的高压下解放区的经济发展几近崩溃，但纵观 1943 年以后，解放区互助合作运动的迅猛发展，究其原因，离不开毛泽东在各大会议上对互助社发展的各种重要批示。为方便支援战争物资来源的拓展，1942 年以及 1943 年的几项会议报告和决议中，明确提出了“发展经济，保障供给”的方针以及“经验证明，互助的集体的生产组织形式，可以节省劳动力，集体劳动强过单独劳动”的经验指导，基于此，根据地区域在这两项思想的指导下，加上党中央的正确领导，互助社工作如火如荼地展开了，合作事业得到了快速发展。据不完全统计，组织起来的人数占劳动人口总数，陕甘宁边区为 34%，晋绥解放区为 37.4%，晋察冀为 9.8%，晋冀鲁豫为 10%，山东为 20%[①]。抗日战争后期，供销合作社、信用合作社和运输(运盐)合作社发展较大。陕西安寨成立了第一个社会主义性质的农业生产合作社，1943 年河北饶阳县耿长锁组建的土地入股农业生产合作社成为成立最早且延续较久的合作社。这种类型的合作经济组织在促进物资的生产、销售、流通完善以及团结农民、推动农村生产力发展方面都有着积极的作用。1945 年中期，中共领导的山西抗日根据地成立第一个正式

① 史敬棠等，《中国农业合作化史料》(上册)，生活·读书·新知三联书店 1959 年，第 216 页。

启用信用合作名称的农村信用合作组织。随着战争时代的远去,社会各界开始进入恢复与发展状态,稳定的环境条件积极推动着互助合作组织的快速发展。第三次国内革命战争时期,解放区的生产互助合作组织发展得更快、规模也更大了。据不完全统计,陕甘宁边区在1946年年初,各县因劳动力短缺或长期参加过合作劳动组织的,最高如延安县曾达全部劳动力的62%,最低如固临亦达28%。太行地区1946年20个县统计,组织起来的劳力平均每县是42 095人,比1944年多了4倍多,比1945年多2倍多,全区78%的劳动力都组织起来了。山东省1946年上半年共有合作组织184 427个,1 201 523人,比1945年增加了27%。①

在1949年3月5日至12日召开的第七届二中全会上,毛主席的报告总结指出:合作社作为符合我国无产阶级领导下的一种以私有制为基础的集体经济组织,可以有效地推动我国人民团结在一起,发展以前没有发展的组织合作,为此,中央、省、市、县、区的合作社的领导机关必须认真落实合作组织的发展,在克服困难的基础上,将成功的经验与方法积极推广出去。毛主席的这次报告直接为以后我国合作社的发展铺平了理论道路,使得合作社有理可依。1950年年初,政务院成立中央合作事业管理局,同年7月,成立全国合作社联合总社,主管全国供销、消费、手工业等合作社。

(二)改革开放前农村合作组织的变迁

1. 互助组、初级社和高级社时期(1952—1957)

新中国成立后,迅速对落后及未施行土改的地区进行了因地制宜的土地改革,到1952年年底,除新疆、西藏以及少数边远地区外,全国大部分地区的土地改革已基本完成。整体实现了“耕者有其田”的愿望,生产力得到较大解放,农业生产生机勃发。旧的矛盾甫一解决,新的矛盾又同时凸显。虽然农民拥有了土地,但生产工具仍然阻碍着农业的发展,农村生产遇到不少困难。小农经济的生产方式束缚着生产力发展,农业现代化难以达成。在这样的背景下,土改一结束,党和人民政府巩固土改成就,确权、保护私有,发挥个体经营积极性的同时,在私有前提不变的情况下,充分鼓励农民在自愿的基础上发展多种形式

① 史敬棠等,《中国农业合作化史料》(上册),生活·读书·新知三联书店1959年,第49页。

的互助合作。积极倡导将农民组织起来，走农业合作化的道路。农村生产者通过相互间的合作取长补短，共同克服生产中所遇到的困难，实现合作共赢，改善了自己的生活水平。

新中国成立后，积极发展农业的合作化成为实现农业的社会主义的重要途径。从1952年完成土地改革到1956年的互助合作阶段，中国农民合作组织的发展采取了“三步走”战略：第一步的互助组阶段，主要在1952年年底至1953年年底，是中国农村合作组织最初的萌芽时期。互助组即为“劳动互助组”。按照组织的稳固程度可以分为：临时互助组和常年互助组。1951年9月中央召开第一次互助合作会议，在会上要求各级党委必须遵照组织自主发展的意愿，通过政府的积极领导，辅之以成功例子的宣传，鼓励并引导农民走上稳固的集体化的道路。1951年年底中央发布《关于农业生产互助合作的决议（草案）》开章明义地指出：“农民在土地改革基础上所发扬起来的生产积极性，表现在两个方面：一方面是个体经济的积极性，另一方面是劳动互助的积极性。”《决议》规定社会主义互助社的建立必须按照自愿、互利的基本原则，以为农服务为宗旨，发展符合实际情况具有一定规模的农业生产互助组。1952年至1954年两年间，参加互助组的农户占总数的百分比从39.9%提升到58.3%，经过考察，增加的主要是临时互助社。第二步的初级生产合作组织阶段，主要在1953年年底至1955年上半年。按照原定发展计划，开始互助社向合作社的转变。互助社充分尊重个人的自愿，采取自由组合的形式，起初贫下中农先进入，但基于自身财产优势，中农富农不想进入[①]，但到初级社时，大部分已经开始进入。1953年12月6日，中共中央发布《关于发展农业生产合作组织的决议》，号召在互助组的基础上，组织以土地入股和统一经营为特点的、小型的半社会主义性质的初级农业合作组织。决议总结了办社经验，随着社会主义在互助社中的不断深入融合，互助社必须经历互助社——初级社——高级社三个阶段。在这种思想的指引下，合作社开始进入迅速发展期，调查发现全国的初级合作组织从1953年年底的14 000余个暴增至1954年春的95 000余个，远超预期的35 800个。1955年春，在积极宣传以及党中央正确的指导下，农业合作社狂增至67万个。但我

① 初级社主要是以土地和农具入社，中农、上中农以及富农财产多，农具齐全，雇工多，土地也比较集中，起初并不愿意进入初级社。

们必须清楚地认识到,这个数字背后有许多合作组织是生拉硬凑,强制组合在一起的。为此,我国进行了严厉的整顿,到6月底,保有65万个。第三步的高级生产合作组织阶段,主要在1955年下半年至1956年年底,要求在初级社的基础上,进一步组织大型的完全社会主义性质的高级社。以1955年7月毛主席《关于农业合作化问题》的报告为契机,农业合作化进入了历史发展的新时期。毛泽东在报告中指出,合作化程度是影响农业规模经营的关键,只有解决好这个问题才能保证农产品增长,农民增收,才能真正意义上解决工业化发展与我国农业生产低下的现实矛盾,如果我们不能及时解决这个矛盾,我们就不可能完成社会主义工业化。[1] 在七届二中全会的讲话中,毛泽东专门提到高级社的问题,指出各地的高级社必须在符合当地实际情况的基础上开办,并仔细研究各地区高级社发展现状,鼓励条件适合地区开展合作社,条件不成熟的等成熟后再办,前期少数发展,等所有条件成熟后推广开来,呈现梯度式发展。[2] 办高级社的条件全凭各地去掌握,潜台词是鼓励高级社的发展。1955年10月4日至11日,党的七届六中全会通过《关于农业合作化问题的决议》,加速了高潮的到来。1956年年中通过的《高级农业生产合作社示范章程》中规定:高级社是在初级社的基础上发展起来的集体农庄式的集体经济组织,其特点是:(1)生产资料全部归集体所有,入社农民的生产资料由私有转变为合作社所有;(2)社的股份基金由劳动力分摊;(3)生产队实行“四固定”,即生产队的成员固定,土地固定,农具、牲畜固定和副业生产固定;(4)完全按工分(劳动日)进行分配。换言之,合作社全年收入扣除规定的纳税和社留公积金、公益金外,其余部分按社员劳动日进行分配。1954年夏至1956年春,全国农民基本全部加入高级社,入社农户占总户数从14%增长至90%以上,到1956年年底,高级社猛增至54万个,占入社总户数的87.8%,这种爆炸式的增长其实是非理性组合,或者说是没有根据农民意愿的强制性组合的结果。到1957年年底,全国农村高级社增加到75.3万个,入社农民的比重达96%以上,90%以上的手工劳动者也加入了合作组织,强力地促成了社会主义改造。然而后期以运动方式搞合作化的情形,严重背离“入社自由、退社自由”的原则,为后来在农业生产及合作

① 《毛泽东选集》第5卷,人民出版社1977年,第181—182页。

② 毛泽东,“农业合作化的一场辩论和当前的阶级斗争”,《毛泽东选集》(第五卷),人民出版社1977年,第195—217页。

组织问题上的左倾冒进错误埋下了伏笔。

中共推动农村合作化，第一步是保留农民个人对生产资料股权的初级农村合作组织，然后实现废止私人所有权的高级农村合作组织，主要采用阶级斗争和政治工作的方式推动。[①] 这种合作化运动的经济效果极差，受到农民的抵制。[②] 由于农民的反抗，中共一些高级干部主张支持自愿原则，放慢合作化步伐。但是在1955年10月的中共中央六次全会上，这些“右倾机会主义”的主张被批判，毛泽东提出强制实现合作化的具体进度要求，要求在1957年年初70%—80%的农民实现合作化。而实际上强制执行[③]的结果是1955年年底农村就基本实现合作化。合作化未经反省的表面胜利，使得人们只注意成就，疏于对问题的深刻认识。浪潮之后消极现象不可遏止地突显出来。1956年秋冬后，发生大规模的退社风波，主要原因：一是合作社发展过程与当时建立初衷相背离，不再服务农民、难以提高农民收益、合作性质缺失、管理松散、干部官僚主义等；二是高级社本身与当时农村社会的实际生产力不符。

为了完善高级社的发展路径，反省暴露出来的错误，中央在1956—1957年这两年中相继出台了《关于加强农业生产合作社的生产领导和组织建设的指示》与《关于民主办社的几个事项的通知》，明确了高级社的建立原则，并作出以下三点批示：第一，财政公开；第二，民主决议；第三，共同劳动。虽然这些举措对发展合作社有一定的指导意义，但没有从本质上进行变革，流于表面功夫，难以根治问题。

2. 人民公社时期(1958—1978)

1958年7月初，陈伯达在《全新的社会，全新的人》一文中称赞湖北省鄂城县旭光农业社真正是一个工农业相结合的人民公社。这是第一次公开使用“人民公社”这个称呼。于是，在河南省新乡县七里营首度使用“人民公社”名称，成立七里营人民公社。

---

① 中央农村工作部第四次互助合作会议文件。

② 按中央《关于整顿和巩固农业生产合作社的通知》所记载，“许多地方陆续有新建社垮台散伙和社员退社的现象发生。同时许多地方出现大批出卖耕畜、杀羊、砍树等现象”。

③ 《党史研究》1981年第1期第6页提供了初级社的社员生产资料所有权受到侵犯的证据。

人民公社成立之初，最基本的构想就是将除农业之外的各类社会事业同时并在农村基层社会组织之中。因1957年以及1958年农田水利的需求，投入了巨大的人力和物力使其挣脱地缘的限制，以此为契机，从此萌生了“并大社”的想法。不仅如此，1958年3月在成都会议上通过的《关于把小型的农业合作社适当地合并为大社的意见》（以下简称《意见》）将这种想法实施。《意见》指出，为适应现阶段社会的发展需要、生产资料的更新要求以及人民不断增加的物质需求，并且最终适应农业生产和“文化大革命”的需要，在有条件的地区实现将合作社并大社的构想①。1958年8月29日，中央政治局北戴河会议审议并通过了《关于在农村建立人民公社问题的决议》（以下简称《决议》），《决议》决定将刚起步的高级社合并实现“一大二公”的形式。《决议》认为：“人民公社是形势发展的必然趋势。”关于规模，《决议》认为：“一般以一乡一社、两千户左右较为合适。”决议虽然指出：“人民公社建成以后，不要忙于改集体所有制为全民所有制”，分配制度还是“按劳取酬”，但又认为：“看来，共产主义在我国的实现，已经不是什么遥远将来的事情了，我们应该积极地运用人民公社的形式，摸索出一条过渡到共产主义的具体途径”。自1958年夏季始，短短数月过后，全国74万多个农业生产合作组织被改组为2.6万多个人民公社，入社的农民达1.2亿户，占全国农民总数的99%以上。这一时期的农村合作组织已经演变为集体化明显、集中程度高的人民公社。毛泽东在1958年11月对建设纲要四十条的初稿作修改和批语时指出人民公社的发展将推动社会主义全方位的发展，是实现全国工业化的重要推动力。②

生产上的急于求成导致了“大跃进”的产生，生产关系上的急于过渡导致了人民公社化运动的发展，两者是具有因果关系的，是彼此联系的，生产上的急于求成导致了生产关系的急于过渡。毛泽东总结人民公社开始两年的经验教训，

① 见1958年3月成都会议通过的《关于把小型的农业生产合作社适当地合并为大社的意见》，载中共中央文献研究室编《建国以来重要文献选编》第11册，中央文献出版社1995年，第209页。

② 建设纲要四十条即《十五年社会主义建设纲要四十条（1958—1972年）》，载中共中央文献研究室编《建国以来毛泽东文稿》第7册，中央文献出版社1992年版，第504页。

认为人民公社要实行“三级所有，队为基础”[①]的基本制度，并认为这种制度会有较长的历史适用期。人民公社体制的长期实施，实际已混同“合作化”与“集体化”，追求“一大二公”，合作制的应有内涵丧失殆尽。这种农村经济组织形式一方面背离了合作化起步时中央提倡的循序渐进与自愿互利的原则，另一方面也超越彼时农村生产力与农民的觉悟，犯有“左”倾冒进错误，导致社会主义建设的重大挫折和生产力的巨大倒退，产生全民“挨饿”的灾难性结果，国民经济陷入困境。总结 1958 年到 1962 年这四年内的情况，可以用以下几个字概括：大运动、大变动、大混乱、大困难。自 1962 年起，人民公社发展趋于稳定，总结这个时期内的相关文献，主要是：1962 年 2 月 13 日中共中央发布的《中共中央关于改变农村人民公社基本核算单位问题的指示》和 1962 年 9 月 27 日中共中央八届十中全会通过的《农村人民公社工作条例修正草案》。毛泽东亲自修改的《农村人民公社工作条例修正草案》并没有从本质上改善公社的发展，但不可否认的是这在一定程度上纠正了一些公社发展中的错误思想。一定意义上

① 所谓“三级所有”，是指生产资料和集体财富分为：公社所有，生产队（大队）所有和生产小队所有三部分。生产小队是从事农业生产的基本单位，通常由几十户农户组成。小队拥有的资产主要是土地、大牲畜、小农机具和机井之类直接用于生产的东西。生产小队的管理由一个小队长、一个会计、一个记工员承担。生产大队通常由十几个至几十个生产小队，外加一些专业队、小工厂、小作坊组成。生产大队除了组织跨小队的生产活动——如修路、改造小流域、修建小水库等——以外，还有林业队、畜牧队、渔业队、运输队、机修厂、面粉房、油坊等小型生产单位。管理成员也稍多一些，有正副队长、会计、出纳等等。大队除了对生产小队的管理与协调外，还承担着小型工业、运输业生产、副业生产和某些公社分配的工作任务。当然，在人民公社的初期，大队所属的小工业、副业、林牧渔诸业尚未充分发展。甚至在一些比较落后的地区，大队所属的经济部门直到公社解体也没有得到充分发展，这与当地的经济发展水平以及领导人的水平有关。公社通常由十几个至几十个生产大队，外加农机修造厂、小型化肥厂和其他中小规模的工厂、种子站、化肥站、病虫害防治站、农技推广站、水库与干渠管理处、车队、医院、学校等机构组成。公社兼有生产、组织大规模生产活动（如修建水利工程、公路）、生产服务和社会服务四重功能。用当时流行的一句话说，人民公社是“工农兵学商，农林牧副渔”，全面发展。这里需要解释的是“兵、学、商”。“兵”指民兵，“学”指教育、文化、医疗事业，“商”指金融与贸易。三级所有制经济是个复杂的体系，其分配方式也必然是多种多样的，在公社一级——包括管理机构与下属企事业单位，其分配方式已经很接近工厂和机关中的工资制。大队与小队中的分配方式则是所谓的“队为基础”。在实际实施中，“队为基础”分为两个阶段。前期是以生产大队为结算基础，三年自然灾害之后，改为以小队为结算基础。所谓以生产大队为结算基础，是指生产大队范围内的所有生产小队和各专业队中的所有社员的劳动投入量都以“工分”的形式记录在账册中，大队所有生产获得的收益也都记入账册中。然后按照每个农民的工分数，一年几次统一分配大队的收益。这里，小队只记工分，一般没有自己的分配。大队的所有收益主要部分以同样方式分配给所有社员，一小部分留作发展基金，更小的一部分上缴公社作为公社的管理基金。每个农民所得的工分值相差并不大，通常每天最高的是 10 分，一般的是 8、9 分，老人、半大孩子 5、6 分；对于基本失去劳动能力的孤寡老幼，则有所谓“五保”制度保障他们的基本生活需求；大队与小队的干部也都必须参加劳动并同样计工分，另外为他们的管理工作记入了规定的工分值。

推动了生产发展以及农民生产与建立合作社的积极性，并且在此后较长的时期里，对遏制“共产风”有着一定作用。然而，人民公社产权不明、平均主义、吃“大锅饭”等体制弊端被保留并逐步“固化”下来，持续长达二十余年。不止在农村合作经济方面使之异化，没有“合作”之灵魂，更使得大量的农民对合作组织有一种扭曲性认识与恐慌感，这给中国的合作事业带来了长久的消极影响。

人民公社化的提出与公社在全国迅速而普遍地建立，有大跃进需要的原因。人民公社化运动的实质，是妄想在生产力低下的经济基础上建立一个平等、平均、公平合理的社会。合作组织作为一种主体，在人民公社的体制下被绝对地异化为一种集体化、政治运动的工具，由此丧失了在经济活动中的自主独立地位。林毅夫著名的“退出权假说”，在一定程度上解释了主体性灭失的部分原因。[①] 当然，也有学者反对这种解释，认为人民公社是对农业社会主义改造的自然产物。认为人民公社不仅解决了工业化原始积累的问题，而且为最终解决农业问题，提供了根本的基础，认为它解决了困扰中国农业发展几千年的大型农业基础设施建设尤其是大中型水利设施建设和农田水利建设的问题。大公社对于打破传统小农体制的束缚，推进合作组织发展，实现对小农生产方式的改造，以及促进传统落后的农村社会向新型现代化的农村社会过渡都有重大意义。

传统地来讲，人民公社就是一种“大锅饭”的生产方式。历史的经验教训告诉我们“大锅饭”是不可行的，总结其失败的经验：一是盲目追求公有化，忽视农户的主观能动性以及产权的独立性。错误地认为公有化程度就是社会形态的体现，形成了私人所有是资本主义、集体所有是半社会主义、全民所有是社会主义等僵化概念。二是“政社合一”，重视任务，忽视利益，不以农民利益实现为目

① 林毅夫认为，农业生产中昂贵监督成本必然导致一种心照不宣的自律协议的产生，但这个协议的前提条件就是社员拥有自由的退出权利，尤其是在其他成员不履行责任的时候。于是，在合作化运动初期，退出权一般是受到充分尊重的，相应地，这种自律协议在大部分集体组织中是得以实现的，从而推动整个农业的向前发展。然而基于个人利益考虑，在组织成立之初就会存在着一定的隐患，即由于实施或者成员的个体差异，一些组织成员会逃避自我实施的协议所规定的责任，造成集体组织难以维持下去，最终导致组织解体。虽然一些集体的解散使得潜在违规者认识到履行协议符合自身利益，但这并不能改变一些热心的领导者认为这些退出者造成了集体解体的想法，于是这些退出者就成为了集体运动的敌人。为了阻止其他集体组织进一步瓦解，退出权被剥夺，于是集体化从一个自愿的运动变成一个强迫运动。从而农业中普遍的偷懒得以发生，农业危机因此到来。参见林毅夫：《再论制度、技术与中国农业发展》，北京大学出版社 2000 年，第 212—213 页。

的,单纯地行使行政命令。三是统一指标,结构僵化,各层组织缺乏独立自主性,严重打击了经营积极性。四是盲目追求“一大二公”,基层社权力薄弱,没有明确的法律定义产权所有。最终,回顾历史来看,人民公社的历史背景下不仅没有让农民过上好日子,与此相反,三年自然灾害、十年文化大革命,自然的、人为的动荡不安,导致公社乃至整个社会的生产力严重下滑,背离了中共领导人的初衷。

(三)改革开放以来农村合作组织的发展

1978年以来,广大农村地区不断出现各具特色的专业协会、专业合作社和股份合作社,社会科学研究者们把它们统称为新型农村合作组织。这一“新”是为了区别于之前的互助组、初高级社和人民公社等农村集体经济组织,还包括1949年以来产生并存续到现今,已经行政化了的供销合作社和信用合作社。农村商品生产和农村经济体制转向市场经济体制是这些组织产生的时代背景。公社制度崩溃瓦解以后,农业生产方式退回到了旧有小农耕作体系之中,生产经营主体是以家庭承包经营为基础的小农。在政府的参与指导下按照合作制的基本原则精神,组建及形成合作组织。这些新型农合组织从历史的经验来看是城乡交流沟通联系不可或缺的重要载体。

1. 第一阶段(改革开放起步至邓小平南方谈话时期)

1978年年底,我国的农村改革从安徽省凤阳县小岗村开始踏出实质一步,实行“农业生产大包干”。1980年,包产试验对生产力提升的成功虽然获得日益众多的地方官员的理解和支持,但在意识形态上不同于过去的逻辑体系。以小岗村“大包干”为典型代表的家庭个体经营方式在改革开放刚开始的那段时期和之后的一段较长时期里被证明是一种积极有效的组织形式。在具有中国特色的社会主义市场经济体制建立和完善的宏观时代背景下,零星琐碎庞杂而不具有机结构的小农生产方式突显出来一系列问题:效率极低,增收不足,无益于农村场域民主政治的建设,无助于社会的均衡和谐稳定,对农民的科学文化素养提升作用无力。入世后复杂多元之特点的市场经济冲击,与此同时现代化进程中工业发展过多地抽取农民的利益,小农经济尤其农民家庭风险负担超出过往。

随着人民公社体制解体,改革开放后中国开启了两项农村改革,一是家庭联产承包责任制,二是农副产品市场化改革。前者重新确立了小农在农业生产中的基础地位,使农村合作经济开始具有依合作组织原则发展的环境与条件,农合组织的新生成为可能。后者一则使得农产品价格提升明显,农民获取实实在在的利益,财富积累起步,为农合组织的产生提供一定物质条件;二则把分散、弱小、信息不灵和对外经济联系渠道不畅的农民卷入竞争激烈的市场浪潮中。为了规避市场风险,农民内在地要求互助合作。农合组织的产生有了现实需求和广泛的群众基础。

1978 年农户市场经营主体地位经由家庭承包制初步确立而得以体现。历经数年良性发展,专业化程度较高、市场经济发育程度较为完善的地方接连不断地出现形式各异的农民专业合作社。他们之中有一部分完全地是农民自发组成的合作组织,也有的是在改造传统合作组织基础上再次成立合作组织,还有政府直接扶持、参与创建的合作组织,以及官民联合兴办的合作组织等。这一时期农合组织三大特点是:(1) 从产生过程看,主流是民间自发地产生的互助性自救性合作组织;(2) 从组织外观表现看,形式较为单调,可分为社区合作组织和小型专业合作组两大类型,规模小,组织程度较为松散,组织运行也不够规范;(3) 从产业分布看,种植业和养殖业是软肋,与上下游经营活动相关性不大。一些处在加工、流通、消费等环节中的合作组织规模也很小、功能单一、分工较粗。这意味着 20 世纪 80 年代的中国农合组织还只是处在起步阶段,其中的“大多数”只能称作“协作体”,算不上真正的合作组织。

1982 年元旦,中共中央一号文件极具突破性地表示包产到户、包干到户等生产方式“都是社会主义生产责任制”。文件在认同双包制基础上,着重地强调它不同于合作化以前的私有个体经济,而是社会主义农业经济的组成部分,给了家庭承包责任制在意识形态领域一个较为满意的解释。1983 年以来中共中央连续出台重要文件来表明党和国家对农合组织发展的鲜明支持态度,而且不失时机地回应社会需求并加以政策指引。1983 年 1 号文件指出地区性合作经济组织应当发挥作用。1984 年中央 1 号文件和 1987 年中央 5 号文件更为深入地阐述,统一和分散相结合的经营体制之完善,要求设置土地公有制基础上的区域性合作经济组织,这些组织应当兼具社区性、综合性等特征。1986 年元月,国家科委、中国科协共同提出把支持和推动合作组织的发展和提高作为在农村地区进行科普活动的重要内容。中国科协组织并成立中国农业专业技术协会,用来指导农民专业技术协会工作。1987年,国务院55号文件要求供销合作社“在自愿原则下,组织生产者建立不同产品的生产专业协会,或按照合作社的组织原则,建立专业合作社”。1987年,党和国家在正式层面上进行中国农村改革试验区的组织创新与制度创新项目,“合作经济组织与基本经营制度建设”是这些创新项目中的一项。但是由于地方政府部门改革的相当滞后以及法律保护机制建设的较为落后等,改革试验的结果并不理想。然而在一定程度上来讲它还是丰富了改革经验,更进一步地可以得出基本命题:宏观制度环境和市场经济发育程度是合作组织良好成长不可或缺的先决性条件。

2. 第二阶段(20世纪90年代初至2006年)

20世纪90年代以来,尤其是1992年邓小平发表南方谈话以来,在社会主义市场经济体改目标的确立和国民经济渐次但坚定地向完全市场经济迈进的大背景下,农村经济由不完全向完全市场经济转换速率加快。市场化进程的纵深拓展,使得“小农民大市场”矛盾加剧,建立、完善农民与市场之间的连接机制或沟通二者的组织在客观上成为需要。市场力量的作用使得农业内部分工也在不断深入,农业产业化得到迅速壮大,分离后各环节的连接和协调需要一定的组织,这一有效的组织载体保障农业产业化得以持续进行。1992年原南海市罗村镇下柏管理区先行先试农村土地股份合作制。这一制度的主要内涵可以表述为农民具有使用权的土地收归集体,紧接着由集体经济组织组建成立股份合作社或股份公司,进行统一的规划、管理、经营。使农村土地经由出让、出租等方式进入土地市场,以此来获取城乡间土地级差利益,而配股方式则由各村本着民主决策的方式合意选择。这种形式和新中国成立初期的初级农业生产合作社有类似之处。所不同的是初级农业生产合作社在基本土地制度上承认土地私有制,在功能方面也仅仅只局限在生产范围的合作上。

1993年指导和扶持农民专业合作与联合组织的行政主管部门被中央人民政府明确地确定为农业部。第二年的中央4号文件指出制定农协章程的紧迫性,并希望以此来引导农民专业协会成为具有“三民原则”的新型经济组织。1994年农业部和中国科协联合下发《关于加强对农民专业技术协会指导和扶持工作的通知》。中国科协等部门、部分省市组织的试点工作开始展开。在此之后,农业部和一些相关部门开始联合起来对农民专业协会进行制度和实操层面试点的工作;最终确立借鉴日本农协经验的试点省为陕西、山西两省,作为协会示范章程试点省的是安徽。而开展专业协会或农合组织试点工作的则为黑龙江、四川等省。1995 年,党和国家《关于深化供销合作社改革的决定》,把专业合作社的发展与供销合作社改革形成互动作为一项重要举措。供销合作社意图经由兴办专业合作社来探寻自身改革和发展的出路。

1998 年秋,党的十五届三中全会通过《中共中央关于农业和农村工作若干重大问题的决定》,总结我国农村改革 20 年来的基本经验,第一次提出“农业、农村和农民问题是关系我国改革开放和现代化建设全局的重大问题”,紧接着由九届全国人大常委会第 5 次会议通过修订后的《中华人民共和国村民委员会组织法》,在这一社会情势下,农合经济组织不但发展迅速,组织内容和形式也有较大创新,形成各具特色的新型农合组织。这一时期农合组织特征如下:(1) 产生过程上,有完全自发组成的合作组织,也有在改造传统合作组织基础上重新成立的合作组织,还有政府直接扶持、参与创建的合作组织,以及官民合办的合作组织;(2) 外部形式上,突破 80 年代较为单调的合作形式,走向与企业或其他社会组织的联合,表现突出的有公司 + 农民、基地(农民) + 企业、农业专业技术协会 + 农民、专业合作社、股份合作、服务合作、公司 + 专业合作社(协会) + 农户等模式。(3) 产业分布上,90 年代后的合作组织突破 80 年代局限于生产环节的状况,进而与生产经营的上下游直接相连,使得农业生产、加工、销售相互衔接起来。(4) 合作主体上,大致有:龙头企业拉动型、专业协会带动型、产权促进型三类。这一历史阶段的农合组织相较于改革起步初期那段时间呈现出的特征有数量更多、规模更大、形式更加多样、合作程度更为紧密、运作更为规范等,表现出方兴未艾的发展态势。

从总体观察情况来看,这一阶段中国农合组织发展不平衡、组织化程度差异大也较为突出,较之国际合作组织联盟所确立的合作组织原则还有不少距离。官办和官民合办的农合组织产权不清的现象表现得仍然十分严重,有一些合作社仅仅是松散的结合,并没有达致“利益攸关的命运共同体”;在独立性与民主决策上仍然没有做到运行良好所需的程度;良性互动的关系并没有在国家与组织之间形成;等等。基于此,应当从中国农村地域广袤、区域多元等实际情况出发,以国际规范性原则为合作组织构建的蓝本,继续深入研究摸索符合我国国情的农合组织规范与创新的路径,以此来实现组织自身良性演变与健康发展。

2004年6月7日,“永济市蒲州镇农民协会”挂牌成立,号称“中国第一”正式注册的农民协会。现如今我国广大农村地区存在为数不少的在民政局注册登记的技术性农民协会,而且不出意料,大体上多是半官方组织。农民协会的建立对引导现存的农民专业合作社,解决“三农”问题乃至促进社会主义新农村建设的发展是具有重大现实意义的。农民协会是一个农村社会团体,在提高农村居民组织化程度方面有着切实的作用。在这个意义上讲,培育发展此种组织应该是我国农村长远发展的较为明智的选择。然而现阶段由于我国地区经济发展不均衡,广大中西部地区的农村居民在法律意识方面表现较为淡薄、组织化意识较差,综合素养较低,导致农民协会的组建和发展缓慢。

2005年中央1号文件《中共中央国务院关于进一步加强农村工作提高农业综合生产能力若干政策的意见》指出农业产业化经营需要农民专业合作组织的发展。而集体经济组织要同其他专业合作组织共同发挥在龙头企业与单个农户之间的桥梁纽带作用。

2005年秋,党的十六届五中全会通过的《中共中央关于制定国民经济和社会发展第十一个五年规划的建议》提出新农村建设的五大原则。在新农村建设的早期,为数不少的农民专业合作组织在市场机制的深化进程和农村经济产业化经营发展过程中得以诞生,尤其是在江浙农村,由于经济发展势头正旺,一股强大的发展趋势席卷全国,称得上是中国农村经济及社会生活的一种新现象。实践表明,实现建设社会主义新农村目标的最佳途径是在广大农村地区建立起因地制宜的经济合作组织或非经济合作组织等。

3. 第三阶段(2006年至今)

2006年3月25日,温州瑞安敢为人先,组织成立了我国第一家农村集资金融通、农产品生产和运输流通等诸功能为一体的综合性农合组织——瑞安农村合作协会,协会成立伊始便备受瞩目。瑞安农协的实践经验表明,合作制是提高农民组织化程度的一个有效载体。成立农民协会,在发挥农民自主性和积极性方面,在推动社会积极转型、实现经济较好发展、调整国家与社会的良性关系方面都有比较重大且现实的意义。当然,现阶段初步发展的农协依然十分现实而迫切地需要政府对其发展提供积极有益的引导,使得自己成为会员(农民)利益的真正守卫者,以期更好地为“三农”服务,促进实现新农村建设目标。

2006年新制定的《农民专业合作社法》中,社员间的合作范围被限定为生产领域,不允许生产资金上的合作,因此招致“三农”专家的普遍质疑。2008 年秋,北京召开一场影响农民利益较为深刻的会议。党的十七届三中全会对农村土地改革、农村金融体系和城乡一体化建设等议题展开讨论,会议通过了《中共中央关于推进农村改革发展若干重大问题的决定》(以下简称《决定》),《决定》指出农民专业合作社的加速发展是时代要求。农民专业合作社在土地承包经营权的流转,形成土地的适度规模经营方面居于十分重要的地位。十七届三中全会的《决定》使得农村信用合作得以实现。在 20 世纪 70—80 年代,全国范围内农民自发地发展起“合作基金会”,因为管理不规范,在 20 世纪末亚洲金融危机中惨遭取缔。这次合作信用旧词新提,不得不算是我国农村合作金融的又一次机遇。专业合作社内部的资金互助取得了政策上的突破。在现实生活情境当中,这一般可能表现为两种情况,第一种情况是农民专业合作社开展信用合作,第二种情况是发展一些农村资金互助合作社。近年来这两种情况在全国各地都有不同程度的实践。前一种情况农民专业合作社的主要活动不是经营信贷,换言之,开展信用合作不是合作社的主要目的,合作社是为农产品生产经营服务的。后一种情况,农村资金互助合作社是一种以自组织形式存在的、具有可持续发展潜力的民间金融机构。主要是在一定范围的村社中,依据一定规则出资组成的只限于社员间借贷的信贷基金,从而满足社员的小额信贷资金需求。基于符合“自我服务、民主管理”的首要内涵,农村资金互助合作社是合作社的一种,必须保留合作社的性质。这种以经营信贷活动为主要目的的民间金融机构,需要关注以下几个问题:(1) 股金设置多元化。资格股、投资股、流动股共存,但注意控制投资股比重,占比应当较小。(2) 借贷额度、还贷方式要有所限制。(3) 借贷对象原则上限于社员,对非社员的借贷要有一些限制和差别。(4) 充实资本金,且可利用股金与贷款限额的比例来提高社员入股积极性。(5) 与其他金融机构的关系。

即使中国合作社有着较为悠久的历史,但一直以来国家没有把合作社看作经济主体或法律主体,只是把它当作政策推行的工具,这一情势导致中国合作社的发展跌入低谷乃至较长时期内的消亡,仍冠有“合作社”之名的也由于异化严重缺失了合作社的灵魂。1978 年以来,个人彼此间相互联合以增强经济实力和社会竞争力的愿望促使农民合作组织在农村悄然兴起并迅速发展,然而在产生发展初期的一段时期内,这种合作社一直都处在法律的边缘,直到 2006 年 10

月31日我国颁布了调整农民专业合作社的《农民专业合作社法》，才结束了农民专业合作社法律地位不明确的尴尬状态。2007年5月28日，中央人民政府颁布《农民专业合作社登记管理条例》（中华人民共和国国务院令第498号），自2007年7月1日起施行。到现在为止我国农合组织终于取得了合法的名义，我国农合组织的深入发展道路上一个至关重要的障碍得以消除。

2007年1号文件《中共中央、国务院关于积极发展现代农业扎实推进社会主义新农村建设的若干意见》强调农合组织相关法律法规落实的重要性，及其实施细则制定的迫切性。

2008年1号文件《中共中央、国务院关于切实加强农业基础建设进一步促进农业发展农民增收的若干意见》除重申上一年1号文件精神外，鼓励对农合组织发展的帮扶。

十七届三中全会《决定》提出两个转变：一是由家庭经营逐步过渡到采用先进技术和手段；二是由统一经营过渡到农户合作。并且要培育农民新型合作组织，引导鼓励龙头企业与农民之间建立起常态联结机制，努力提升组织化程度。农民的合作组织建立起企业利润返还农民的机制，逐渐发展完善“公司+合作组织+农户”双赢的利益共同体。十七届三中全会《决定》指出多种形式的生产经营服务为政策所鼓励。农合组织在可预见的未来会是社会化服务体系中的中流砥柱。

在农村经济大发展大繁荣的时代背景下，农村金融的舞台将会越来越大。为弥补历史亏欠，政策制定者持续而大力地鼓励引导培育扶持新金融力量。资金互助社等新型金融组织依次登上历史舞台。2009年中央1号文件《中共中央、国务院关于2009年促进农业稳定发展农民持续增收的若干意见》强调多种形式新型农村金融组织的发展要加快，草根金融融资渠道拓宽，农合组织信用合作行为规范及时跟进。此次1号文件较之十七届三中全会的政策有突破，提出了更加切实可行的政策引领，不出意外将会提升信用合作试点具体办法出台与试点启动的速度。2009年2月16日，中国银监会和农业部联合印发《关于做好农民专业合作社金融服务工作的意见》（以下简称《意见》），明确提出“优先选择在农民专业合作社基础上开展组建农村资金互助社的试点工作”。在生产过程中资金缺乏的问题随着这一制度安排的落实得以解决，与之前十七届三中全会涉及的“允许有条件的农民专业合作社开展信用合作”政策相比更加细致。

农民专业合作社获得更加有力的金融支持，与此同时，《意见》还提到风险控制和政策激励的加强。

世界范围内的实践经验证明，小农社会里单单实行资金互助的信用合作是难以前行的。在资金上的信用合作有必要与专业合作、供销合作一起前行，以期农民的有机组织化能够达成。日、韩以及我国台湾地区等具有样板意义的东亚小农社会的经验都揭示出，建立覆盖农业生产、流通、金融等一系列环节的综合农协体系是农村金融得到盘活的必由之路。

建立一个使社会各阶层合理表达和利益实现的机制是实现和谐社会的关键。大量农民的弱势处境需要农协在“应有所为而又难有所为”的困境中实现农民协会的有所作为，来达到农民协会和县乡行政乃至全社会的利益共生。我国人口数量最大的农民群体毋庸置疑地应当切实享有《宪法》所赋予的结社自由。我国农村合作事业即将步入改革开放后最活跃的创新发展期，形式各异的农民专业合作经济组织呈加速发展态势，在农业经营组织体制创新上是一个不容忽略的新亮点。三十年跌宕起伏，直面将来，我国农民又站到新的起跑线上。毫无疑问，在一个基本社会里，所有能想到的组织形式都能找到自己的位置，问题在于哪种形式最适用于已确定的任务和社会为达成这一任务的活动范围。农合组织定位为农民利益维护的工具有其自身适用的条件和环境，因此，我国形式各异的农合组织只有跟上时代发展的脚步，依据我国各地情况不同而采取相应的组织形式，这样才可永葆自身强大的生命力，进而发挥自身的积极作用。这在学术层面的要求就是，广大学者对农合组织的研究应当是永无止境的。

第四章

“三位一体”农协(合作社)运行机制

一、“三位一体”农协多中心公共行动机制

2006 年以来,浙江省瑞安市对新型农村合作经济体系建设进行了积极的实践性探索,创建了供销合作、信用合作、农民专业合作“三位一体”的综合农协,将供销联社、合作银行和农民专业合作社联合起来建立了多中心公共行动体系。作为涉农联合的农村经济治理公共服务平台,将现有的、计划经济时期遗留下来的处于分散状态但都是为“三农”服务的各种涉农组织机构整合起来,形成新的农村合作的“三位一体”体系。总结该地区综合农协九年来新型合作经济体系建设的经验和做法,发现它是供销社、信用社、专业生产合作社三种合作组织的一体化,也是供销、信用、生产三种合作功能的一体化,还是县、乡、村三级合作体系的一体化。结合艾莉诺·奥斯特罗姆的“多中心治理”理论框架,瑞安综合农协“三位一体”多中心公共行动体系反映了在当前农村公共治理领域,农村社会经济活动是由政府、农户、私营部门、志愿团体、社区互助组织等多元主体中心共同参与、相互促进而进行的,并依靠主体自身的资源参与解决农村社会经济领域的公共问题。这种农村新型合作组织是全方位、多层次、多中心、综合性的,生产、供销、信用三重合作功能贯穿于县(市)、乡(镇)、村三级的新型合作体系。这不仅为促进我国农村合作经济的健康有序发展,更为促进形成政府、社会组织和市场三者的协同合作,实现综合农协在社会主义新农村建设中的公共治理作用提供了有价值的思路。

（一）一个理论框架和释义：多中心治理理论

“多中心治理”理论是管理学家奥斯特罗姆提出的一种介于国有化和私有化两个极端之间的可能存在的行动方式。它的假定前提是：如果某个社会的所有人，普遍存在机会主义行为、规避责任或者搭便车行为的情况，相互依赖的个体有可能将自己组织起来，进行自主治理进而取得长期的共同的持续利益。目前，奥斯特罗姆的“多中心治理理论”已经为一种分析框架与思维理论，成为非常流行的公认的权威的公共品的供应与社会治理模式之一。其具体内容释义包括：第一，多中心治理理论的前提是假定在公共物品生产、公共服务提供和公共事务处理上存在着多个行动主体。第二，多中心治理意味着政府、市场的共同参与和多种治理手段的应用。多中心的治理模式认为政府与市场不但是公共品生产供应的主体，而且是公共品生产和供应的两种不同手段和机制。这个理论认为在公共品或者公共事物的生产供应过程中要两手准备，既强调政府的作用，又强调市场的作用。政府作用的优越性是公共性、集中性，市场作用的优越性是自发性、效率高。政府和市场两个主体、两个手段、两个机制共同发挥作用，形成合力，构成公共事务合作共治的新范式。第三，多中心治理理论要求政府应该转变职能，实现政府角色、责任与管理方式的变化。多中心治理既反对政府在公共品生产与供应环节的大包大揽，反对政府对公共品的垄断，也反对把公共品的生产与供应全部推向私有化。多中心治理框架下，政府不是单一主体，而只是其中一个主体。政府以间接管理方式取代直接管理方式，在这个框架下，政府应该充当中介者的角色。

（二）主体、手段和角色：多中心公共行动体系的映照

首先，从瑞安综合农协“三位一体”多中心公共行动主体来看，由于计划经济时期遗留的组织与制度的存在，在改革开放后，社会主义市场经济条件下，农村的各种类型的组织面临巨大的发展困难，供销社、农信社、专业合作社之间缺乏关联性，农业政策、科技、农机、农资、供销等机构分属于不同的部门，条块分割、城乡分割、部门分割非常严重，“三农”工作合力难以形成。因此，整合整个农村金融、流通与科技体系需要更高层次的合作平台。在瑞安综合农协“三位一体”改革新试验中，在党委政府的大力支持下，由供销联社、村经济合作社以

及合作银行和辖内的农民专业合作社所建构的瑞安综合农协,在自愿的基础上,整合联合实现了多层次合作,并制定了一系列保障措施。

协会会员实行分类制度,农协主要有四类会员(设计时有五类),一是核心会员,比如科技特派员协会、合作银行、供销联社等;二是基本会员,比如各种专业合作社;三是附属会员,比如加入合作社的农民;四是联系会员,比如外围农户。农协中的社会团体法人注册为社会法团,农协的供销部、科技部等登记为民办非企业单位法人,对外相对独立进行运作。银监办和人民银行作为农协信用部的主管部门、科技局和科协作为农协科技部的主管部门、经贸局和供销社作为农协供销部的主管部门。

一方面,瑞安农协先是实现了涉农部门的联合,瑞安的各级各类合作组织以及涉农机构在保留原有法人单位的前提下普遍加入农协,农协并不是普通的社会团体,其内部有多级会员,它整合了各种类型的“三农”资源,它的基本会员、核心会员和附属会员覆盖了100多家农民专业合作社和村经济合作社,瑞安的农村合作经济联合社和农办、供销联社、科技局、农林局等涉农部门自愿参加并成为农协的核心会员。在瑞安综合农协“三位一体”多元合作的体系中,其重要特征就是社会多元主体对公共事务管理的参与性以及与政府管理的协同性,农协与政府形成相互依存的政治生态,共享农村公共品生产与供应的行动权力,共同提供高效的农村社会公共服务,共同促进农民公共利益最大化的实现。这种治理模式具有多中心协作治理的特征,也是社会公平合作体系理念在农村治理中的典型体现,并在实践中发挥着农村生产、生活等社会经济领域的公共事务治理。在多方合作、多方博弈、多方共享下,优化服务功能,按照公平、互利、共赢原则,形成共同受益的格局。另一方面,从瑞安综合农协“三位一体”多中心公共行动手段来看,瑞安农协的筹建与运行是农村社会管理工具、政治工具、金融工具等多种工具手段包容性共存的行动范式,是草根金融、会员制营销、非政府组织中的社会团体构造,以及合作社中的欧美模式与日韩模式的创造性运用的高效整合,并把合作社、社会团体与民办非企业单位进行有机嫁接,甚至还引入宪政民主、分权制衡以及联邦主义的某些思想。实质上它是将体制内资源与体制外资源融为一体,是政府和市场共同配置农村公共资源的不同手段和机制的结合。从性质而言,瑞安综合农协的非政府组织性质是由其“三位一体服务三农,条块交融统筹城乡”的宗旨决定的,从它最初建立就带有浓厚的政府主导和官办的色彩。相对于农民专业合作社来说,农协接受政府的委托行使相应职能,发挥行业协会或联合社的作用,对农民专业合作社进行指导、扶持和服务。

在发展农村合作金融方面,农协是开展农村信用评级的平台,农村合作银行依托农协提供的信用评级开展限额联保等业务。其中农信评级委员会人员的组成包括瑞安市人民银行、银监办、农信担保公司、农发行、供销社、农林局等官方机构以及专业合作社代表。

在农村流通体系建设上,坚持供销社的市场化改革方向。主要工作包括:① 开展多项农资团购;② 农资连锁配送网络逐步延伸至专业合作社;③ 大力推广使用“瑞农协”等集体商标;④ 组织专业合作社的农产品进入超市及农贸市场,实行对接销售;⑤ 依托供销社加强物流配送、质量控制和售后服务。

这些改革措施促进了非政府部门与政府部门相互依存的合作关系的形成,并就共同关心的农村问题采取集体行动。一方面,瑞安农协将农村治理看作政府和市场两种手段相互依存状态下的管理,虽然政府在一定时期内仍然发挥着推动和引导综合农协建设和运行的重要作用,但更重要的是将农村社会部门——综合农协看作农村治理的主体,并用它来解释农村治理各个中心主体分享权力、合作治理的新型关系,从而确立了农村治理的多中心公共行动体系范式。另一方面,瑞安农协也吸收了政府推动和实施管理途径的重要观点,认为在“三位一体”综合农协新型农村多中心合作治理中,政府与其他主体中心是平等的关系,主体之间需要通过对话、建立伙伴关系和借助其他主体的资源来实现自身无法实现的目标,这就在农村公共治理中建立了新的融合性手段,即融汇了政府及有关部门行政和法制手段、农村信用社和农村合作银行金融手段、农村供销社营销手段、农民专业合作社社会和心理手段等诸多手段,其本质就是政府和市场手段在农村经济社会治理中的共同配置。

其次,关于瑞安综合农协“三位一体”多中心公共行动政府角色,根据公共选择理论,非政府组织在公共服务方面具有不可替代的作用,应该打破政府服务的垄断地位,应积极寻找并且充分发挥非政府组织(NGO)的作用,非政府组织提供公共服务的方式可以避免市场浪费,降低公共服务成本。在瑞安综合农协建设的基本思路里,政府的角色定位是不断调整政务服务模式,重构政府行政部门公共事务治理规则和治理角色重塑。在瑞安综合农协实践探索中,主要包括:

一是农林局、科技局等政府行政部门强调要符合多中心治理理论的需要，向服务型、民主型、责任型、法治型、有限型、回应型转变。政府部门必须从行政命令、高压管制和政治动员的方式向平等协商、沟通互动的方式转变。本研究在调查瑞安毛芋种植农户林志寅时，他曾经不无感慨地说：“以前这局那局，来的都是领导，现在我们都平等地坐在农协同一张会议桌前，一起商量解决合作社在发展中碰到的难题”。这既是农村公共服务行动规则再构的结果，又是政府部门为“三农”服务的职能和观念转变的结果。在“三位一体，服务三农”的制度框架下，政府“三农”各相关部门积极协助农协整合涉农资源，提供品牌营销、农资采购、科技支撑服务。

二是强调从管制型政府向服务型政府转变，充分发挥非政府组织——综合农协在“三农问题”行动中的独特作用，把原来政府包办又包办不好、包办不了的农村事务治理职能让渡给综合农协，并积极参与引导农民的自助与互助，实现农村公共利益的最大化。如农民的信用等级建设，如果全部由银行包办，则信贷与信用等级全部由银行说了算，合作社或者农户肯定不乐意；如果政府出面，则政府与农户或者合作社的矛盾在所难免。如果把这件事情交给农协来办理，农民或者合作社对作为第三方的农协的认可度就非常高。政府把原来由政府承担的职责转移到农协，既减少了行政成本，又提高了等级评定的公信力。

三是重视政府的强力推动和引导功能。瑞安农协“三位一体”模式的生成和发展，可以说是政府大环境和瑞安小环境的合力。从农村民政局、司法局、经贸局、农业局、供销联社、合作银行、科协、农办到当地银监办、人民银行的支持和合作，所有部门都有微妙的利益博弈。因此，政府扮演推动和协调角色也是这一特定时期和条件下政府的重要职责。

(三) 图景：多中心公共行动体系进一步发展取向

瑞安综合农协“三位一体”治理模式的生成与发展同时受到政府（中央和地方）、瑞安地方社会文化环境和有志于农村合作事业的有识之士三者的影响，这其中的愿景是尽可能打破地方政府部门行政垄断，优化整合各种“三农”资源，形成政府积极引导、农民积极组织的局面，但实际上，不同多中心主体的旧有观念和既得利益的博弈和平衡却暗流涌动。因此，从多中心治理理论来看，在瑞安综合农协“三位一体”治理模式中，政府部门和非政府部门等众多公共行动主体之间如何彼此合作，分享公共权力，相互调适目标，共同解决冲突，增进彼此的利益，共同管理农村公共事务显得尤为重要。

1. 制度供给和可信承诺的监督

瑞安综合农协的发展培育基本处于自发状态，并且作为农村非政府组织发展模式的一次创新型尝试，缺点在于缺乏具体的可操作性强的管理程序和政策法规依据，诸如员工福利、保险、税收等政策措施也都大大缺失，在人力资源、财务等具体环节上不能与现有的制度体系相衔接，这反映了制度供给缺乏的问题。艾莉诺·奥斯特罗姆认为要评价一套制度供给的总收益，需要确定九个环境变量：占用者人数；公共资源规模；资源单位在时空上的冲突性；公共资源的现有条件；资源单位的市场条件；冲突的数量和类型；这些变量资料的可获得性；所使用的现行规则；所提出的规则等。对照瑞安综合农协建设和发展探索历程，其制度供给的环境变量正处于不断发展和完善中，其制度供给的内容也正在不断丰富。当前重要的建设和发展方式是在《农民专业合作社法》和《条例》的基础上，将完善监督、管理等方面的立法作为综合农协进一步发展壮大的法律保证。同时，瑞安综合农协开始时由于有政府强制性的因素，因此，如何发挥市场的诱导性作用，正确处理政府与农协的关系，在未来的发展中准确定位政府与农协的功能作用等也是瑞安综合农协多中心公共行动体系进一步发展的关键。其中，对于综合农协内部不同主体之间自主治理中面临的可信承诺问题，在综合农协组织的初始发展阶段，基于多数主体的未来预期收益计量后，一段时期内各主体可能会同意遵守这套多主体公共合作行动规则进行农资团购、信用评级、依托农协品牌营销等。但是在以后，可能会产生精于算计而违反规则的主体，而目前这种模式的监督和制裁程序还十分缺乏。因此，遵守规则的权变可信承诺只有在有监督的情况下才是可信的，而作为一个自治组织的综合农协，也必须设定和不断完善内部各主体监督活动的机制，尤其是自主组织内部的相互监督，以维持对规则的遵守。例如农协与信用社之间建立的股权或股权托管监督关系等。

2. 反思理性的复杂

“三位一体”农协的组建是基于多中心主体合作网络途径的行为假设。首先，综合农协不同主体公共行动合作是在不确定的农村社会条件下，在不足的制度供给和缺乏完善的法律保证建设基础上不断探索和创新“三位一体”的新型合作模式,这些本来就可能在多主体合作过程中形成理性的复杂化的行为选择。比如,目前供销社、农业局、科技局、农办等机构属于政府部门,政府工作路径依赖与部门法规很大程度上影响着农协的资源整合,导致综合农协协调的难度非常大。而且,各主体有着复杂的动机,既有逐利的一面,也有追求社会效用的一面;既有利益分歧,也有利益共享。例如瑞安农协的供销部、信用部,虽然借重了供销社、信用社的资源与力量,也借重了其他银行乃至超市的力量。离开了供销社,农协的供销部照样存在和发展,也正因为这个原因,在“三位一体”进程中,供销社就不能轻易言弃,虽然这可能影响他们的某些既得利益。其次,对于瑞安农协“三位一体”的功能定位取向仍十分模糊。政府部门淡出条块分割,进行系统化、科学化的管理等问题仍旧没有解决。最后,瑞安农协的创新性试验是在地方层面进行的,是分散的个别案例,仍然没有形成一种全面性、科学性、系统化的体系。由于瑞安地域性特征和发展背景,这种模式的很多设计和思路都不具有普适性,并存在着特定条件下的消亡风险性。因此,瑞安农协“三位一体”模式的公共行动者能够通过不断的对话交流信息,包括综合农协组织内部不同主体之间的对话交流和不同政府层级主体支持农协发展的信息交流,来克服有限理性的先天不足;能够通过农协自身持续的学习和不断探索,积累经验,改进过去的行为模式,逐步形成一种系统化、科学性的治理体系;更重要的是,通过这种反思,在不断探索和创新农协“三位一体”的新型合作模式中,政府部门与非政府部门必须学会约束自己的不合理要求,使得不同主体可以通过持续的对话调整各自的行为,追求共赢的结果。

3. 政府角色重构

瑞安综合农协从建立之初,就进行了独具匠心的多主体合作设计,包括“双重会籍”制度的“联邦式”农协;以合作社作为基本会员,为不断扩大群众基础,吸收合作社内部成员和外部农户为联系会员;农协和农协举办的信用部、供销部、科技部同时独立注册的社会团体法人和民办非企业单位法人的“双法人资格”;为了平衡各主体利益的“一个农协,各自表述”;“两级法人,有分有合”等。这些合作设计为综合农协组织的运行和发展发挥了重要作用。但是有些利益制度性设计并不好协调,例如专业合作社、供销社、信用社以及村经济合作社的发展与改革的政策与做法五花八门,各行其道,各种农经、农贸、农资、农机、农技机构也各有隶属,而政府涉农部门,又都在各自为政。再如瑞安农协最初在民政部门进行登记时，是以农业部门为业务主管单位的。供销社、信用社则是农协的改革对象，但是农业部门从上到下决心固守势力范围，他们另起炉灶搞的合作社联合会并无起色，以至于农业部门个别领导对农协重要功能的忽视。因此，瑞安农协作为农村非政府组织，政府在其建立之初所留下的体制烙印应逐渐褪去。为了使农协这个非政府组织能够步入健康持续的发展轨道，开始时政府的支持和引导是必须的。政府也应转变职能，给予农协以充分自主性和自我发展空间，加强自身的自治性，使其逐步脱离政府的管制，并为其提供必要的制度保障和资源支撑。最根本的一条是必须发挥农民的主动性和积极性，使农民真正成为农协的主人。

4. 社会资源整合

随着农协规模的扩大、会员人数的增加以及活动的多样性，瑞安综合农协“三位一体”的模式面临的问题将会是人才问题，因为，非政府组织的最重要的问题是人力资源。瑞安综合农协需要众多工作人员运作来保持自身发展的生机与活力，尤其是高素质专业人士的志愿参与。但是，由于体制内的精英人数毕竟较少，并未形成组织内的专业性人才队伍。因此，瑞安综合农协未来发展需要克服的困难是优化和强化其内部的人力资源。为此，只有建立自己的专业人才队伍，才能保持生机与活力。其中，不但需要吸引政府内部的有识之士积极参与，而且需要吸引鼓励社会上的有识之士、社会精英志愿参与。通过体制内部和外部有识之士的共同参与，农协不仅比较容易发挥自身的影响，整合动员村庄内资源，而且比较容易制约公共权力的超边界使用，这对于农协未来的发展将是大有裨益的。

二、“三位一体”农协动力机制

（一）问题的提出

浙江省瑞安市构建的“三位一体”农协是一个多中心公共行动体系，它作为涉农联合的农村经济治理公共服务平台，将原来处于分散状态的各种涉农组织整合起来，由农村合作银行解决农业生产中的资金问题，由供销合作社解决农业生产中的市场问题，由农民专业合作社解决农业产业的技术问题，形成了农村合作的“三位一体”的体系。总结该地区综合农协多年来新型农村合作经济体系建设的经验和做法,“三位一体”服务于三农,其发展迈出了探索市场经济条件下的农村新型合作化道路的新步伐。其中,“三位一体”农协从产生、发展到不断完善,都面临着一个复杂多元的体制内外部环境。由于这种新型农村合作经济体系建设的影响因素和内部管理的多元和复杂,我们研究瑞安“三位一体”农协体制内外环境运作和管理的完整个案,考虑其建设和发展过程中的建设思路、管理机制,从发端和资源整合两个方面,真正把握“三位一体”农协变迁的动力和理性路径选择,并对如何科学认识、推动“三位一体”农协的发展和创新,对当前我国新型农村合作经济体系改革和创新、建设和发展提供借鉴思路。

(二)发端动力:合作金融

资金,是农民在农业生产中反映最大的难题。例如农民贷款,需要抵押、担保,还需要层层审批,额度也有限制。农村金融问题与农民组织化可能是一个硬币的两面,其中,缺乏有效的金融合作,农村合作只能是无源之水,合作金融是合作经济的核心。因此,瑞安农协的建构、运作思路正是从合作金融发端的。

第一,从发起背景来看,一方面,2005 年瑞安对农村信用合作社进行了改制。改制之前,人均持股不到 13 元。改制时,为保留合作制的因素,并未对这些小股东进行清退。但是,这些小股东权利的实现亟待解决。由于改制后成立的农村合作银行无法将这些小股东写到工商登记里,使得以后股东大会的股东代表择选、分红以后的管理模式等成为改制的难题。突出表现在,股东数量过于庞大,无法发挥合作制的优势;股权结构高度分散,未能充分发挥股份制的优势,这势必影响下一步的增资扩股,不利于做大做强。这是当时瑞安农村合作银行的问题所在,为此,设计者又创造性地提出了由瑞安农协托管农村合作银行股东股份的办法,授权农协持有、运用和处分他们的股权,但小股东仍然享有收益权和监督权。另一方面,在更高层次上进行改制和托管之举,已势在必行。根据瑞安农村合作银行 2006 年的统计数据,反映出来的问题,一是有钱贷不出去,而专业农户又贷不到资金;二是由于农村合作银行放款、评信一体化,农户不信任也不支持;三是中介机构评定需要的中介费,银行和农户承担不起,也不愿意承担。除银行体系以外,地下的民间借贷活动愈演愈烈,给农村合作银行进一步的改制和发展造成巨大的影响。

第二,农村合作银行小额贷款不能很好开展的深层次原因,在于农业产业化发展需求与原有农村金融服务无法对接,这也是中国新型农村合作金融发展的契机。金融不仅是一种活动、一种行为,也需要有效的组织载体,以便降低信息成本和交易风险。而合作组织就是这样的重要载体。金融不仅在一般意义上是经济的核心,合作金融也是合作经济的核心。2006 年 3 月,瑞安农村合作协会正式成立,通过农协这个平台,合作金融可以大展身手,农协平台能够进行信用教育、信用培训、信用评定、组织合作社社员联保。包括:一是农村合作银行与农协共同成立了瑞安农村信用评级委员会,使农户尤其是专业合作社的社员得到了便捷、及时和利率低的资金支持。二是农村合作银行与农协分别成立了农协合作金融工作委员会并且建立理事会会议制度,农村的合作金融有了相对完备的组织和盈利模式。三是农协在合作社内部组织发展“农户联保小组”或以合作社为单位,实行联保,采取分散组合,降低信贷资产风险。同时有力促进了农户和农村合作银行之间信用关系的稳定和积累,以及减少和避免了农村合作银行的交易风险。四是在地理位置偏远、银行营业成本高的地区,依靠农协的专业合作社,将现有专业合作社改造成资金互助合作社,时机成熟后,还开设社区性信用合作组织、村镇银行。

第三,从资源整合和管理来看,过去由于部门、城乡、条块分割,使有可能解决农村金融问题的政府和社会资源被割裂,这些有限的资源在割裂和独立的互相争夺中被消耗和浪费。因此,农协构造金融支农平台是结合农村专业合作社、村经济合作社,引入政府农业局、科技局、民政局等部门的支持,同时调动现有农村合作银行、供销联社的积极性,整合了体制内外的多重资源。在金融支农方面,依托于农协基层网络优势,可以推出联保贷款业务,农民专业合作社为农户提供担保,在信用得到担保的情况下,供销社可以直接赊给农户农资,这是条块交融的最大优势。

第四,从农户实现金融诉求的途径来看,抵押物与担保人的缺失,长期困扰农村贷款。按银行要求,房产抵押需要房产证与土地证,过去农民提供的抵押物非常不规范;而农户找的担保人多为本村村民,其本身由于信用程度模糊就需要担保,无法成为银行眼中的担保人。一方面,瑞安农协通过农民专业合作社,直接为农民提供担保,让土地承包经营权、农村的房产都可以间接作为抵押物,挖掘了更多的抵押物资源,满足了农户贷款需要。另一方面,通过农协协调,合作社在为之提供担保的前提下,由合作社成员向银行直接贷款,而农户会以上述自有财产对合作社提供反担保,若出现风险,合作社会依据这些抵押物对农户有所制约。

(三)整合动力:多中心公共行动合作

多年以来,我国农村各种涉农资源处于一种分散状态,农机、农技、农资等机构也分属于不同部门,供销社、农村信用社和农民专业合作社等各自封闭发展,难以在新农村建设中发挥合力。因此,瑞安农协“三位一体”多中心公共行动合作体系反映了在当前这种“三位一体”农村合作组织协会的整合动力,使之同时具备科技、流通、金融三重合作功能。

第一,从瑞安综合农协“三位一体”多中心公共行动主体来看,长期以来,在农村我国各种涉农资源均处于一种零散的状态,再加上其他多种客观因素,这一切需要有一个依托更高层次的平台,来整合农村金融、科技体系与流通的三类组织的三类功能。在瑞安综合农协“三位一体”改革新实验中,瑞安综合农协是由合作银行与各个合作社、供销社在政府的大力支持下,采取多层次的自愿形式,合作与整合而成。瑞安农协通过分成核心会员、基本会员和附属会员三类,在结构设计上实现了涉农部门的联合。因此,瑞安综合农协不是一般的社会团体,在综合农协“三位一体”多元合作的体系中,其重要特征就是对公共事务的参与管理或与政府的合作管理实现了社会主体多元化,共同提供优质高效的农村社会经济治理服务,促进农村社会公共利益最大化的实现。因此,此种治理模式是社会公平合作理念在农村治理中的典型体现,并在实践中发挥着农村生产、生活等社会经济领域里面公共事务治理优化服务的功能,形成了一种在互利、公平、共赢原则下多方合作、博弈、共享与受益的格局。

第二,从瑞安综合农协“三位一体”多中心公共行动手段来看,瑞安农协的筹建与运行是农村社会管理工具、政治工具、金融工具等多种工具手段包容性共存的行动范式,是草根金融、会员制营销、非政府组织中的社会团体构造、合作社中的欧美模式与日韩模式独特的高效整合,并把社会团体、民办非企业单位、与合作社进行了有机嫁接,甚至还引入宪政民主、分权制衡以及联邦主义的某些思想。实质上它是将体制内资源与体制外资源融为一体,是政府和市场共同配置农村公共资源的不同手段和机制的结合。从性质而言,瑞安综合农协的

NGO性质由其“三位一体服务三农，条块交融统筹城乡”的宗旨所决定，带有很重的政府主导的特性。对于农民专业合作社来说，农协接受政府的委托行使相应职能，发挥行业协会或联合社的作用，对农民专业合作社进行指导、扶持和服务。利用市场手段对农村流通体系进行供销社深化改革，主要表现在：① 在农资供应领域，瑞安农协供销部依托供销社的网络优势，多次将农资连锁配送网络逐步延伸至专业合作社，为广大农民提供了来源可靠，而且价格实惠的农资；② 在合作生产领域，加强推广使用“瑞农协”集体商标，依托供销社强化质量控制、物流配送和售后服务，组织专业合作社使超市及农贸市场与农产品进行对接销售；③ 在合作金融上，银行依托综合农协开展小组限额联保、信用评级等业务，其中人民银行、银监办、农林局、供销社农信担保公司、农发行等多家单位以及农民专业合作社的代表共同组成农村信用评级委员会。这反映了这些非政府部门与政府部门联结起相互依存的合作关系，就共同关心的农村问题采取着集体行动。一方面，瑞安农协将农村治理看作政府和市场两种手段相互依存状态下的管理，虽然政府在一定时期内仍然发挥着综合农协建设和运行重要的推动和导引作用，但将农村社会部门——综合农协看作农村治理的主体，并用它来解释农村治理各个中心主体分享权力、合作治理的新型关系，从而确立了农村治理的多中心公共行动体系范式。另一方面，瑞安农协也吸收了政府推动和实施管理途径的重要观点，认为在“三位一体”综合农协新型农村多中心合作治理中，政府与其他主体中心是平等的关系，主体之间需要通过对话、建立伙伴关系和借助其他主体的资源来实现依靠自身无法实现的目标，这就在农村公共治理中建立了新的融合性手段工具箱，这种工具手段融汇了政府及有关部门行政和法制手段、农村信用社和农村合作银行金融手段、农村供销社营销手段、农民专业合作社社会和心理手段等诸多工具手段，其本质就是政府和市场手段在农村经济社会治理中的共同配置。

第三，关于瑞安综合农协“三位一体”多中心公共行动政府角色，依据公共选择理论，应该破除政府对提供公共服务的垄断，积极寻找避免市场重复性浪费并且由非政府组织直接产生的新方式。在瑞安综合农协建设的基本思路里，政府的角色定位是不断调整政务服务模式，重构政府行政部门公共事务治理规则和治理角色重塑。在瑞安综合农协实践探索中，主要包括：一是农林局、科技局等行政部门强调向民主型、法治型、责任型、服务型、回应型、有限型政府转变,这是适应多中心治理机制的需要。为此,政府应对传统的服务方式、公共政策和管制方式及其执行方式进行必要的调整,从过去高压管制、政治动员的方式向互动、平等、沟通的方式转变。针对“三位一体服务三农”这个制度框架而言,政府部门积极协助农协将涉农资源整合优化,提供品牌营销、农资采购、科技支撑服务。二是强调从管制型政府向服务型政府转变,充分尊重非政府组织——把政府本身包办不了、包办不好的农村事务治理职能让渡给综合农协,并积极引导农民的自助与互助,最大化实现农村公共利益。三是重视政府的强力推动和导引功能。瑞安农协“三位一体”模式的生成和发展,可以说是政府大环境和瑞安小环境的合力。从农信社(农合行或者农商行)、供销社(供销联社或者供销经营点)、农办、农业局、畜牧局、海洋渔业局、农机局、科技局、二轻局、银监局、人民银行、甚至司法局等等,每个部门都有自己固定的工作路径与利益关系,各部门已经形成了固定的微妙的利益博弈默契。因此,政府扮演推动和协调角色也是这一特定时期和条件下的重要职责。

(四)动力驱动发展路径选择

瑞安农协“三位一体”治理模式的生成、发展受到政府(包括上级政府与地方政府)、瑞安地方社会环境、热心人士(把这项工作作为自己的理想与使命的人士)三方面的影响,通过政府的强制性推动,把农民组织起来,整合农村资源,破除目前农村的行政管理体制。但在这一过程中,发展轨迹充满曲折,存在诸多难题。

从金融合作的动力驱动上来看,一是建构合作金融为核心,并强调多元化纵向深、横向广合作的定位。金融合作与合作经济密不可分,我国农民目前的经营特点是,规模小、兼业化以及多种经营,发展农村合作经济应该走以金融为核心的综合农协路子。金融合作与科技、生产、流通具有与生俱来的天然联系,它们之间是相互促进的关系,合作金融促进科技、生产和流通的合作,解决农民和专业合作社的资金需求问题,强化了农民和专业合作社的信用意识。而科技、生产和流通合作反过来又保证了金融合作的发展与安全。二是农村金融发展、整合与创新。金融是经济的核心,农村金融是农村经济的核心。现行的政策性农业保险、农房保险、农村新型合作医疗、农村养老保险都属于农村金融范畴,并且农村金融与农民的生产和生活密切相关。农村社区是熟人社区,熟人社区形成的信用信息以及社会约束的发展使得合作金融具有天然的优越性，但是无法适用于城市正规金融业，正规的商业金融机构在农村的发展面临高成本和高风险。因此，农村金融的主要形态是合作金融，必须通过整合各种合作金融业务和金融创新为新农村建设服务。三是把“三位一体”综合农协作为完善和发展我国农村合作金融的良好平台。信用社系统和供销社系统在计划经济年代积累了相当多的资源，并且保留着较完整的组织体系，是建设综合农协的资源和组织保障。在新形势下，供销社、信用社的改革应该定位为对合作制的回归，对服务“三农”的回归。农村出现的新型专业合作社可以依托信用社获得金融支持，依托供销社获得销售渠道。农村新型合作金融的发展，如资金互助社、农业互助保险、农村新型合作医疗保险、养老保险等等，可以利用各农民专业合作社和专业技术协会，而不必另起炉灶再另建一套组织。充分利用现有农村合作经济组织来发展农村合作金融业务，不仅可以降低组织成本，而且可以使农村各类合作事业互相依托、互相促进、互相制约，将农村金融与农民的生产经营和生活消费紧密结合起来，可以充分利用农村熟人社会的优势防范金融风险，使金融业务产生的效益留在农村从而惠及农民，同时还能够促进农村合作经济组织的发展和规范。可以说，综合农协是发展农村合作金融的最好平台。四是制度创新和人才培养是关键。瑞安农协模式在现有法律法规基础上通过制度创新发展合作金融，已经取得了一定的积极效果。农协的发展离不开人才的保障，在社会主义市场经济的大背景下，人才是关系农协生死存亡的大问题，反映到合作金融中，今后的重要任务主要是鼓励有志于农村工作与合作经济的人才加入到农村新型合作体系的建设队伍，加入到农村新型合作金融的服务和指导的队伍。在项目组调研访谈的合作社负责人中，他们几乎异口同声地提出合作社的人才问题。项目组认为可以把农村合作经济的建设与“大学生村官”的工作结合起来，鼓励大学生村官从事农村合作经济体系的建设工作。

从多中心公共行动合作的动力驱动上来看，在瑞安农协“三位一体”治理模式中，政府部门和非政府部门等众多公共行动主体之间如何彼此合作，分享公共权力，相互调适目标，共同解决冲突，增进彼此的利益，共同管理农村公共事务显得尤为重要。主要选择的路径包括：一是加强合作行动制度供给和监督。对照瑞安综合农协建设和发展探索历程，其制度供给的环境变量正处于不断发展和完善中，其制度供给的内容也正在不断丰富。当前的一项重要工作是在

《农民专业合作社法》和《条例》的基础上立法,把农协作为农村基层NGO,为农协提供进一步发展扩大的法律保证。同时,使政府和农协在未来发展中各自做出正确的定位等也是瑞安综合农协多中心公共行动体系进一步发展的关键。其中,作为一个自治组织的综合农协,也必须设定和不断完善内部各主体监督活动的机制,尤其是自主组织内部的相互监督,以保持对规则的遵守。例如农协与信用社之间建立的股权或股权托管监督关系等。二是强化合作信息交流和学习。瑞安农协“三位一体”模式的公共行动者需要通过不断的对话交流信息,包括综合农协组织内部不同主体之间的对话交流信息和不同政府层级主体支持农协发展的信息交流,来克服有限理性的先天不足;能够通过农协自身持续的学习和不断探索,积累经验,改进过去的行为模式,逐步形成一种系统化、科学性的治理体系;更重要的是,通过这种反思,在不断探索和创新农协“三位一体”的新型合作模式中,政府部门与非政府部门必须学会约束自己的不合理要求,使得不同主体可以通过持续的对话调整各自的行为,追求共赢的结果。三是重构政府角色。瑞安农协从建立之初,就进行了独具匠心的多主体合作设计,包括“多重会籍”制度的农协,目前这种制度设计在农村合作协会的发展中可以普遍推广,它求同存异,大大降低了合作的制度成本;以合作社作为基本会员,为不断扩大群众的基础而吸收合作社内部成员和外部农户为联系会员;农协和农协举办的信用部、供销部、科技部同时独立注册的社会团体法人和民办非企业单位法人的“双法人资格”;为了平衡各主体利益的“一个农协,各自表述”;“两级法人,有分有合”等。但是,有些利益制度性设计并不好协调,例如信用社、供销社等村经济合作社,各种农经、农贸等机构以及政府涉农部门,也都各有隶属,各自为政。因此,应转变政府职能,明确农协和政府的制度边界,农协应有自己的自主性和管理空间。同时,瑞安农协要充分体现自己的自治性,农协与政府之间不是管制与被管制的关系,农协应该充分发挥农民的积极性,成为体现农民主体地位的真正平台。

三、“三位一体”农协的自主治理机制

近年来,以浙江瑞安为先导的农民供销合作、信用合作、专业合作“三位一体”的综合农协改革,引起广泛关注。从瑞安的经验来看,“三位一体”既是三

类合作组织的三位一体,也是三重合作功能和三级合作体系的三位一体。综合农协,作为涉农联合服务的平台,服务于社会主义新农村的发展建设。瑞安综合农协通过加强三类合作组织的合作、联合与整合以促进其发展、规范与改革,不断探索贯穿于村、乡、县三级合作体系的社会主义市场的新型合作化道路,使之兼具金融、流通、科技三重合作功能。通过多年来的探索与实践,综合农协的建设基本上进展顺利,并取得了一定的成效。因此,瑞安综合农协的自主治理经验对于我国农村合作经济的健康有序发展具有重大现实意义。

(一)“三位一体”农协的治理基础:自治理论简述

在《公共事务的治理之道》、《公共服务的制度建构》等文献中,艾莉诺·奥斯特罗姆在实证研究方法和博弈结构分析的基础上提出了自主治理理论,从以下几个方面阐述了其核心内容:

第一,影响个人策略选择的内部变量。传统对公共事务的理论分析的模型主要包括戴维斯(Dawes)等人的囚徒困境、奥尔森(Olson)的集体行动逻辑以及哈丁(Hardin)的公地悲剧。而产生传统的集体选择困境的模型假设主要有:个人无改变规则的能力和个体之间沟通的困难。然而这些模型都是从市场或者政府的单一途径提出解决的方案,而且所得出的结论往往是悲观的。自治理论的核心内容是研究相互依赖的委托人如何组织自己并进行治理,能够在机会主义形态下,取得持久的收益。奥斯特罗姆教授指出,预期成本、内在规范、预期收益和贴现率是在不确定环境下影响个人策略选择的内部变量。

第二,自主治理组织的制度设计。对于一个自主治理的组织来说,可信承诺问题、互相监督问题和新制度供给问题必须用合乎逻辑的思维解说。可信的协议承诺的条件是,可信承诺和监督是相互联系的。没有监督,不可能有可信承诺,可信的承诺只有在解决了监督问题之后才可能做出。

第三,自主治理的具体原则。奥斯特罗姆对具有代表性的案例进行分析,总结了自治理论的以下几个实质性原则:① 对边界进行清晰的界定。必须明确规定个人或家庭的资源。② 资源单位数量的规则、地点、规定占用的时间和技术要与地方对应供应规则相同。③ 集体选择的安排。那些受规则影响的个人应该参与到规则的修改当中。④ 监督。对公共池塘资源状况进行积极检查,并对相关占用者进行监督。⑤ 制裁分级。违反操作规则的占用者很可能受到其他占用者等有关人员的制裁,违规的内容和严重性决定于这种制裁的程度。⑥ 解决冲突机制。占用人和官员迅速凭借低成本的地方公共论坛解决他们之间的冲突。⑦ 认可组织权的最低限度。占用者对制度的设计权利不受外部政府权威的规制。⑧ 分权制企业。在一个分权多层次的企业中,对供应、占用、冲突解决、强制执行、监督和治理活动加以协调。

(二)“三位一体”农协的组织结构:自主治理的结构要素

综合农协是基于自身利益诉求,根据自身运作方式而产生的一种自主治理的组织机制,其中特定群体分享其治理的绩效。从理论上分析,其自治的结构要素主要体现在以下几处:

1. 自我治理的资格

综合农协作为公法社团,其成员是自愿参与的,组成成员之间不存在强制或依附关系,因此彼此之间要互相尊重。各组成成员在充分考虑成本与收益平衡关系的前提下,采取一定的网络互动结构,自由组成一种社团组织。因而,社团组织的各个成员之间关系的本质是合作伙伴关系,而合作伙伴关系的本质就是在共同面对公共问题的前提条件下,尊重对方的权利,组织集体行动以实现整体利益最大化。我国台湾农会就是按照公法社团的规范运行的,这个做法可以借鉴学习。

2. 自主治理的动力

在综合农协中,供销联社、合作银行、科协、科技局、农办、农业局等部门在平等参与中确认其共同的利益。共同利益必须经过各部门共同的感知与认可,只有具有相同或相似的共同利益,这几类部门才能以此利益为纽带有机地组合在一起。虽然,在农村的各部门之间总会存在现实或潜在的公共利益,但受现实各种因素的制约,这很难自然而然地成为各部门合作的纽带。各部门对公共利益表现出相应的权利,而权利与义务的不对等将会导致各部门责任意识的缺失,造成部门间逃避责任、推卸责任现象的发生。协同合作、平等参与的两种有效途径是各部门认同公共利益的标准。对于综合农协的参与是农民及各部门自主结盟的过程,是多元化组织(包括各种非正式组织和正式组织)自我生成的过程。

3. 自主治理的基本途径

用外部的强制性手段来裁决或组织内部的自我协调是解决部门间利益分歧与冲突的有效手段。而从收益与成本的比较来看,自主治理是优越于外在强制的,通常各部门之间的分歧和冲突,主要通过组织内部的自我协调进行解决。只有当调解失败的情况下,才被迫进入司法裁决。即使是司法裁决等行业外部强制裁决,也需要转化为“自主治理”,即双方自愿接受“强制结果”并履行契约。因而,自主治理的基本途径是协商调解机制。

4. 自主治理的基本结构

农村合作协会既不是政府部门,也不是企业公司,它是一个社会自治领域,而且是从国家市场经济生活和政治生活中分离出来的。通过反复查错、修正契约合同和行为,协会中的各部门才能够逐步建立起以合作与信任为基础的多元化的横向网络。在综合农协这个活动范围内,它是固定且重叠的,各部门参与者之间的自我约束和相互监督也由弱变强,在这种约束和监督制约的条件下,参与者不敢轻易采取不合作行为。

5. 自主治理的绩效

作为自主治理的出发点,优先进行内部约束与治理是实现所在行业整体利益的最优选择,尽量少依赖或不依赖外部力量。从思想观念上来说,自我约束和自我管理的农村社会秩序是较理想的社会秩序,这也是各部门之间反复验证并彼此可以明确预期各自行为的模式。这种模式不是先天形成的,而是在各主体相互间反复磨合、反复博弈的过程中应运而生的。农村合作协会是通过村民内部民主的选举、监督、管理、决策的方式来实现该组织的民主性,借此增强协会的公信力和合法性,制度的确定是通过民主协商来制订,各部门以此制度来修正自己的行为,最终增进行业的共同利益,达到综合农协有效治理的目的。目前瑞安“三位一体”农协还没有达到这个程度,其内部各主体的契合还没有形成,它需要政府农业管理体制的改革与之配合。

(三)“三位一体”农协的角色设计:自主治理的功能特征

瑞安“三位一体”的综合农协作为我国农村与市场经济体制结合的一种组织创新,组织的构成成员为:“一个农村合作协会”,提出“以科技为支撑”的科协、科技局,强调“以金融为核心”的合作银行,可以自称是“先导和骨干”的供销联社,“至于农业局、农办则可安心占据其‘业务主管部门’的地位。”综合农协短短几年就显示出强大生命力的一个重要原因是它从整体利益出发,对本身扮演的角色有着准确的定位。

1. 组织性:集体行动的倡导者

虽然并不具有政治权威和强制力,综合农协作为一种公法团体在吸纳社会力量方面时,却起着其他组织不可比拟的独到的优势。各部门为了分享个体行动无法实现的潜在净收益而成立综合农协。因而,综合农协角色设计的合理性主要表现在以下几个方面:首先,部门之间的权利差异被浓缩了,部门之间的需求趋于类似,分散的部门力量被高度地整合;其次,具体问题具体分析,有针对性的问题解决能带来绝大部分的尊重与认同,从而在一定意义上扩大其合法性基础;最后,合作收益在成员间分配时可能产生纠纷的现象,通过组织化的网络关系所建立的仲裁程序,有助于解决可能产生的纠纷。

2. 代表性:共同利益的维护人

在一个多元化的社会中,任何一个第三方的角色想要赢得其他人的支持,必须要尽可能明确它所代表的特定群体,从而去维护这些群体的共同利益。瑞安综合农协是农村各部门、农民自我组织意识增强和自身需要发展的产物。追根究底,这种需求是本能的、本质的以及内在的体现,希望这种组织产物可以充当自己的利益代言人,为自己谋取福利,保护自己,从而依靠组织来协调农协内外各种经济社会关系。综合农协的领导机构有着双重角色,其既是政府部门的领导者,又是农协负责人。分饰两角有助于对自身功能的深刻认识,对自身职能的进一步优化,在行动上体现出对行业利益的代表性,并制止多重代理可能造成的一系列的委托代理危机。因而,作为行业利益的代言人——综合农协,它代表行业组织的团体行动。

3. 服务性:农村合作协会的立会之本

综合农协的根本宗旨是“服务”。服务性是瑞安农村合作协会最基本的工作属性,也是其赢得合法性的基础。在浙江这种环境中,具有特别浓厚的务实氛围,瑞安综合农协凝聚力、号召力的强弱,不在于其权力有多大,而是其在行业中为参与部门办了多少实事,发挥了什么样的作用。因此,综合农协必须鲜明地提出为参与部门和农民服务的口号,积极帮助参与部门和农民维护自身的合法权益,开展自身利益的维权等。

4. 自治性:自身利益的最好裁决者

作为第三部门的综合农协,其重要特征是行动自主、组织自决。在完全不受政府支配的情况下,能够独立自主地确定自己的方向,依靠自己筹措资金的方式来实施自己的计划,进而完成自己的使命,我们将这些组织统称为第三部门。作为维护自身合法权益的直接产物,综合农协说明了“组织自治”的社会合法性。因此,农村合作协会想要扮演好其作为“代言人”的角色,与政府保持适度的距离是必须考虑的因素。通常所说的自治,主要在于经费自给、民主选举、组织制度健全等,真正实现自治最重要的是要具有规范秩序、化解纠纷的功能。

(四)“三位一体”农协的建设措施:自主治理的运行机制

必须依靠一定的资源,作为一种组织形式的综合农协才能进行自主治理。缺乏金融合作,农村合作是无源之水;缺乏社区合作,农村合作是无本之木,这样就必须发展以金融为核心、以社区为依托的综合合作。瑞安农协是在有关部门的大力支持下,由供销联社、本身辖内的农民专业合作社以及农村经济合作社、合作银行,采取多层次的合作、联合与整合而成。在“三位一体”的结构下,各级各类合作社普遍加入综合协会,同时农民专业合作社得以规范、充实和提升;并且推动基层供销社开放改组,从根本上实现其回归“三农”的合作制,融入合作协会;合作银行的小额股东也加入合作协会,来托管持股合作银行,形成产权纽带,又依托互助联保、合作社发展信用评级,拓展营销网络的渠道,不仅控制了银行风险,而且放大了农村信用。

通过瑞安综合农协的经验,综合农协运作的基本思路主要表现在以下两点:首先,通过加强金融合作、科技合作、供销合作、农民专业合作等基层合作试点,向农村合作协会迈进,不断进行推广和实施具有综合性质的农村合作组织和基层合作组织,将这种组织模式建设为贯彻科学发展观、建设新农村以及促进农业发展的重要媒介;其次,总结政府对市场以及农村发展主体各方面的利益诉求,实施具体措施进行新型体制改革,重新划分各部门间的利益格局,为适应农村生产力发展的需要,调整政府的政务服务模式,提升农村合作的组织化水平。对于瑞安“三位一体”综合农协运行机制主要包含三个方面:

1. 加快农村合作金融

以瑞安农协为例,瑞安综合农协成立后,小额股东作为增资扩股改制后的农村合作银行的股东成员,他原属于改制前的原农村信用社社员,在加入农协后,通过托管股权,他们的权益可以得到更好的维护;农村合作银行依托农协开展的各种业务,诸如小组限额联保、信用评级等,由瑞安农协与瑞安农业合作银行共同成立的农村信用评级委员会对其进行评定。与以往的评级不同之处在于,在瑞安农村合作银行对信用农户、信用村评价工作的基础上,信用评级委员会进一步将中小企业、辖内乡镇及农村合作社纳为评级对象,自主设置评级标准、工作程序和议事规则。农协进行信用评级的好处在于,一是本着公开、公平、公正的原则,增加了评审工作的透明度;二是面临信息不对称、农村合作银行信贷人员少的问题,依靠拓宽合作银行信贷营销渠道来解决这些问题,从而使农户和专业合作社的社员得到了及时的资金支持。

2. 深化供销社改革,推进农村流通体系建设

在农产品销售瓶颈问题上,瑞安市大力推广使用“瑞农协”等集体商标,依托售后服务、质量控制和供销社加强物流配送,组织了专业化的合作社,实现了农产品与农贸市场及超市完美的销售对接。对于农资供应的渠道,在依托供销社的网络优势下,瑞安农协供销部组织了多项农业资产的团购,实现了农资的连锁配送,为广大农民提供来源可靠、价格实惠的农资,并逐步延伸至专业合作社。与此同时,瑞安农协加入了浙江省供销联社,成为其中的正式成员,并且成为省社组织里最年轻的成员。这既保障了瑞安综合农协“三位一体”的建设,又很大程度上促进了供销社自身的改革,形成“你中有我、我中有你”的互惠局面。

3. 建立联合与综合的农民专业合作社

由于小农基础上的农民专业合作的限制,规模较小不易达到规模优势,所以有必要在综合、联合、整合农民专业合作社的基础上,建设可以为大多数农村人群提供益处的合作体系,这既可以体现社会公平,也可以达到规模经济。瑞安综合农协以引导专业合作纵向延伸为主题,依据农产品类别成立了覆盖全市的各种专业委员会和挂靠农协,在大范围内,以较低成本实现了组织化,将科技、流通、金融等功能服务嫁接在基层合作社上,增强其带动和辐射作用。政府委托农协行使政府应行使的职能,农协接受其职能并对农民专业合作社进行扶

持服务和指导。因此,农协先后组建了浙江省农科院瑞安园艺科技创新服务中心、瑞安果树引繁科技创新服务中心、温州医学院瑞安温莪术技术研究开发中心等科技创新服务组织。对于农民专业合作社来说,农协起着行业协会或者联合社的作用。

（五）小结与探讨:综合农协自主治理的基本条件

通过对瑞安“三位一体”综合农协这一具有良好运行机制和治理绩效的结构组织进行分析,推断在我国现阶段综合农协要实现自主治理须满足以下几个要求:

首先,要求具备较强的自组织资源的能力。实现自主治理的前提条件是获得充实的自组织资源,农协作为一种组织形式,其形成和运作必须依靠一定的资源。而在一个制度不健全的社会中,农村合作协会要实现自主治理包含两大重要因素:精英人员的有效聚合与动员;资金的充分供给。明显改善商会的资金状况,大量的行业精英聚集和内部各部门参与商会的治理实践,这些是瑞安综合农协之所以能够实现良好的自主治理的关键所在。

其次,要求组织化程度较高。瑞安综合农协的组织化程度主要体现在自治规则、组织结构和治理机制方面。这是因为自治规则的完善能够增强对合作行为(遵守规则)的激励,同时这也是对违反者和机会主义者的惩罚,直接巩固了群体的整体利益;民主的治理机制有利于调动协会内部共同参与治理的积极性,间接地提升了农村合作协会在合作成员中的公信力;农协决策的规范化和理性化需要健全的组织结构来强化。

再次,要求社会合法性较高。社会合法性是指协会参与各部门是否拥护、认可和支持协会以及程度的大小。任何一个社团的建立,首先是其运作和发展是否具备社会合法性。

最后,要求提高政府与农协关系的理性化。综合农协的产生以及自治的实现不仅依赖于组织自身的力量,而且也受政府作用的牵制,农协与政府关系的理性化是自主治理不可或缺的制度资源。

四、“三位一体”合作社融资机制

(一) 问题的提出

“三位一体”的构想抓住了三农问题的要害,为农村、农业、农民进一步走向市场、走向现代化开辟了新的空间,可以说是农村生产关系和农业经营体制的又一个重大创新。[①] 与其他农村组织一样,“三位一体”这种新型农村经营体制的发展也必然需要稳定的经济来源作为支撑。影响“三位一体”发展的关键是资金问题,因此,必须建设与发展农村非商业性合作金融组织,高效管理农村货币资本,满足农户合作社生产的资金需要。但在现存的农村体制框架内,新体制的建立仍遇到了不小的阻力。部门利益不断膨胀,“条块分割”似乎还在加剧。盲目地实施“三位一体”容易形成只注重“一体”的“超级部门”,因此,打破“条块分割”现状,成为发展新型“三位一体”农业体制的必由之路。本研究建议,可将“三位一体”首先在农村最基层的合作社层面展开,形成倒逼机制,然后,自下而上,条块分割问题比较容易解决。基于村级层面难以开展农信社的存贷款业务(尤其是小额存贷款)的实际情况,因此,亟需一个新的微型金融组织来代替信用社在“三位一体”体制中的职能。

十八届三中全会文件明确规定,“允许农村专业合作社发展信用合作”,从此,农村资金互助会这种真正意义上的农村合作金融组织开始服务于我国农村,成为农民融资的一种新型模式。农村资金互助会的设立具有划时代的意义,它弥补了行政村中无信用合作组织的现状,为村级层面实现新型农村体制——“三位一体”铺平了道路。现在的问题是,目前现存的农村金融体系使得农村成为资金净流出的地区,在村级层面组建资金互助会的首要难题是缺乏资金来源。缺少资金来源,资金互助会就没有发展的基础,“三位一体”便无从谈起。因此,资金互助会融资渠道的建立、拓宽以及完善已经迫在眉睫。

① 魏群、李秀江,“‘三位一体’:农业经营体制的重大创新——访中国农村发展研究组研究员陈林”,载《中国民商》,2013年第11期。

（二）资金互助会的融资性质及理论解释

从管理与组织性质上讲，资金互助会是真正意义上的农村合作金融组织，其实质是以合作制形式解决合作社成员发展生产的资金需要，为合作社成员提供金融服务，主要为入股社员提供贷款服务。① 资金互助会初衷就是满足合作社社员的资金需求，实现其利益最大化，因此，社员的利益倾向就决定了资金互助会的类型。因社员具有发展生产而迫切需要资金的现状，资金互助会一般都是贷款倾向型。对于资金互助会的贷款倾向型，可以用以下模型进行解释：

从合作社成立资金互助会的社员利益出发，可以将资金互助会社员分为借款导向型、贷款导向型以及平衡导向型，由于平衡导向型即社员在资金互助会中的付出与所得相等，这样的情况不符合“经济人”的个人利益最大化原则，因此在此不作考虑。假设社员的利益倾向从其货币性收益中体现，资金互助会中的借贷为平衡状态。②

存款导向型社员利益为：

$$\mathrm{LGB} = r - r_m$$

贷款导向型社员利益为：

$$\mathrm{DGB} = n_m - n$$

当农村资金互助会是平衡型时，存款导向型社员利益与贷款导向型社员利益相等，则：

$$\mathrm{LGB} = \mathrm{DGB}$$

然而资金互助会中一般很难出现平衡型，这种情况为特殊情况，所以一般化可得：

$$\mathrm{LGB} = \alpha \mathrm{DGB}$$

即
$$r - r_m = a(n_m - n)$$

当 $\alpha = 1$ 时，社员为平衡导向型，资金互助会为平衡型。（特殊情况）

---

① 董晓林、徐虹、易俊，“中国农村资金互助会的社员利益倾向：判断、影响与解释”，载《中国农村经济》，2012 年第 10 期。

② 存款导向型社员的货币性收益为 LGB，贷款导向型货币性收益为 DGB；r 表示社员在农村资金互助会中的存款利率，r_m 表示社员可从外部获得的最优存款利率；n 表示社员在农村资金互助会中的贷款利率，n_m 表示社员可从外部获得的最优贷款利率。

当 $\alpha < 1$ 时,社员为存款导向型,资金互助会为存款倾向型。

当 $\alpha > 1$ 时,社员为贷款导向型,资金互助会为贷款倾向型。

α 可以看作是政府根据农民诉求,决策建立何种类型的农村资金互助会的系数,因此,可以将 α 看作一个常量。于是方程中只存在 r、n 两个变量。因此,r 与 n 就决定着资金互助会的类型。从特殊情况进行考虑,当 $\alpha = 1$ 时,可得 $r + n = r_m + n_m$。如图 4-1 分析可知:$Oa = Ob = r_m + n_m$,直线 ab 左下方区域表示农村资金互助会是贷款导向型,直线 ab 右上方区域表示农村资金互助会是存款导向型。Og 为最高存款限制,Oc 为最高贷款利率限制,Oi 为最低贷款利率限制。

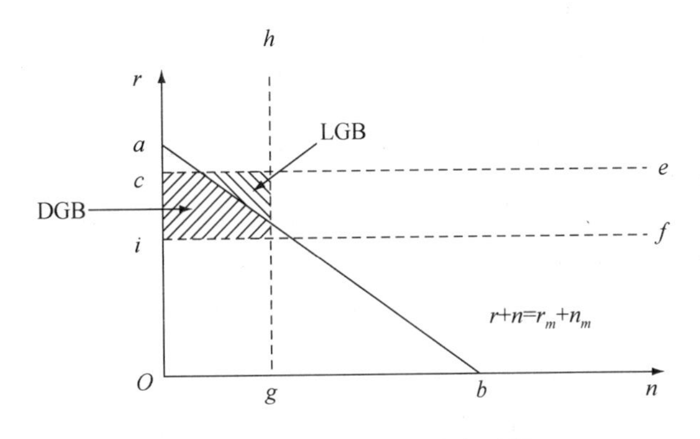

图 4-1 资金互助会贷款类型图

在图 4-1 中阴影部分表示资金互助会的利益倾向区域。资金互助会中的存款利率即为分配红利的比例,根据政策规定,我国农村资金互助会向社员支付的利率,原则上不超过一年定期存款利率,剩余部分只能股份分红。对银监会监控框架外的农村资金互助会分配红利的比例也进行了上限限制。在贷款利率方面,规定农村资金互助会的贷款利率不能低于基准利率的 0.9 倍。根据图 4-1 可知,不管 ce、if、hg 在范围内如何移动,阴影的大部分必然会在直线 ab 的左下方。因此,从对外利率差距考虑社员的利益倾向,为满足社员的资金需求,资金互助会总体呈现贷款倾向性趋势。

资金互助会的贷款倾向存在的合理性还可以用资金互助会存在的性质来解释。资金互助会的出现是为了弥补农村资金不足的状况,相对于农户而言,吸引自身参与资金互助会入股只是为了从资金互助会中获得贷款资格,并不是为了获得存款利息以及红利,并且这两项基本上已被其他大型银行以及国债投资或者土地红利所垄断。

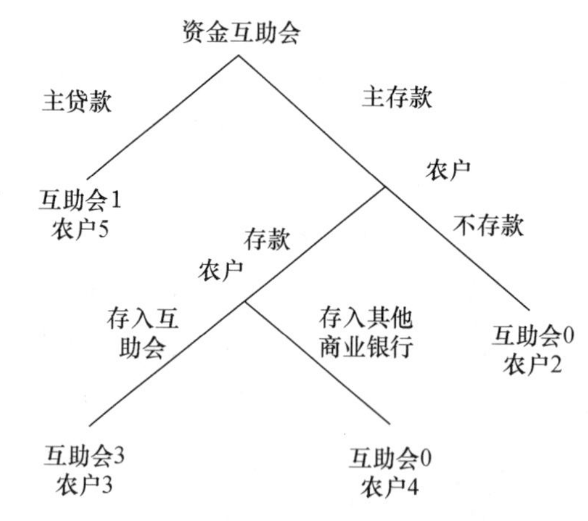

图 4-2 资金互助会与农户博弈图

从图 4-2 所示的博弈扩展式也可以发现，当资金互助会主贷款时，虽然目前资金互助会处于亏损状态，但良好的政府支持、社会的辅助以及商业注资，也可以使得资金互助会发展良好，此时农户是最受益的。当资金互助会主存款时，由于资金互助会相比较其他商业银行来说并没有明显的优势，农户基于自身利益宁可存款于其他商业银行中。于是，相比较可以发现，只有在主贷款时，资金互助会才能良好地发展下去。

本研究认为，现阶段吸引农户入股以及促进资金互助会发展的关键在于筹集大量资金以维持其“看似不合理，但又必然发生的贷款行为”。发生这种情况可以从几方面解释：一是农民贷款数额一般较小，一小部分的政府救助以及商业注资就可以发展一个资金互助会，不需庞大的资金支持，使其贷款导向成为可能，不至于过多增加政府与社会的负担；二是农村发展的落后以及商品经济的不发达（尤其现阶段还没有房地产等高危行业的入侵），使得农业在农村中仍占很大的比重，不必担心贷款应用在不该应用的行业；三是集体土地以及家庭承包责任制的存在，将农民以村镇或者小组的身份绑定在一起，使得单个农民畏于传统观念的束缚，不敢不守信用不还贷款，同时，同一合作社的成员也可进行贷款担保，形成贷款责任共同承担。由此，看似入不敷出的资金互助会的贷款倾向又是如此的合理，当然，其中政府的资金救助、社会捐款以及商业投资的帮助是必不可少的。

(三)资金互助会融资难问题的原因

近些年来大量金融组织(主要是商业银行)退出农村市场,看似给资金互助会的发展留下了发展空间,但是原有金融组织退出时带走了大量潜在的农用资金,资金互助会面临“无资可融”的局面。① 农户的入股股金是资金互助会的本金,资金互助合作社不吸收社会存款,随着资金互助会的发展,逐渐暴露出融资渠道受阻等问题。

1. 资金规模小,来源缺乏可持续性

现阶段我国农村贷款呈现单笔数额小、笔数多的发展局面,其贷款需求总量仍十分巨大。② 而融资渠道规模小,无法真正满足农村市场的贷款需求。资金互助会可以吸收社员存款,但在小型村镇中的农民本身拥有的资金量比较小,而且农民入股合作社的原始动机就是为了有钱可贷,大量的农民仅仅是为获得资金互助会的社员身份,买到身份股后即停止入股或存款行为。社员入股或社员存款只是一种获得贷款权利的渠道,资金互助会无法通过这种方式融到其可持续发展所需的资金量。

由于资金互助会存在前期股金短缺、存款少的特点,社会捐赠成为资金互助会前期启动资金的主要外源性来源,然而,社会捐赠的不确定性决定了社会捐赠无法为资金互助会发展提供持续性的资金支撑。与此同时,单靠社会捐赠发展的资金互助会内部容易出现寻租行为,违背资金互助会建立的初衷。金融机构的利润极大化性质决定其对资金互助会的资金融入长期处于关闭状态。一方面,资金互助会中的小型贷款很难为其带来高额的利润回报;另一方面,在农村信息不流畅、信用界定不清、担保物缺失的情况下,为资金互助会注资的成本远远大于收益,容易出现金融机构对资金互助会的惜贷局面。

目前规定农村资金互助会的资金封闭性使用于社员贷款,在满足社员贷款需求后确有富余的可存放其他金融机构,在合作社成员共同决定的前提下,也可进行金融性投资。但是,在大部分情况中,资金互助会很难生存下去,融资作用难以发挥出来,没有富余资金用于入股金融机构与购买债券。

---

① 胡振华、吴袁萍,“我国村镇银行现状与发展探究”,载《中国农村科技》,2011年第7期。

② 李喜梅、黄凤仁,“金融机构与农民间的信用载体构建分析——兼论农村资金互助社的发展”,载《贵州财经学院学报》,2011年第2期。

2. 利率制定不合理,缺少发展优势

目前,资金互助会的存款与贷款利率受到了严重限制,不利于资金互助会的长久发展。从实际情况来看,资金互助会中的社员很难获得分红收益,获得贷款机会就成为农民入股资金互助会的主要动机,造成逆向选择情况发生,即越是那些贷款需求旺盛的农民越愿意参加资金互助会。[①] 因此,资金互助会资金短缺问题更加严重。我国资金互助会的发展还处于初期阶段,自身的运行机制与融资方式还不完善,外部融资者对其保持一种怀疑态度,在融资过程中持观望性、消极性行为。如果放松存款利率限制,就可以吸收更多富裕农户的闲散资金,缓解资金互助会的资金匮乏问题。

资金互助会为完成贷款任务,提高贷款笔数,容易出现给社员的贷款利率过分低于商业性金融机构的贷款利率的情况。这会造成两种不良后果:一是商业性金融机构基于其自身商业属性的考虑,不愿意注资或贷款给资金互助会,加重资金互助会资金困境。二是由于资金互助会容易从国家获得贷款,低贷款利率容易导致社员刻意回避存款行为的发生,使资金互助会变成向政府借款的纯借贷团体,不再是完全意义上的合作金融组织。

3. 股权结构单一,融资渠道受阻

资金互助会的性质决定其股权约束,合作社鼓励成员向农村资金互助会入股,但是规定每个成员的持股比例不得超过其股金总额的10%,然而这样的股权结构难免具有“一刀切”的嫌疑。在民间资金富裕地区,由于农民入股的股金上限限制,当资金互助会无法获得外部融资的时候,也无法通过扩大股金来增加资金储存量。同时在民间资本匮乏地区,因农民缺少资金入股,这样的政策形同虚设,资金互助会中的社员成为“弱势群体”,主体地位无法体现。这种简单的无差别股权结构是造成融资渠道受阻的重要原因。

这一10%的设定参照了《商业银行法》第三十九条“对同一借款人的贷款余额与商业银行资本余额的比例不得超过百分之十”的规定。这里值得仔细分析的是,鉴于商业银行的资合属性,股东个体行为是较为自由的,所以其设定是金融安全所必需的。但合作社的人合属性较好地规避了由于信息不对称引发

---

① 齐良书,“农村资金互助社相关政策研究——基于社员利益最大化模型的分析”,载《农村经济》,2009年第10期。

的借贷人投机行为(合作社社员入股基本上是为了贷得一倍以上的入股金额)。单一与低总额限制的股权结构的制度安排,没有具体问题具体分析,严重打消了有实力农户与中小企业的入股积极性,很难激发投资者的入股热情。[①] 单一的融资渠道不但导致资金互助会融资困难,也限制了资金互助会的担保功能的发挥,使得其外部融资更加困难,形成资金越少越无人愿意贷的融资困境。

(四)资金互助会融资难问题的解决

1. 改善传统融资方式

(1)改革利率政策。随着资金互助会建设过程中不断摸索得来的经验的增加,原有的政策制度已经不适应现阶段资金互助会的发展。虽然资金互助会是在以财政扶持基金为主的背景下建立的,并且具有低风险、效率高、发展快的特点,但低利率的现状严重制约着资金互助会的可持续发展。资金互助会的资金来源不可能长期以财政资金为主,应逐渐转向市场融资。[②] 资金互助会在发展初期,仍需要政府的财政扶持,以及低利率的政策来吸引社员的入股,这只能作为资金互助会初期发展的手段,必须尽快适应市场要求,在已经取得一定效益的资金互助会中逐步实现利率市场化。

(2)设立专项资金帮扶。资金互助会初期没有效益,信息不对称,无法预知后期盈亏,外部金融机构不愿入股,内部农民无资可入,发展举步维艰。政府审查实际情况,为资金互助会的初期建立注入一定的起始资金(应属资助性质而非入股),扩大前期发展规模,进而吸引农民以及金融机构入股。专项资金可以由政策性银行——中国农业发展银行出资,地方政府管理。政府可以将专项资金以无息或低息借给资金互助会,资金互助会在合理的时间内归还给专项基金会,达到政府与资金互助会“双赢”局面。

(3)改革原有股权结构。原有的股权制度过于僵化,不同地区的资金互助会都采取同一种股权模式,没有因地适宜地建立差异性的资金互助会股权机构。由于资金互助会股金总额中不得超过10%的单个农民或单个农村小企业

---

① 董晓林、徐虹、易俊,“中国农村资金互助会的社员利益倾向:判断、影响与解释”,载《中国农村经济》,2012年第10期。

② 郭晓鸣,“农村金融创新:村级资金互助会的探索与发展——基于四川省的实证分析”,载《农村经济》,2009年第4期。

持股比例无法适应不同的金融市场,因此应根据不同地区的实际情况,在合理的范围内,适当放开现有的单个农民或单个农村小企业持股比例的上限规定,适当增加民间资本投资者的持股份额,可以保持资金互助会的合理运作,吸收更多存款。

(4) 扩展服务区域。资金互助会具有严重的地域性特点,规定其只能在本合作社范围内进行资金的存贷业务。这种政策规定严重打击了外部投资农户进驻该资金互助会的积极性,出现互助会内部没钱可用和外部有钱没处用并存的局面。单依靠小范围的社员入股无法满足日益壮大的借贷需求,需要适当扩大资金互助会的服务区域,在可控的范围内增加服务对象,增加资金储备量。

(5) 加强拆借“对接”。实际调查表明,资金互助会与商业银行的拆借“对接”,由商业银行向农村资金互助会批发资金,能有效解决资金互助会的融资问题。资金互助会承担批发借款人的责任,与此同时,在资金互助会担保下,商业银行及信用社向合作社社员贷款简化手续、降低利率。[①] 这样,一方面弥补资金互助会自身的资金匮乏问题,另一方面也解决了商业银行因信息不对称造成的“惜贷”问题。因此,建立有效的“对接”机制,加强外部金融机构与资金互助会之间合作以及资金互助会在合作中的话语权势在必行。

2. 建立新型融资方式

(1) 鼓励社员持续入股。社员入股只是开始,每年的净利润在用于补充资本金、满足借贷和谨慎管理的需要后,应给予股东合理公平的回报,即社员享有年终分红的权利。[②] 社员入股与存款是资金互助会的重要支撑点,是扩大资金互助会规模的关键所在。根据自愿入股的原则,鼓励社员在每年的分红中分出一定比例的资金进行二次入股,扩大自身股金总额。既能发展壮大资金互助会的规模,同时也可以根据入股资金的增长,提高社员的贷款上限。如图 4-3 所示。

(2) 搭建第三方融资平台。农民资金互助会中的社员具有地域性、血缘性以及历史性的特点,这三个特点使得农村资金互助会具有先天的信息优势,并且形成具有无形惩罚效力的行为规则。[③] 对于资金互助会而言,贷款发放过程

---

① 胡秋灵、刘伟,“西部地区发展资金互助社的困境及破解路径”,载《征信》,2009 年第 1 期。

② 彭建刚,“引导民间资本进入新型农村金融机构”,载《湖南大学学报(社会科学版)》,2008 年第 3 期。

③ 胡振华、黄锦明、罗建利,“基于委托代理关系的农民专业合作社治理问题分析”,载《广西大学学报(哲学社会科学版)》,2013 年第 3 期。

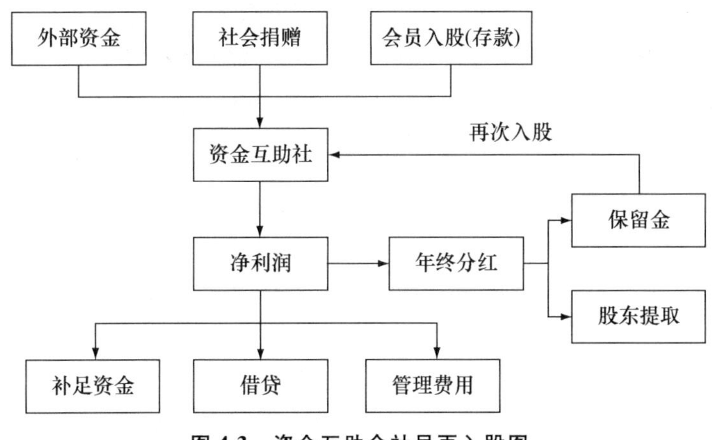

图 4-3 资金互助会社员再入股图

难以筛选、监督和执行的问题能够得到较好的解决。从各地的实践来看,资金互助会问题的关键在于资金的缺失,而外部的农村金融机构又具有良好的资金优势,只是观望的态度致使资金无法顺利进入到资金互助会当中。“三位一体”农协很好地结合了资金互助会的信息优势与外部金融机构的资金优势,使商业银行的信贷资金通过资金互助会转贷直接供给社员,形成“农商行—‘三位一体’农协—资金互助会—社员”的互助体系。如图 4-4 所示。

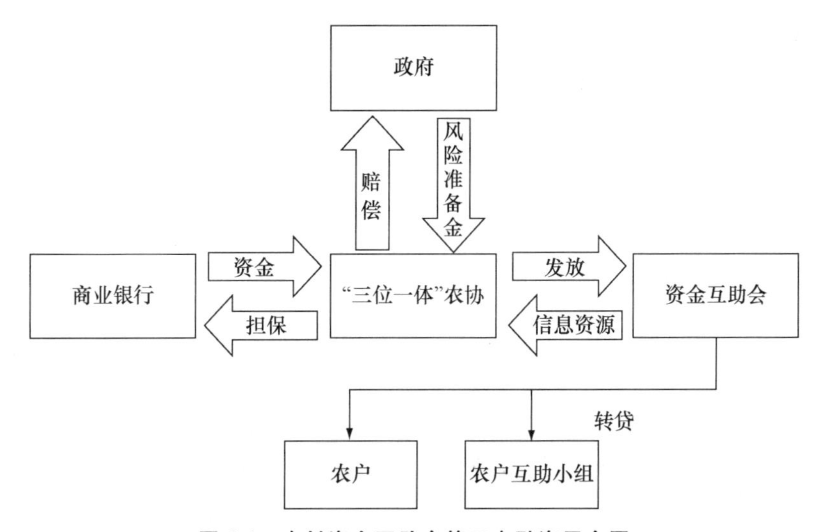

图 4-4 农村资金互助会第三方融资平台图

(3) 建立“一对一”的拆借通道。资金互助会之间一对一的拆借通道要区别于以往的临近村镇资金互助会的拆借行为。种植业养殖业的区域性特点使得不同地区贷款高峰容易错开,易形成稳定的拆借行为。通过政府主导,借助互联网技术将具有不同种植业、养殖业时间的地区资金互助会联系在一起,“点对点、一对一”进行拆借,以错开各自的贷款高峰期,增加资金互助会的资金利用率。可以借助“三位一体”农协中的供销社进行配对,因供销社具有广泛的对外接触空间,还可以利用拆借机会形成固定的农产品交易市场,确保拆借的有始有终,避免一方资金无法回笼。

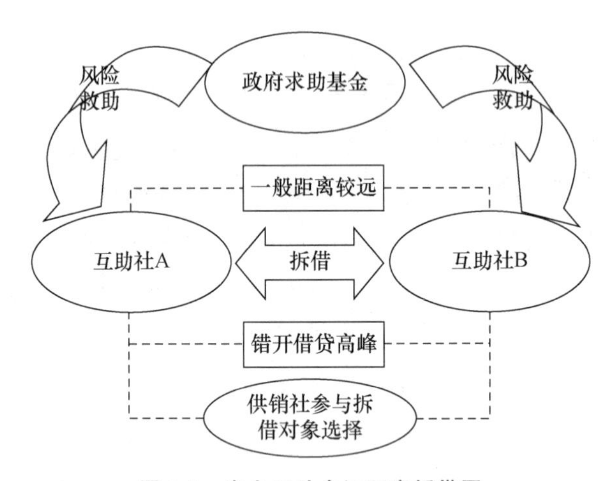

图 4-5　资金互助会远距离拆借图

(五) 小结

为发展村镇级的“三位一体”农协,必须优先建立并完善资金互助会这一内生性的农村微型金融组织,两者相辅相成,“三位一体”的发展离不开资金互助会,资金互助会的发展离不开“三位一体”的土壤,两者是一种共生关系。而农村资金互助会的发展与优质服务的提供建立在与农村金融环境相适应的融资方式的基础上。为此,必须给予资金互助会一定的融资权,发挥资金互助会自身的“亲民”优势,采取新型的融资方式,使得这种农村微型金融组织,扎根泥土,开花结果。

五、“三位一体”合作社治理机制——基于委托代理关系[①]

委托-代理(principal-agent)是指某行为主体根据契约授予其他主体一定的决策权利,雇佣其他行为主体为其服务,并根据其他主体提供服务的数量和质量对其支付相应的报酬,是制度经济学研究的主要内容之一。授权者就是委托人,被授权者就是代理人。其核心是解决在目标和利益相冲突及信息不对称情况下,委托人应该采取什么样的方式和怎样的契约或制度安排,使代理人在实现自身的效用最大化的同时也能实现委托人的效用最大化,使双方的利益关系得到协调,即所谓激励相容的问题。委托代理理论揭示了人们之间的交易契约关系的运行规则,以及组织机构内部治理的规律,已经广泛应用于各种组织机构。农民专业“三位一体”合作社是我国农村新型合作经济组织,它是在家庭承包经营体制下单个农户生产经营者为应对外部市场风险而产生的,对促进农业发展有较大的积极作用。截至 2011 年 9 月底,全国农民专业“三位一体”合作社达 48.43 万家,实有入社农户 3 870 万户,约占全国农户总数的 15.5%。预计 2015 年年末“三位一体”合作社将达 92.6 万家,入社农户 1.08 亿户,占比 45% 以上[②]。从委托代理的视角分析农民专业“三位一体”合作社的治理问题既有理论的可能又有实践的需要。

(一)“三位一体”合作社委托代理的客观存在性

《农民专业合作社法》(2007 年 7 月 1 日正式施行)在第一章总则第二条对农民专业合作社进行了简要的定义[③]。但是,随着农村专业合作社功能的扩展,“三位一体”合作社日益出现,规模日益扩大,合作社经营越来越复杂,合作社社

---

① 这里指的“三位一体”合作社是指具有农村供销、信用、专业生产三种功能的三位一体合作社。

② 农民合作社信息网,http://hy.b2cf.cn/hybm/201205/6831_1.shtml。

③ 它包括两个方面的内容:一方面,从概念上规定专业合作社的定义,即农民专业合作社是在农村家庭承包经营基础上,同类农产品的生产经营者或者同类农业生产经营服务的提供者、利用者,自愿联合、民主管理的互助性经济组织;另一方面,从服务对象和内容上规定了合作社的定义,即“农民专业合作社以其成员为主要服务对象,提供农业生产资料的购买,农产品的销售、加工、运输、贮藏以及与农业生产经营有关的技术、信息等服务”。并在第四条规定了其法人性质:“农民专业合作社依照本法登记,取得法人资格”。

员异质性增强,由全体社员共同决策管理的传统治理模式已不可能,必然出现由村干部、龙头企业主、供销社领导、农技部门负责人或种养贩销大户等承担“三位一体”合作社经营管理责任的情况,即所谓的“能人治社”,由能人出任理事长、经理或组成理事会,甚至聘任外部职业经理人的情况,由此,社员大会(或社员代表大会)、理事会、经理的委托代理链条得以最终形成。社员是“三位一体”合作社的“委托人”,理事会和经理是“三位一体”合作社的“代理人”,出现类似于股份公司的股东和经营管理者之间的关系。也就是说,“三位一体”合作社的决策管理与剩余风险承担是分离的,决策管理权由理事会和经理掌握,经济剩余为惠顾社员共同所有。由此可见,委托代理问题在我国“三位一体”合作社中也是客观存在的。由于不同的社员、不同的理事会成员、不同的经理以及社员、理事、经理等人的目标函数的差异性,治理中的委托代理不对称问题自然显现。当经理或者理事有权独立决策,而他们的决策与委托人全体社员利益不一致时,就会给委托人社员福利造成一定损失。

“三位一体”合作社作为一系列契约的集合,其独特之处在于:社员不仅是“三位一体”合作社的所有者,而且还作为独立的生产者与“三位一体”合作社发生业务关系。当“三位一体”合作社的管理者向农民提供合同时(这种合同要求社员按时按量按质向“三位一体”合作社交付农产品),管理者是委托人,农民是代理人;反过来,当农民向“三位一体”合作社提供合同时(这种合同要求“三位一体”合作社为社员提供满意的服务和收益),农民是委托人,管理者是代理人。因此,“三位一体”合作社内存在“双向的”委托代理关系。社员作为代理人也有可能采取机会主义行为,与“三位一体”合作社以外的经济主体进行交易,而不按照合同要求向“三位一体”合作社交付农产品。但是,在“三位一体”合作社的双重委托代理关系中,更重要更核心的是经营管理者作为代理人的代理问题,其原因如下:

第一,“三位一体”合作社是一个由若干独立的生产经营者组织起来的共有企业,在“三位一体”合作社规模较小时,可由全体社员直接参与合作社的管理,所有者与经营者是合一的,一般不存在代理问题。而在规模扩大的“三位一体”合作社中,全体社员不可能在所有问题上参与合作社的经营与管理,一是从管理效率角度考虑,较为有效的办法莫过于选出部分有管理能力的社员以及聘请专业人士来对“三位一体”合作社进行管理,并由其他社员对参与管理的社员及专业人士予以监督;二是因为“三位一体”合作社社员的异质性,社员之间在资源禀赋、参与目的以及承担角色等方面的差别,“三位一体”合作社所有社员并不经常在合作社中扮演管理角色,他们必须委托其中的某些社员来代为管理,即通过选择让理事会来雇佣、激励、监督和解聘实际运营“三位一体”合作社的经理人或者由理事会来直接运营。因此,“三位一体”合作社经营权与所有权的分离就成为必然,委托代理问题因而产生。

第二,社员人数相对较多且分散,未掌握经营管理权,相互间协调难,对管理者的私人信息掌握较少,处于相对劣势。而管理者人数较少且集中,掌握了经营管理权,知道自己的各种信息,处于相对优势。双方存在非对称信息,作为委托人的社员对作为代理人的经营管理者为“三位一体”合作社工作的努力程度和能力方面的信息较难准确掌握。作为理性的经济人,代理人为追求自身利益的最大化,往往会隐蔽信息或采取欺骗行动,损害社员利益。代理人的经营管理能力和努力程度直接影响到“三位一体”合作社的发展和全体社员的利益。

(二)“三位一体”合作社委托代理问题现状分析

1.“三位一体”合作社委托代理的进展

(1)体现了农民为主体的特征

我国《农民专业合作社法》规定,专业合作社社员中必须有80%以上是农民,其本质特征是以农民为主体的互助性经济组织。在这方面,接受调查的“三位一体”合作社中,58.2%是由农民自发建立的,绝大多数合作社都发展到这个状态,“三位一体”合作社理事长、理事中农民身份的比例均在50%以上。以农民为主体能够保证“三位一体”合作社的性质和农民参与“三位一体”合作社治理的社员身份基础。

(2)初步构建了法定的治理结构

健全的、完善的治理结构与治理机制是组织存在和有效运行的重要前提和制度保证。从我国《农民专业合作社法》的有关规定看,社员(代表)大会是“三位一体”合作社的最高权力机构,是社员发表意见、直接行使权力的一个重要场所,是实现民主管理的重要途径。按照该法的规定,“三位一体”合作社的理事长是法定代表人,理事会、执行监事(监事会)、经理都不是必设机关,“三位一体”合作社可以根据自己发展的实际情况决定是否设立,经理可以由本社社员担任(理事长或者理事可以兼任经理),也可以从外面聘请。总体来看,我国大多数农民专业“三位一体”合作社按照《农民专业合作社法》的要求甚至超过该法的要求在内部建立了如下治理结构:权力机构——社员(或社员代表)大会、决策机构——理事会(理事长)、监督机构——监事会(执行监事)和执行机构——经理,如图 4-6 所示。

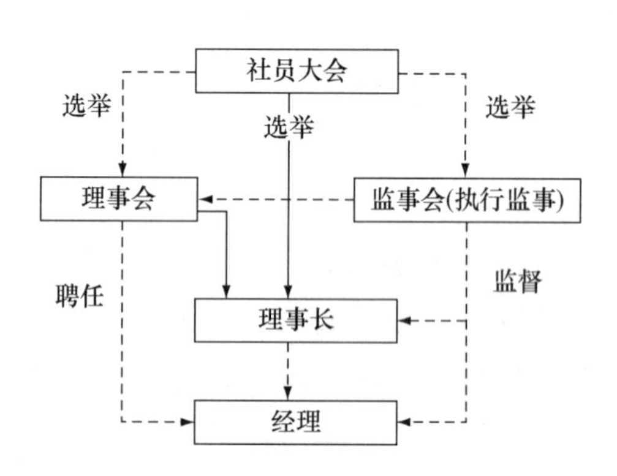

图 4-6 “三位一体”合作社治理结构图

(3) 基本建立了治理机制

“三位一体”合作社的治理机制主要包括决策、激励、监督约束机制。在“三位一体”合作社的决策机制方面,“三位一体”合作社的重大事项和决策由社员大会做出,社员各享有一票的基本表决权,我国借鉴了国外的先进做法,给予了资本或贡献较大的社员以附加表决权。理事会的决策是通过理事会会议来进行的,理事会社员各享有一票表决权。在“三位一体”合作社决策层的产生过程中,起关键作用的是“三位一体”合作社的筹备组。“三位一体”合作社的激励机制具有特殊性,既包括对“三位一体”合作社经营管理者的激励,又包括对社员的激励。目前“三位一体”合作社很少有对经营管理者采取物质激励的方式,大多采取精神激励的方式,对社员的激励机制主要通过收入分配来实现。“三位一体”合作社内部监督机制来自“三位一体”合作社内部权力,“三位一体”合作社中对经理层的监督来源主要有以下几个方面:社员的监督、社员大会的监督、理事会的监督和监事会等方面的监督。

民主管理是“三位一体”合作社有别于公司制企业最重要的特征之一。从接受调查的“三位一体”合作社来看,基本采用了通过社员大会使社员参与民主管理的方式。接受项目组调查的“三位一体”合作社基本都设立了社员大会,平均每年召开社员大会2.9次;在社员大会的表决投票方式上,71.6%采用一人一票的方式,成为广大社员参与“三位一体”合作社民主管理的主要表现。91.4%的“三位一体”合作社设立了理事会,理事会成员平均5.36人,平均每年召开理事会5.2次。

2. “三位一体”合作社委托代理的缺陷

作为一种新型的农村经济组织,我国“三位一体”合作社的制度建设和治理绩效远未达到理想状态,“三位一体”合作社委托代理问题的治理方面存在以下一些缺陷,这些缺陷在不同的合作社有不同程度的表现。

(1)《农民专业合作社法》关于“三位一体”合作社治理结构的规定存在缺陷

《农民专业合作社法》规定了社员的权利和义务,但未对社员的最低出资做出要求,使“三位一体”合作社的资本金得不到保障,实践中有的农户未出资也入社了。出资少或不出资的社员因缺乏资本保值增值的利益关切,对“三位一体”合作社不关心。该法没有对侵害社员权利的诉讼制度和社员的损害赔偿请求权等做出相关规定,社员权利难以得到很好的保护。该法对“三位一体”合作社设立理事会没有做出强制规定,理事长的任职资格缺乏规范,客观上强调了理事长的决策地位,这对科学决策、民主管理是不利的,带来的滥用权力行为的风险大。该法对“三位一体”合作社设立监事机构没有强制规定,忽视了内在监督环节。

(2)治理结构形式化的倾向严重

从表面上看,“三位一体”合作社大多建立了符合《农民专业合作社法》的治理结构,有的甚至超出该法的规定建立了治理结构,但形式化的倾向严重,治理结构理论上蕴含的治理机制并不能有效发挥制衡、约束和激励作用。

第一,“一股独大”或“数股独大”压制了民主决策管理原则。“三位一体”合作社为“人的结合”,它的本质是社员控制的民主组织,社员必须参与决定“三位一体”合作社的重大事项,社员无论认购股金多少,必须都拥有平等的投票权,即“一人一票”原则。“三位一体”合作社首先要遵循的原则应该是社员掌握控制决策权以及民主控制原则。虽然“社员大会(代表大会)是合作社的权力机构”、“一人一票,民主决策”、“成员地位平等、实行民主管理”等原则写入了我国《农民专业合作社法》，各地建立的“三位一体”合作社也在章程中普遍载明了这些原则，但不少“三位一体”合作社并没有在实践中真正贯彻这些原则。实际上，由于社员异质性程度高，“三位一体”合作社实际控制权掌握在投资最多的领办者、核心社员等成员手中，由负责人直接决策。“一股独大”或“数股独大”压制了“一人一票”制，使最高权力机构——社员（代表）大会形同虚设，并没有严格执行“三位一体”合作社章程的规定召开社员大会或代表大会，“三位一体”合作社重大事务由其讨论和决定。权能部门的负责人和成员的上任基本上并不由社员决定，社员（代表）大会的选举基本上流于形式。[①]

令人担忧的是，大股东进入往往伴随着能人及企业等强势资本力量加入，资本的强烈趋利本质驱使其往往会借“三位一体”合作社之名来行包装企业以套取政府财政扶持和政策优惠之实，往往易形成“企社不分”以及“三位一体”合作社“空壳化”现象；与此同时，大股东往往凭其个人意愿人为抬高入社门槛，将最应作为合作支持对象的广大小农户拒于门外，“三位一体”合作社异化为“资本结合”的“伪‘三位一体’合作社”。

第二，政府建立“三位一体”合作社并任命负责人不利于社员选择。“三位一体”合作社不是政府基层组织，而是非政府组织，它的最本质属性就是民间性或非政府性，“三位一体”合作社是农民自愿联合、民主管理的互助型经济组织。“三位一体”合作社的成立主要由农民构成并要尊重农民意愿；合作社的管理是民主管理，其负责人不能够由政府指派，必须由合作社的社员民主选举产生。合作社的内部事项是组织内部事务，合作社只要不违法，政府无权干涉，维护农民利益和代表农民意愿是“三位一体”合作社的根本任务，而非贯彻政府的意志，这就是合作社组织强大生命力的源泉所在。[②] 而现实中的情况却与之不同。在“三位一体”合作社萌发阶段由政府利用行政权力直接建立“三位一体”合作社并指派负责人，具有一定的带动号召作用，但这只能是权宜之计，而不可长期

---

① 据农业部统计，全国由能人（村干部、技术能手和专业大户）领办的“三位一体”合作社占总数的60%以上。冠以“三位一体”合作社名称但实际上是大股东控股型、家族型的经济组织（张晓山，2009）。产权结构异化引起了决策机制的偏差，股权的集中化使得社员持股相对均衡格局被打破，控制权掌握在资本手中：能人领办的受能人控制，企业领办的受企业控制，合作的原则被大大弱化。

② 相当一部分“三位一体”合作社具有明显的政府推动型的特征，绝大多数“三位一体”合作社存在政府管理机构官员或者村级机构负责人任职的现象。据对全国多个“三位一体”合作社的调查，理事长提名方式中为政府提名的占到了16.4%；理事长身份为村干部和政府人员的占到总数的36%以上。

为之。

第三,缺乏有效的激励机制。目前"三位一体"合作社很少有对经营管理者采取物质激励的方式,大多采取精神激励的方式,大多数的"三位一体"合作社的理事长兼职经理,"三位一体"合作社的理事长(经理)实行月薪制的并不多,理事一般没有薪酬。剩余索取权与控制权的不对等使得经理人员很难有持久的热情和动力去关心"三位一体"合作社长远的发展,从而可能诱使投机取巧行为的发生,如经理人员采取隐蔽手段侵吞集体资产。

第四,许多"三位一体"合作社监督约束机制薄弱。① 内部监督缺乏。社员(代表)大会形同虚设,社员或社员代表很难行使对理事会(理事长)和经理的监督权力,监事会独立性差,权力不足。② 外部监督缺失。目前没有对"三位一体"合作社进行外部监督的法规制度要求,包括外部审计、工商年检、主管部门的检查等等。由于缺乏监督,即使管理人员违反善管义务和忠诚义务,也难以对其责罚。

(3) 缺少职业经理层

我国许多"三位一体"合作社的决策机构和执行机构是合二为一的,一套人马两块牌子。现阶段绝大多数"三位一体"合作社没有职业的经营管理者,由少数核心社员所构成的理事会是组织事实上的经营管理者。这些核心社员受其知识、能力和地域的限制,很难把"三位一体"合作社的事业做大做强。

(三)"三位一体"合作社委托代理问题缺陷的成因与危害

1. "三位一体"合作社委托代理问题缺陷的成因

我国"三位一体"合作社委托代理问题治理缺陷的成因在于农村的社会政治、经济、文化、生活条件、相关制度与"三位一体"合作社发展的要求还有差距。

(1) "三位一体"合作社发展的外部环境不完善

由于我国农村农业市场环境不成熟,农业产业化程度不高,农业管理体制的不适应,"三位一体"合作社受到融资环境约束和社会各界认识程度的制约。从社会环境看,农民的合作意识不强和价值观念变迁缓慢也是一个原因。农民已习惯于"分田单干"这种独立的生产经营模式,害怕回到人民公社时期的集体模式,因而对"三位一体"合作社这种集体化制度安排心存疑虑。

(2)“三位一体”合作社社员的异质性

传统合作社的一个最基本的特征是社员的同质性,而我国“三位一体”合作社社员异质性问题极为突出,必然会影响其产权安排,“三位一体”合作社出现少数核心社员(农业大户、农业企业、供销社、农技部门)与多数普通社员(主要是中小农户)两极分化的局面。核心社员凭借其资本优势、技术优势、销售渠道优势以及与政府部门关系的优势自然而然成为“三位一体”合作社的经营管理者,获得“三位一体”合作社控制权的同时拥有“三位一体”合作社的主要剩余索取权,从而产生了内部人控制的问题。而普通社员因其入股少、能力不强,参与“三位一体”合作社集体行动的动力与能力不足,对“三位一体”合作社集体事务兴趣不高,存在“搭便车”现象。

(3)“三位一体”合作社尚处在发展的初级阶段

我国“三位一体”合作社相关政策法规还有待完善,以便“三位一体”合作社在完善的制度环境下发展。我国“三位一体”合作社规模小,盈利能力差,许多地区的合作社社员和非社员在经济利益方面并无明显区别,农民加入“三位一体”合作社的动力不足。而且,很多“三位一体”合作社是在政府强力推进下组建的,并不是农民在市场力量的促动下自发自愿建立的,多数小农户的入社往往是被动的,他们并不十分清楚自己的权利与义务,也不太关心“三位一体”合作社的发展和运营。

2.“三位一体”合作社委托代理问题缺陷的危害

以核心社员或“能人”为主导的代理人的自利天性与机会主义行为倾向可能会导致其利用他们手中的实际控制权损害中小社员的利益,于是就产生了代理人与委托人(社员尤其是中小社员)之间的利益冲突,存在较高的代理成本。中小社员的利益不能得到有效保护是一个普遍存在的问题,主要表现在两个层面。首先,中小社员只能从“三位一体”合作社获得所谓“社员层面的回报”,并不能实质性地从“三位一体”合作社的价值增值中获得收益。真正能够使农民获得理想收益的“三位一体”合作社并不多,据对全国东、中、西9省140个合作社抽样调查发现,每一入社成员平均获得盈余返还和股金分红收入仅有364元(韩俊,2007)。其次,“三位一体”合作社的代理人隐匿合作社的剩余和政府的扶持资金,或者将一些剩余耗费在据称会改进技术或生产力,并为全体社员利益服务的项目上,但实际上这些项目却只是给代理人自己而不是给委托人带来好处。对中小社员利益的侵害造成了"三位一体"合作社价值的损失。这种价值损失表现在,社员对"三位一体"合作社的认同感降低,损害"三位一体"合作社的社员基础,不利于其长期发展。对中小社员利益的侵害也不符合政府部门和理论界对"三位一体"合作社的期望。

(四)完善"三位一体"合作社委托代理的思路

研究降低"三位一体"合作社代理成本的治理问题包括针对社员不遵守合同不按时按质按量交付产品的投机倾向和行为的治理。但"三位一体"合作社治理的核心是:身为所有者和惠顾者的全体社员作为委托人如何激励和约束作为代理人的经营管理者为社员和"三位一体"合作社共同利益服务。完善"三位一体"合作社的治理不仅仅是要建构形式完备的治理结构和机制,而且是要使其真正高效运作,为小农对接市场和抗风险提供有力的组织平台,提高农民的收入水平。

1. "三位一体"合作社委托代理问题的治理应不同于股份制企业

首先,由于"三位一体"合作社的股权不能流通、不可转让,以及"三位一体"合作社追求除经济目标之外的多种目标等原因,合作社被外部收购接管的可能性很小;其次,"三位一体"合作社选择代理人的范围有限,降低了经理的市场竞争压力;最后,由于政府的优惠措施,"三位一体"合作社在商品市场的竞争压力小。因此,不充分的外部市场竞争难以成为有效降低"三位一体"合作社代理成本的手段。也就是说,外部市场(资本市场、经理市场和商品市场)并不能对"三位一体"合作社的治理形成强有力的监督约束机制,而IOF(投资者所有企业,也即股份制企业)则面临较强的外部市场监督约束机制。同样,由于"三位一体"合作社股权的不可转让、不可流通,股权和股票期权均不能作为激励"三位一体"合作社代理人的手段,而IOF则可以设计股权和股票期权的激励机制对代理人进行激励。

从国外尤其是发达国家的实践看,"三位一体"合作社的制度正经历一些变革,但这些变革并没有使它演变为股份制企业,"三位一体"合作社在调整、变革过程中,仍然坚持"三位一体"合作社的基本内核:"三位一体"合作社的顾客往往也是它的所有者,"三位一体"合作社的目标是使其既是所有者也是顾客的社员受益;在社员的投票权上,现代"三位一体"合作社承认社员之间的差别,但对社员投票权的加权比例有严格限制;现代“三位一体”合作社为了吸收外来资本,对其实行按股分红,但对按股分红的利率有一定限制。因此,完善我国“三位一体”合作社治理的制度要结合“三位一体”合作社的特点进行设计,可以借鉴但不可以完全照搬股份制企业的治理制度。比较而言,强化内部监督激励机制应成为“三位一体”合作社降低代理成本的主要途径。

2. 强化内部监督、民主管理机制

优化内部监督机构和机制设计,以保证“三位一体”合作社的民主管理与科学决策的最根本原则得到贯彻。应强化社员(代表)大会的最高权力机构地位,切实将重大事务的决策权集中到社员(代表)大会。“三位一体”合作社的理事长和理事会、监事会(执行监事)应由社员(代表)大会直接公推公选或解聘。应限制理事长的职权范围,发挥理事会的功能,理事会结构要合理,规模要适度,不但要注重吸纳有实力有能力的核心社员和外部社员作为理事会成员,提高理事会的经营能力和管理水平,同时也要吸纳普通农民社员进入理事会,增加理事会对“三位一体”合作社的代表性。在专业“三位一体”合作社中可引入独立理事制度,一方面帮助专业“三位一体”合作社解决一些专业性或仅靠农民无法解决的问题,另一方面可以维护普通社员,特别是中小社员的利益。“三位一体”合作社应该设立监事会和执行监事,并赋予其独立性,应规定中小社员占监事会的比例不低于三分之二,疏通中小社员监督代理人行为的渠道。“三位一体”合作社内部应建立社务公开制度、财务公开制度和审计公开制度,对于公开的内容、形式和公开的次数要具体化、制度化。应建立明确的“三位一体”合作社重大决策的程序,通过规范决策程序来有效缓解“三位一体”合作社代理人采取机会主义行为的可能性。

3. 强化内部激励机制

(1) 集体行动的逻辑

奥尔森在《集体行动的逻辑》一书中根据理性人假设提出集体行动的逻辑。他揭示了一个具有共同利益的集体并非必然产生集体行动的根源在于集团内广泛存在的“搭便车”现象,正因为集团共同利益是一种公共物品,即使成员不付出成本也能坐享收益的物品,因而,一个理性的人是不会参与到集体行动中来的,因为这要花费私人的成本,而收益却是集体共享。所以,为了克服这种

“搭便车”困境,奥尔森设计了一种强制和“选择性激励”的组织策略,前者指依靠一种中央集权的方式来迫使集团成员参与集体行动,而后者指正面的奖励与反面的惩罚相结合,对参与集体行动的成员实施奖励,而对不参与者进行惩罚。

(2)“三位一体”合作社的选择性激励

对于“三位一体”合作社这种存在“搭便车”的集体行动的困境的组织来说,设计和强化选择性激励是必要的,以实现“三位一体”合作社的集体目标,增进全体社员的利益。

第一,培育有效的“三位一体”合作社委托人主体。应改变“三位一体”合作社核心社员一股独大的产权结构,禁止绝对控股,防止少数社员合谋控制“三位一体”合作社,禁止“三位一体”合作社限制中小股东扩大投资额,强调中小社员与“三位一体”合作社之间更紧密的股权联系,使中小社员在关注其资本增值的利益激励下更加积极地参与“三位一体”合作社的集体行动,包括监督代理人、按合同要求交付农产品、使用“三位一体”合作社的购销和农技服务等。对积极参与集体行动的社员要在盈余返还、分红和权限方面予以奖励;反之则予以惩罚。应提高普通社员的现代市场经济和现代农业的理念和经营管理能力,注意启发和训练普通社员的民主管理和监督意识,培养社员对“三位一体”合作社事务的民主管理能力,在事实上行使起社员自治的主体职能。

第二,要正确处理好“能人治社”与民主管理的关系。我国很多“三位一体”合作社是在“能人”的发起下建立的,能人的“领头羊”作用值得肯定,他们投入“三位一体”合作社的资源和精力比普通社员要多得多,因此要因势利导,建立激励制度,允许能人获得与其投入和贡献相称的回报,使“能人”为“三位一体”合作社的发展多做贡献。

第三,应赋予经营管理人员(代理人)一定的剩余索取权。应在“三位一体”合作社章程和有关管理制度中明确和规范管理人员的基本薪酬,以及与“三位一体”合作社的绩效挂钩的奖金和利润分配,激发管理人员为“三位一体”合作社集体利益尽职尽力工作。对无作为、无贡献的管理者不应给予奖金和利润分配,并令其辞职。

第四,适当增加按股分红的比例。在坚持“一人一票”的基本投票原则基础上,可鼓励社员向“三位一体”合作社增加投资股,并赋予有比例限制的按股投票的附加投票表决权利。这样可激励投资多的社员更多参与“三位一体”合作社的集体行动,并从中获得更多权利和收益。“三位一体”合作社社员的收入分配应在坚持按惠顾额返还盈余的基本制度的前提下,适当增加按股分红的比例。可以设置优先股以吸收外来资本,对其实行按股分红,但幅度应有一定限制。

4. 转变政府角色

政府要完善“三位一体”合作社发展的外部环境(如市场环境、基础设施、融资环境),积极引导“三位一体”合作社的发展。政府应多开办“三位一体”合作社的教育培训活动。要完善对“三位一体”合作社进行外部监督的法规和制度建设,包括修改完善现行的“三位一体”合作社法,并建立对“三位一体”合作社进行外部审计、工商年检、政府主管部门的检查、舆论监督等的制度,对“三位一体”合作社经营管理人员损公肥私的行为进行责罚。总之,政府要多引导、多监督、多规范,而不是把“三位一体”合作社当作政府基层组织直接进行组建和运营。

5. 适时建立职业经理制度

有条件的“三位一体”合作社应引入职业经理,实现管理的专业化,使理事会与经理层彻底脱钩,各司其职。在选择“三位一体”合作社职业经营者时应以品德、敬业奉献精神、能力、经验、教育背景作为选择的关键因素。职业经理制度要基于外部经理市场对在职代理人施加压力,促使职业经理人尽职尽责。

(五)小结

由于非对称信息和经济人的理性,委托代理问题普遍存在于人们的交易契约关系中,拥有信息优势的代理人往往会侵害委托人的利益。作为独立的农业生产经营者的合作经济组织,“三位一体”合作社在规模扩大的同时,所有权和经营权日益分离,社员的异质性增强,委托代理问题显现。我国“三位一体”合作社已经在形式上建立了解决委托代理问题的治理结构和机制,但实际治理方面仍存在较多缺陷,侵害了中小社员的利益,代理成本较高。为降低“三位一体”合作社的代理成本,就要完善和实施最优的契约和制度,促使代理人在追求和实现自身利益和目标的同时,也追求和实现委托人的利益和目标,实现激励相容。与股份制企业不同,外部市场(资本市场、商品市场和经理市场)的竞争并不构成“三位一体”合作社的强有力的监督约束机制,所以,完善我国“三位一体”合作社的治理就必须主要依靠强化内部监督激励机制。应优化内部监督机构和机制设计,以保证“三位一体”合作社的民主管理与科学决策;同时根据奥尔森的集体行动的逻辑,要对社员和经营管理者设计和使用选择性激励;政府角色要转变;职业经理人制度要适时推出。

六、“三位一体”农协法律机制

(一)有关文献的反思

习近平总书记2006年主政浙江期间提出“三位一体”综合农协的理论思想。在此之后,“三位一体”的理论几经发展,始终没有取得历史性突破,一直处在不冷不热的尴尬的学科边缘境地,近年民间学界更有传闻理论已破产。那么,其破产了吗?对此,项目组通过登录中国知网,键入“三位一体”、“综合农协”来搜索2006年以来有关“三位一体”综合农协的研究成果(或报道),经过筛选,在剔除医科、地方行政管理和高校改革以及国外(日本)农协的相关项后,选取作为数据对象来采集的标准为:① 有“‘三位一体’农协”字样的;② 有“综合农协”字样的;③ 有“农民合作经济组织”字样的;④ 选取此理论代表性人物陈林博士2006年以来的所有成果(不是直接的三位一体研究的,看作三位一体理论疏义,仍采集);⑤ 有“新农协”字样的。得到数据如表4-1所示[①]:

为了更显性直观地了解“三位一体”综合农协的研究概况,本研究项目组分别制作了两幅图(图4-7和图4-8):

① 2014年4月1日星期二登录中国知网。a.《中国合作经济》《南方人物周刊》《人民论坛》等出版物根据知网分类,都作为期刊计入;b. 2008年期刊一栏“(1)”指的是汕头大学硕士论文《综合农协与瑞安实践初探》,计入期刊;c. 2009年期刊一栏“(1)”指的是北京林业大学博士论文《中国农村合作组织分析:回顾与创新》;d. 2012年期刊一栏“(7)”指的是有意识地组织系列笔谈,区别于由于学术兴趣自发地研究等情形,计入期刊;e. 2013年期刊一栏“(3)”指的是陈林博士的三篇期刊文字。

表 4-1 “三位一体”农协文献年度分布情况表

年份＼属性	期刊	报纸	总计
2006	4	7	11
2007	12	5	17
2008	9(1)	3	12
2009	3(1)	0	3
2010	5	2	7
2011	3	0	3
2012	8(7)	0	8
2013	5(3)	5	10
2014.4	*	1	1

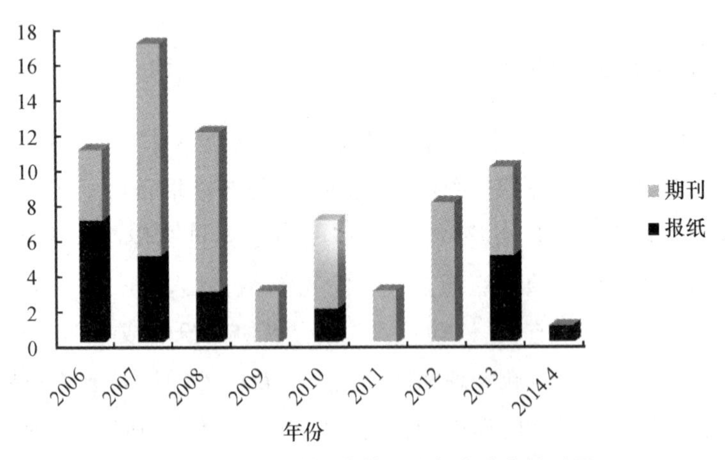

图 4-7 “三位一体”农协文献年度分布柱形图

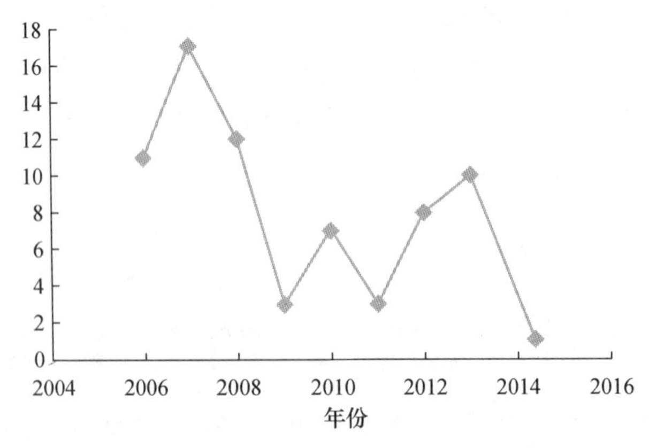

图 4-8 “三位一体”农协文献年度分布线图

根据以上图表,可以大致了解我国学术界对农协的研究状况。本研究项目组注意到在2008年《法制日报》刊载“全国首家‘农协’放慢行进速度”,2009年《华夏星火》刊载“瑞安农协难题”,2013年《今日浙江》刊载“农业合作缘何‘三位’难成‘一体’”等,这一系列对“三位一体”理论的反思成果,即使没有直接宣告该理论的破产,至少也对其有着不容忽视的冲击。

(二)法律定位分析

1. 非合作博弈理论的引入

由于长期以来我国农村各种涉农资源处于一种零散的状态,农村信用社、供销社和农民专业合作社等缺乏联合发展,农资、农技、农机等机构分属不同部门,部门分割、城乡分割和条块分割的现状难以形成助推新农村建设的合力,需要依托更高层次的合作平台将整个农村金融、流通与科技体系进行整合。[①] 很显然,相关学者的研究论述力主证明的合作平台就是“三位一体”综合农协。

合作是当今世界普遍存在的现象。合作不是基于利他,而是利益主体自利需要伙伴。这里要特别注意的是,是先有综合农协,还是先有信用社、供销社以及专业合作社。由于综合农协是在信用社、供销社和专业合作社成立的基础上组成的,所以这里存在着三方主体的意志,也就是其并非是拥有完全共同利益的群体。由于专业合作社的资金需求和市场依赖,因而其作为博弈一方的得益(payoffs)在合作博弈理论框架下,其讨价还价的砝码是分量不足的,所以在三社中,农民专业合作社作为生产的直接劳动者,能够在合作博弈中取得的分配收益是不可能多的。合作博弈存在的两个基本条件是:① 对联盟来说,整体收益大于其每个成员单独经营时的收益之和;② 对联盟内部而言,应存在具有帕累托改进性质的分配规则,即每个成员都能获得比不加入联盟时多一些的收益。如果联盟或合作更有利于目标的实现,部分局中人自然会以联盟为单位进行博弈,此时只需要考虑如何在联盟内部分配这些比成员们单个博弈时所得之和还要多的“好处”。否则,局中人仍会单兵参战。因而,“三位一体”综合农协的目标产出应大于之前的三社各自独立经营的产出之和;同时,专业合作社的

---

① 胡振华,“‘三位一体’农协动力机制分析”,载《青岛农业大学学报(社会科学版)》,2012年第1期。

得益不少于未参与时的收益。

有三个或三个以上博弈方参加的博弈称为“多人博弈”。三人以上博弈存在所谓的“破坏者”，也就是博弈中具有这样特征的博弈方：其策略选择对自身的利益并没有影响，但却会对其他博弈方的得益产生很大的、有时甚至是决定性的影响[①]。如前所述，信用社和供销社具有成为潜在“破坏者”的资质。

在“三位一体”综合农协进行实践检验的基础上，理论推演的视角选择合作博弈理论还是非合作博弈理论成为了不得不仔细分析的问题。由于合作博弈理论中省去了理性的个人如何达成合作的过程，而直接讨论合作的结果与利益分配问题[②]。因而合作博弈理论之于“三位一体”综合农协，其解释为：“三位一体”综合农协是具体实在的，要讨论的是三社的得益分配。合作博弈理论是公理性的，常常诉诸帕累托最优、公平与公正等，而非合作博弈更具有经济上的特点，其均衡概念是建立在参与人在给定约束的条件下最大化其自身的效用函数的基础上的。[③] 因而非合作博弈理论之于“三位一体”综合农协，其解释为：出于个人理性的最优决策，可能是有效率的，也可能是无效率的。前者着重研究集体行为的特点，是在视合作为先验的基础上，对收益配置问题的考察；后者侧重个体行为特征的研究，在一定条件下，主要研究各博弈方的信息结构、策略选择对时间的依赖性、支付风险等问题。

这里需要仔细考虑的是，“三位一体”综合农协，由于是供销社、信用社和专业合作社的组建产物，表面上相当于三个市场主体的合并，因而这种多方民事行为的契约性表露无遗，那么这个契约约束力成了本报告的研究视角。我们知道，合作博弈与非合作博弈之间的区别主要在于人们的行为相互作用时，当事人能否达成一个具有约束力的协议。更进一步地说，非合作博弈要么是当事人不能达成一个有约束力的协议，要么是行为人之间的合约对于签约人没有实质性的约束力。

“三位一体”综合农协如果是有效率的，那么其问题在于合作剩余的分配，与理性人对利益的极力争取该有的活泼场面相对，“三位一体”综合农协是寂静

① 谢识予编著：《经济博弈论》（第二版），复旦大学出版社，2002 年。

② 王文举等著：《博弈论——应用与经济学发展》（第一版），首都经济贸易大学出版社，2003 年。

③ 艾里克·拉斯缪森：《博弈与信息——博弈论概论》（第二版），韩松等译，北京大学出版社，2003 年。

的,也即其合作剩余并不明显,乃至对相关主体来说是无利益的,声誉受损的。行政强制和私法自治对人力资本的激励作用有根本性差异。要解决的是:第一,陷入困境的“三位一体”综合农协是行政强制的产物,是低效乃至无效的;第二,“三位一体”综合农协的理想型;第三,“三位一体”综合农协的法律机制。其中第一讲的是近年来实践当中表现的、作用的机制;第二是学术研究的演进方向;第三是第二的保障和法律表述。

本研究认为,“三位”难成“一体”的根源在于制度安排的失当。由于法律定位的错误,导致综合农协运行失灵。

2. 法律定位

(1) 立法机制——私法定位

第一,法律功能

法律是制度的一种,是国家权力干预社会的一种途径和方式。而法律不是万能的,总有法律关照不到或不便的地方。比如:① 法律的思想和信仰;② 法律监督成本太高。所以一级政府的设定最终设定在了乡镇一级。对村以下的交由村民自治。法律监督不仅表现在高成本上,也表现在其乏力上。由于乡村特殊的情境,除了法律调整乡村的社会关系外,强大的宗法体制流传下来的行为模式也调整规范着村民间的关系。

古罗马法学家乌尔比安提出:“公法是关于罗马国家的法律,私法是关于个人利益的法律。”现代西方法学著作认为,公法是主要调整国家与普通个人之间关系的法律,私法主要调整国家的公民个人之间的关系。[①] 关系是行为主体间的关系。主体的法律定位决定着法律行为的自由度。例如,公法人的法律行为设定,既是权力,也是职责。其履行是应当的,不履行便是失职,应当承担一定法律责任。而私法主体,比如民事法律关系的主体在不违反宪法法律的前提下,其行为具有一定的可处置性。我们知道,“三位一体”综合农协还只是学术上讨论的“符号”,现实生活中,对于“三位”——供销社、信用社、专业合作社——是分别有相应法律规范的,而学术讨论上的“一体”综合农协现在还处在法律并未规定的阶段。在我国农村地区有一部专门规范乡村自治组织的法

① 沈宗灵主编:《法理学》,北京大学出版社 2009 年,第 263 页。

律——《中华人民共和国村民委员会自治法》(以下简称《村民委员会自治法》)。[①] 在已有自治组织的地域范围再起一例,那么,“三位一体”综合农协到底应具有什么样的法律地位呢?

第二,现有定位

“三位一体”综合农协根据现有相关文献的表述,并不是另起炉灶,而是内外整合。所以对其最重要的三个成员——供销社、信用社以及专业合作社——的法律定位考察,有助于我们了解认识综合农协所具有的基因。《村民委员会自治法》对村民自治进行了明确的规定,《农民专业合作社法》对合作社内部的管理运行以及与地方政府的关系进行了规定。

农村信用合作社是经中国人民银行批准设立,由社员入股组成,实行社员民主管理,主要为社区社员提供金融服务的农村合作金融机构。农村信用社是独立的企业法人,以其全部资产对农村信用社债务承担责任,依法享有民事权利。改革后的农村信用社主要有以下 3 种模式:① 农村信用社;② 农村商业银行;③ 农村合作银行。

自 1995 年中华全国供销合作总社恢复成立以来,全国供销合作社系统认真贯彻中央 5 号文件、1999 年国务院 5 号文件(《国务院关于解决当前供销合作社几个突出问题的通知》)和 2009 年国务院 40 号文件(《国务院关于加快供销合作社改革发展的若干意见》)精神,坚持改革的市场取向,坚持为农服务的发展方向。

为了表明涉农地位的正统性,着重突出了“合作”字样;在突出作为具有一定营利能力的市场主体时,又淡化“合作”,而使用了简称“信用社”“供销社”等。专业合作社有法律的规范,根据我们的相关查询,信用社的表述为经央行批准组建而成,根据《立法法》第 71 条的规定,国务院部门规章的制定机关是国务院各部、委员会、中国人民银行、审计署和具有行政管理职能的直属机构。这类制定机关可以分为国务院组成部门和直属机构两大类。国务院部委和中国人民银行、审计署是国务院组成部门。因而信用社的法律主体地位是由行政规

---

① 村民委员会被定位为村民自我管理、自我教育、自我服务的基层群众性自治组织,实行民主选举、民主决策、民主管理、民主监督。村委会的功能是办理本村的公共事务和公益事业——对政府的替代,调节民间纠纷——对司法的替代,协助维护社会治安——对行政的替代,向人民政府反映村民的意见、要求和提出建议——对议会的替代。

章所规定的。供销社是由党的政策和国务院行政规则明确其性质、宗旨、地位和作用。据前所述,专业合作社的法律规制比信用社和供销社的更加稳定、详尽、规范。立法位阶高于信用社和供销社。

从以上分析可知:第一,国家对农村合作组织的关注和重视;第二,信用社和供销社有行政越权的空间;第三,为信用社和供销社深化改革预留空间。

第三,应有定位

从内部看,也即自身基因的逻辑延伸,“三位”的性质是“合作”组织,合作契约的达成只有出于自愿才是有执行力或者执行效率的。因而“一体”是“三位”的上位组织。即综合农协具有对专业合作社、信用社以及供销社的“行政命令权”。这并不是说,三者“让渡”部分权力,交给综合农协,而是综合农协具有总揽经济发展权的权力,“三位”只是其最重要的三个直属执行部门。《农民专业合作社法》第二条规定专业合作社是互助性经济组织;第十三条规定向工商行政管理部门申请设立登记;第五十二条规定合作社享受农业生产、加工、流通、服务相应的税收优惠。农村信用社是独立的企业法人[①]。企业法人以从事生产、流通、科技等活动为内容,以获取盈利和增加积累、创造社会财富为目的,它是一种营利性的社会经济组织。[②] 本研究对供销社进行了一定的梳理,如图4-9所示:

中华全国供销合作总社是全国供销合作社的联合组织,由国务院领导,指导全国供销合作社的发展和改革。温州市供销合作社是全市供销合作社的联合组织,是市政府直属事业单位,参照公务员法管理。全市系统由市社本级、县级供销社和基层供销社三级体系组成。

县属企业130家,县属基层供销社76家。从前面的表述来看,供销社是法律定位最为宽泛、最为模糊、政企界限最不分明的合作社。既然中华全国供销合作总社是联合组织,那么其自身自治性就是可期待的。“由国务院领导”表明国家权力的直接介入,是从属于政府的事业单位,并不是自下而上的社会自治性组织。

从外部看,农村场域已有一个基础群众性自治组织,而这个组织具有对政

---

① 法人是具有民事权利能力和民事行为能力,依法独立享有民事权利和承担民事义务的组织。

② 王利明主编:《民法》(第4版),中国人民大学出版社,2008年,第83页。

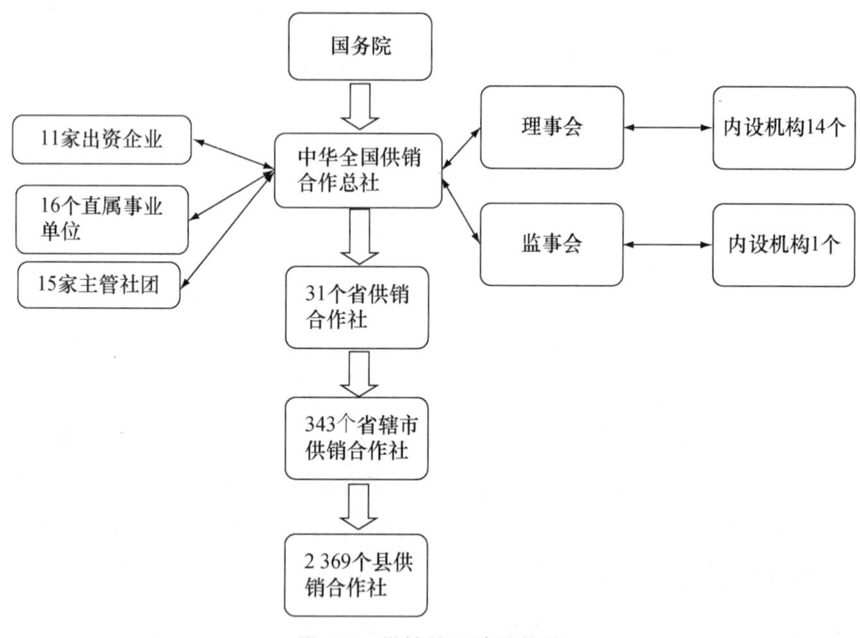

图 4-9 供销社系统结构图

府的替代功能，是一个综治性组织。另外，根据国家工商行政管理总局《关于村民委员会是否可以成为农民专业合作社单位成员等问题的答复》等文件精神[①]，村民委员会具有管理公共事务的职能，依据《农民专业合作社法》第十四条规定，农民专业合作社单位成员不能是村民委员会[②]。也就是说，“三位一体”综合农协不应是对村民委员会的替代，而是农村场域发展区域经济的社会组织。类似于世界贸易组织（WTO）之于联合国（UN）。社会组织中最重要的就是法人。以法人设立的目的及所依据的法律不同，可以将法人区分为公法人和私法人。追求私人目的，依据私法所设立的法人为私法人。以法人成立的基础为标准，可以把私法人分为社团法人和财团法人。社团法人是以人的组合作为法人成立基础的私法人[③]。因而，本研究认为，“三位一体”综合农协作为农业者的联合组织，以专业农民为主要成员，其法律定位应是社团法人。又由于其目的在于提高农民收入，改善农民生活，保障农民权益，发展农村经济，促进

① 2008 年 6 月 6 日工商个函字[2008]156 号。

② 《中华人民共和国农业法典（应用版）》，法律出版社 2011 年，第 587—588 页。

③ 王利明主编：《民法》（第 4 版），中国人民大学出版社 2008 年，第 86 页。

农业现代化,所以,综合农协应是公益社团法人,与台湾地区农会属性相同。当然,我国民事立法迄今未采用社团法人、财团法人的称谓。在《民法通则》中,法人被分为企业法人、机关法人、事业单位法人和社会团体法人。其中社会团体法人是指自然人或法人自愿组成,为实现会员共同意愿,按照其章程开展活动的非营利性法人。所以在既有法律框架下,“三位一体”综合农协可归入社会团体法人。

(三)法律运行机制

1. 社会权力之于国家权力

市民社会是现代化的产物。随着社会现代化进程的展开,市民社会与政治国家的边限变得日益明确,并且开始从政治国家中收回本来属于自己的部分权力。[①] 社会权力是同国家权力相对应的概念与社会存在,指的是社会主体以其所拥有的社会资源对国家和社会的影响力、支配力。[②] 根据学者的研究,社会权力的主体(不完全列举)有:① 全民——社会权力的最高主体;② 基层群众性自治组织——社会权力的潜在支柱;③ 非政府组织——社会权力的核心主体。非政府组织是与国家和国家权力相对应的民间组织(除非它经政府委托或授权行使某些行政权力,如有些中介组织),享有宪法确认的社团权利,是社会权力的核心主体。[③]

如果把现实生活和理论学说进行一番比对,我们会发现,全民指称的是全体人民,是最具政治正当性的权力主体,在人口较多、地域较广的国家,人民通过选举议员(全国人民代表大会代表),组成议会(全国人民代表大会),产生国家机关(中央人民政府)。基层群众性自治组织(村民委员会)是所有国家机构剔除后,能够存在的,也是最基本的治理单位,即国家权力瓦解后,能够供应新的国家权力的元单位。非政府组织(“三位一体”综合农协”)是与国家权力有别的,不具有暴力机构的社会权力组织。这也与上文的社会团体法人定位保持一致。国家权力的强制性、暴力性和扩张性决定了法治国家对其设置制度笼子——法无明文规定不可为。而对待市民私权则是法无明文禁止即可为。可

---

① 俞可平著:《增量民主与善治》(第2版),社会科学文献出版社2005年,第180页。

② 郭道晖著:《社会权力与公民社会》,译林出版社2009年,第5页。

③ 同上书,第146页。

为的规范即组织章程——提交行政机关审查备案。综合农协的组织章程便是其社会权力的表征。自治、自律成了远离国家权力的条件和理由。

综合农协是扎根农村地区的农业者联盟,具有生长性。其预期定位是区县一级的组织。

2. “三位”之于“一体”

不难发现,“三位一体”综合农协的理想型是:供销社、信用社、农民专业合作社均是经济合作组织,在同一场域下,由于成员主体的大致一致性,“三位”是农业作为第一产业良好运行所需的三个职能,可能农户 A 同时是三社的成员,而农户 A 并不因为“三社”的同时存在而感到分身乏术。“一体”是“三社”各自发展所需的有机组织体。这里可以介入合作博弈的分析。但是目前,在“三社”法律地位不一的情势下,非合作博弈才是较为科学的分析工具。

{农民专业合作社;信用社;供销社} → X{劳动力、土地;资金;市场} ══ $F(x)${生活、发展 — 勤劳;融资偏好 — 短、平、快;单位收益 — 绩效考核} ══ Y{合作需求强烈;市场意识强烈;政府意识强烈}

在合作博弈里,只考虑合作剩余的分配等,但是在实践中,“三位一体”自始至终都没有达成一个基于自愿的合作协议,即使有相关的文件引导,也属于地方政府的拉郎配。

先梳理“三位”:① 专业合作社由于是直接的、重要的农业生产主体,是相关农户的经济联合组织,因而在社内,合作博弈理论是适用的。而合作社作为综合农协的一员,与信用社和供销社的“合作”,由于根本不存在有约束力的协议,所以是“假合作”,适用非合作博弈理论来分析才能发现陷入困境的“三位一体”的问题所在。② 信用社在现阶段即使被冠上“合作”的名头,也掩盖不了资金互助会、资金互助社等新型农村合作金融组织兴起对其虚位的占领。构成了一种民间自发力量对脱农、离农的信用社的替代。这么说来,“三位一体”综合农协的理想型中,信用社的实质主体应是资金互助会等,而非顶“合作之名”争“财政投入”行“市场趋利”的信用社。③ 供销社是事业单位,稳定的财政来源导致了激励制度安排的不到位和不充分。在行政层面,参与政策制定;在市场方面,其垄断地位不可避免地决定了农产品收购价的水平,农民专业合作社成了合同的弱势方。

关于“一体”:如前文所述,综合农协的着重号不应点在“协”字下面,因为如此会被认为是一种协调性组织而存在;而应点在“综合”二字下面。即综合农协是一个实体的、实权的、多功能综合性社会自治组织。综合性表现在其具有为农提供技术、资金和市场等方面。也即是供销社、信用社、农民专业合作社是农业者经济合作组织;同一场域下的各个个体农户可以同时加入三社,成为社员(股东),其可以在任何一社兼职。社员成立社员大会,社员大会选举理事会、监事会。理事会聘任职业经理、财会人员,经理经同意聘任其他人员。这也是分工在农业这一第一产业的表现。综合农协是三社的上位机构,其产生到底是三社理事会还是基层社员?本研究认为应是“三社”基础上的选举。

所以,本研究认为陷入困境的“三位一体”综合农协并不能表明“三位一体”理论错了、破产了,而是现实情境中始终没有达成、做到、构建起符合经济学规律的“三位一体”综合农协。

3. 监督及惩罚机制

“三位一体”综合农协是自治性组织,又是具有社会影响力、支配力的社会权力组织。而相较权力腐败,权力滥用更是应当研究的课题。

关于在专业合作社上,取水、通行等相邻权具有明显的外部性。耕地、林地、草地、滩涂等存在滥砍滥伐、过度索取等问题。这方面有三条防线:一是社员的自监督;二是行政机关的决定、命令、处罚等;三是司法机关的裁决;在信用社上,由于天然地属于国家金融市场的组成部门,因而事关一个国家金融体系的安全。这方面最需要外部监督。因而银监会监督是不能缺少的;供销社在市场化改造后,其作为经济合作组织具有更加勤勉、忠诚地履行义务的可能。另外,由于面临激烈的市场竞争,不得不把物流企业等看作一个潜在的竞争对手。

(四)小结

“三位一体”综合农协破产了吗?经过对其法律机制的分析,本研究认为,并不是理论破产了,理论一直是在发展完善的。当初没有遇见或未曾意识到的问题经过时间和实践的积累,一一展现出来,使得“三位一体”理论更加成熟。“三位一体”综合农协是社会权力组织。只有定位为公益社团法人,依靠组织章程,实行自治、自律,且只有在信用社是信用合作社,供销社是供销合作社的基础上,“三位一体”综合农协才是有效率的。

第五章

“三位一体”农协的功能机制

一、“三位一体”农协的农民维权机制

（一）“三位一体”农协的维权意义

“三位一体”合作农协着眼于农村整体发展，区域特征强于行业或职业特征，它承认现有各类合作组织利益格局，但侧重于与农民个体的直接联系。形式上的会员授权，使得协会驾驭其他合作社甚至是龙头企业就有了法理基础。新农村建设如何进行？在什么方向上取得突破？这是一个非常重要的问题，如果在这个问题上没有正确的认识和做法，就会犯南辕北辙的错误。新农村建设应该是加速城市化的建设，促使农村和农民有序消亡，还是新农村建设应该反城市化，要把各种要素留在农村，以实现“乡村复兴”。中国地域辽阔，人口众多，发展非常不平衡，城市化的进程差异非常大，有的地方城市化很快，有的地方会长时期保留大比例的农村人口，不可能一刀切地讲“城市化”或者“农村复兴”。城市化未必会让乡村没落和消失，这里研究的重点是，那些憧憬着乡村以及小城市的居民，会不会根据自己的居住偏好自由组合建立新型社区，或者改造已经废弃的破旧村庄；这种方式，既可以由开发商实现，同时也可以让农民自己完成。但是，这必须在制度安排上进行调整，如果农村农民没有自由迁居权，没有明确的土地归属，土地交易受到阻塞，那自发的新型社区将不可能得到法律承认，自我管理体系与村镇的管理就会发生行政冲突，一些生活的基本设施无法得到有力保证，可能发生农村基础设施，比如水电道路通信等被垄断和管

制,形成管理混乱,农村居民在受到自我约束的同时还要受到重复多样的行政约束,致使新型村镇难以建立。

简单来说,"三农"问题关键在于农民问题,但我们必须明确,农民的问题并不是种田人的问题。其根本问题在于农民地位的不平等,主要表现为权利的不平等,为保证中国经济的总体发展,牺牲了农民的许多公平权利,"农民"的公民权利缺失非常严重。所以,"三农"问题的解决,就是要解决农民问题,提高农民的基本权利。可见,不管"城市化"还是"农村复兴",根本问题还是一个农民权利问题。是否进城,农民可不可以自由选择?农民的命运必须捏在官员手里吗?新农村建设最需要实现的是把权利交给农民,农民的权利是其自由选择,不管是进城还是留守,都必须始终保障农民利益的实现,维护其权益不受侵害。回避了"权利"这个关键,不管"城市化"、"反城市化"还是"逆城市化"都会侵犯农民利益。总之,农民问题的关键是农民权利问题,城市化进程不是消除了,而是突出了这个问题。而维护农民权利就需要农民的组织,"三位一体"农协问题如今受到关注,原因就在此。有人认为农民进城问题是当前和未来农村的主要问题,而农村的本地问题往往被边缘化。这种趋势有一定的合理性,因为从农民的收入角度来看,来自农民工的非农收入的比重越来越大,而来自农业的收入比重越来越小,正如"农民问题"在中国不仅是种田人的问题一样,"农民组织"不能简单局限为种田人的组织,还必须关心外出务工的农民工的利益。因此,强调维护农民工权益是完全应该的,但这当然并不妨碍我们关心农村问题。毕竟有些农民暂时无法进城,必须待在农村,即使进入城镇的农民,仍然有个"40 岁现象"即大约 40 岁就要返回故乡。

农民上访人数自 20 世纪 90 年代开始激增,其表面原因是征地和他们的负担过重。从农民上访的时间脉络看,我们可以总结出上访的三个高峰:第一个高峰是因为农民负担重;第二个高峰是因为征地;第三个高峰将是农民合法权益的缺失。如果第三个高峰出现,是一个可怕的问题。根据于建嵘(2004)统计,70%的上访农民认为上面是公正的,问题都出在基层。但我们发现,上访不仅不能解决问题,而且造成对体制信任的损害,甚至出现非理性反应,引起报复行为,造成社会混乱。虽然不能肯定"三位一体"农协组织是没有风险的,但相比较而言,农协具有更小的风险。通过理性协商,建立良好的沟通与协调机制,将问题扼杀在摇篮里,从源头上降低非理性现象与上访的发生。如图 5-1 所示,“三位一体”农协是建立在农民的结社自由和选举自由的基础上的,“三位一体”农协的存在又为农民的权利的实现和维护提供保证,这就是“三位一体”农协的政治意义。如果给农民自由结社权,就可以增加农民与其他利益群体的博弈的能力,提高谈判地位,则此举比推动乡镇民主直选意义更大。

农民组织维护权力的功能论证已经很充分,但如何操作仍然是个问题。立法是一个办法,但从中国改革、尤其是农村改革的历史看,实践先行的特征很是突出。变革先起自民间,通过水到渠成的转变,形成一种约定俗成的行为,最终转化为法理上的承认。中国以往农村的所有变革,都是通过这条发展道路过来的,比如大包干、乡镇企业、民工潮等。不难发现,以往的发展仅仅局限于经济领域,而“三位一体”农协则涉及社会政治领域。但是政治和经济本身是不可分割的,改革开放以来一系列的农村变革都是在巨大的政治勇气下实现的,今天应该继续这种创新发展的勇气去开创农村经济社会发展的新篇章。

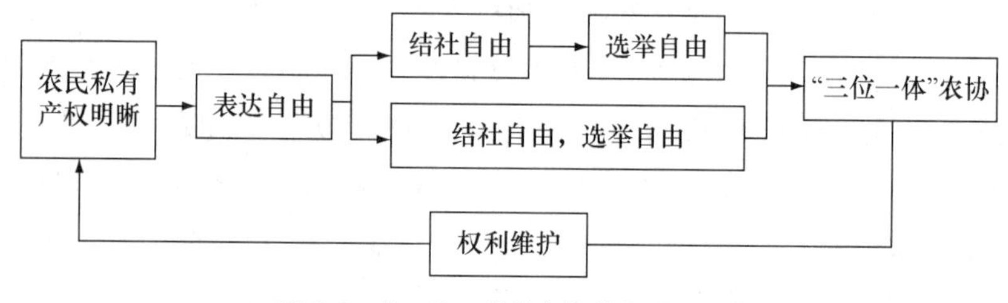

图 5-1 “三位一体”农协维权作用图

（二）村民自治组织和“三位一体”农协

农民依据《中华人民共和国村民委员会组织法》(以下简称《村民委员会组织法》),实行民主选举、民主决策、民主管理、民主监督,建立自我管理、自我教育、自我服务的基层群众性自治组织①。村委会的领导团体是根据省内政策规定的选举产生,所以,村委会至少是形式上的村民自治组织。但在现实的运作过程中,村委会将其建立的基本宗旨与根本目的早已丢掉,丧失了民主机制,偏

① 1982 年 12 月,五届全国人大二次会议通过的《中华人民共和国宪法》首次将村民委员会的权利、职能以及服务范围纳入到国家法律的规定之中,并且是进入国家的根本大法。1987 年 11 月《中华人民共和国村民委员会组织法(试行)》通过并于 1988 年 6 月 1 日正式生效,中国村民进入制度化管理、运作与发展的新时期。而 1998 年 11 月全国人民代表大会通过《村民委员会组织法》并正式颁布实施后,中国农村村民自治进入到由国家强行推行的阶段。

离了服务农民的初衷。

不难发现,我国的村民自治组织在实现自身的民主与自主时,还是乡镇人民政府的附属机构,名义上是为民服务的自治组织,实际上兼顾向村民提供公共产品服务的责任,最终演化为一个听命于上级政府的行政组织。但是,我们必须清楚地认识到,村民委员会是一个自治组织,不是一级政府机构。如果出现矛盾,村委会只能上报政府。因此,《村民委员会组织法》在现实工作中很难实施,村民委员会的自治特性无法发挥,村民委员会往往成为政府部门行使行政权力的附庸,成为一种形式上自治的行政组织。

然而,村民自治犹如昙花一现,仅能借助20世纪80年代的经济上扬得到一些良好的发展,等到90年代开始,为加快国家建设,保证获得发展的土地资源,行政力量大规模渗透村庄政治。在村民自治制度的发展过程中,自治性质越来越弱化,而政治特性则越来越明显。

自2002年国家推行税费改革以来,不再向村庄收取税费,行政失去了存在的土壤;县乡和农村社会的关系得到了长足进步,县乡村行政有了可治理的空间,成为自上而下制度发展的前提条件。取消农业税的同时,中央政府给乡镇的财政补贴机制,激励与刺激各地区的经济与体制的长足发展,这时,乡镇必须抓住这个机会,发展新型“三位一体”农协,缓解中国农村经济与组织发展危机。这也意味着,为顺应时代的发展,传统的村民治理机制必须有所改进与创新。

既然有了村委会,为什么还要提倡“三位一体”的建立,这不是多此一举么?“三位一体”农协和村民自治有什么不同和相同点?它们为什么既要相互并存又要相互融合?按照以上的逻辑可以有这样的设问:民主政府与公民社会是不是冲突的,民主政府是民选的,那么公民组织是不是没有存在的必要性,是不是所有的公民组织都可以不要?也许有人认为现在没有达到理想的民主选举,所以才需要“三位一体”农协组织来实现农民的权利。但如果村组织真是农民民主选出的,“三位一体”农协要不要?同样的问题也可能出现在城市,如果城里的政府也民选了,是不是就可以取消公会跟商会这种相同类型的组织?这是个不言而喻的问题,但是,为什么在城市没有人提出而在农村竟然成其为问题呢?

政府与公民作为国家关系中的两个基本主体,经济改革以前,公民所有的经济利益都是政府一力承担,而公民的所有社会责任也是由政府来承担的。但随着社会的发展,经济体制改革以来,经济利益的承担者也发生了一定的转移,公民的许多经济利益不再由政府来满足，但责任仍然由政府承担。经济利益与社会责任的不对等，造就了我国现阶段的各种社会矛盾，是许多社会混乱现象的源头所在。举例来说，缩小贫富差距、保护自然环境、提供社会服务等都需要大量的人力物力，需要一定的财政资金投入，但政府的自身财力毕竟是有限的，于是，这部分资金就可能与农民的经济利益发生冲突。再比如说，为提供更好的服务，实现专业化的管理，必然导致政府的人员招录，造成机构臃肿，而政府的财政收入是有限的，公务员的低收入将滋生政府腐败。基于此，我国在完成现阶段的经济体制改革之后，下一步的目标就是通过社会体制改革来缓解政府与公民之间的各种矛盾。针对前面提出的问题，我们可以发现，民主政府与公民组织是两个不同的概念。公民社会是民主政府的基础，是公民对国家权力制衡的一个重要力量，也是公民自身权利的保护屏障，反映公民的权利现状，同时，自治性是公民社会的最重要的体现。公民社会的实现为公民提供了自由支配自我权利的自由空间，可以根据自身的意愿建立并参加各种团体，形成自主自治领域。也可以理解为，这些团体是一定意义上的避难所，可以完全或不完全、直接或间接地躲避不合理的公共权力的非法干预。同时，公民可以依靠自身所在的团体或组织来抵御其他团体与组织给自身带来的不利地位，并且，团体与组织也是一个大家庭，避免了个体被孤立。如果取消了公民社会，即取消了公民的结社权，民主政府就会蜕变为民粹政府。不许人民自由结社，“人民组织”必须一元化，工会、农会和商会都是官办，而且只准有一个，这就否定了老百姓的自主组织权利，而且这种权利的缺失将导致公民利益的无法表达。

民主制度本质上即为多数人的统治，体现的是民主、公平与正义的原则。不难发现，个体对于整个群体来说，是极端的，是少数的，但是任何民主制度的建立都必须立足在个体权利不受侵害的基础之上。这是一个制度建立的根本与前提。多数人暴政并不是民主的表现。由此来说，多数人的统治并不就代表着民主的实现，也有可能是一种权利的滥用，造成多数人权利的无法限制，成为多数人的专利，造成对少数人的压迫与权利强制。为此，必须要限制多数投票决定的范围，辅之以司法体系的法律规则来对多数人的权利加以制衡，为民主提供适当的制度基础。

“多数暴政”与“直接民主”也是两个不同的概念，二者不能混为一谈。所谓多数暴政，就是由“多数决定”产生（无论直接还是间接）的公权力越界即侵犯“群己权界”剥夺公民自由。多数人暴政的一个前提是民主政治中的多数决定原则。在公共生活中,人们往往难以就某一个涉及公共利益的问题达成完全一致的意见。如果硬要追求所谓完全一致的同意,那实际上是等于追求一个不可能实现的幻想。为了就公共问题形成最终的决定,人们确立了多数决定原则。这或许可以被称为民主和效率的折中与平衡。只有在民主政治的前提下,在民主政治的实际运行即投票决定的过程中,才存在严格意义上的多数决定原则。为了避免多数人暴政,弥补民主政治的漏洞,保障少数人的权利不至于受到侵害,人们确立了保障基本人权的制度,用以保障人们的生命、自由和财产等诸项权利。换句话说,是确立了这些基本人权相对于多数决定原则或曰民主政治的优先权——在基本人权面前,即便有多数人决定,也是无效的。这可以被称为多数人权利和少数人权利的折中和平衡。这种把人权保障和民主政治结合在一起、并以法律形式加以规定的制度,就是宪政制度。

按照“群己权界”①,村委会究竟是政权组织还是村民自治组织无关重要,重要的是,我们在真正的宪政体制中,可以将政府组织与村民自治组织合二为一,但不能将两者混为一谈,没有两者只能居一之说。但在一些地方自治与区域自治的基层政府就是一种自治组织,这种自治组织是一种特殊组织,一种不同于政权组织的公权力组织。“三位一体”农协和公权组织是不同的,“三位一体”农协是一种私权组织,主要目的是为了维护成员自身权利,而政府是对别人行使权力的公权组织。可以预见,自由组织权利的实现是农民权益受保护的关键,农民权益受到保护的关键并不在于官员是否是民主产生,而在于该组织是否是农民自由组织,能否为农民维权,是否对权力进行了制约。

由此可见,“三位一体”农协问题主要体现在结社自由方面,而不是民主层面。“三位一体”农协并不是政权组织,假设只有少部分人要求建立农协,我们

---

① 公共领域归公共领域,私人领域归私人领域,前者通行民主规则,后者通行自由规则,这个权界是一定要分清的。至于分的结果偏向于“大己小群”一些,还是“大群小己”一些,倒是次要一些,不是最主要问题。而我们现在最大的问题是这两者弄成一锅粥,群己混淆、群己不分,甚至群己颠倒。公共领域没有公共性,私人领域没有私人性,群域无民主,己域无自由,这是最大的问题。在市场经济条件下,急需从两个方面对“群己权界”进行科学划分:一方面需要法律的制定以及政府的管理对权力进行规范,另一方面需要公民对维护自身权益的积极实践,监督政府的不当的、违法的行政行为,并使其承担相应的法律与社会责任。当然,群己权界是动态的。

也不能不同意建立请求,不能以“人少”为理由而禁止。反过来讲,假定大多数农民都加入了农协,但我们也不能就同意其大部分人对少部分未加入的人行使权力,侵犯少部分人的权益。中国宪法明确规定了结社自由,法国的思想家托克维尔在他的著作《论美国的民主》中指出:结社自由是仅次于自己活动自由的最自然的自由。作为公民基本权利之一,结社权是有其深厚的人性基础和历史基础的。亚里士多德说人是一种政治性动物,以政治作为生活方式是人类这个社会群体必然和文明的选择。吴玉章教授说,结社,人之群性使然。人是一种群聚动物,是一种“类”的存在物,是一种需要交往、并且通过交往才能生存且生存得更好的动物。这种“类”的本性先天地要求各种人类社会组织形态的存在。从人类社会政治发展的历史看,结社正是政治国家回归市民社会和人类走向自由自主活动的两个趋势的要求和表现。结社因此具有深刻的历史必然性[①],结社的作用表现在:① 结社对权利维护有利;② 结社可以培育公民社会,提高公民治国能力;③ 结社提供了利益表达与沟通机制,克服了社会制约权力的资讯障碍;④ 结社有助于资源的社会化配置。

但是结社权又是一把双刃剑,它不仅孕育着稳定,也滋生着不稳定因素,必须进行恰当的法律限制。[②] 目前,社会各群体都有表达自己心声的组织,比如工人有工会,商人有商会,但占社会结构最多的农民却没有属于自己的组织,作为一个农民支撑整个经济腾飞的农民人口大国,何况,难道中国不需要这样一个组织吗?为了保护农民的权益不受损害,有必要建立一个属于农民,可以为农民维权,表达农民心声的农会组织。纵观全球,在日本等国以及我国台湾地区都有农会的身影,是农民合作的政治与经济组织,为每个地方的农民权利的保护发挥着举足轻重的作用。

为何中国会缺失农民组织?难道农民不需要权利的表达组织吗?或者说

① 结社是社会发展的内在必然要求,结社权是人类的固有权利,包括中国宪法在内的各国宪法、法律和国际公约都对其加以规定。联合国《公民权利和政治权利国际公约》(*International Convenant on Civil and Political Rights*)明确指出:“人人有权享有与他人结社的自由,包括组织和参加工会以保护他的利益和权利”。

② 社团必须在法治的框架内活动,才能起到刘易斯·A.科塞(Lewis A. Coser)所说的社会“安全网”的作用,促进民主、维护社会稳定。许多国家的立法既有对结社自由的保障条款,也有对结社权的限制,包括程式上的限制和实体上的限制,在结社主体、结社种类、结社目的以及政治权力介入等方面必须遵循一定的界限,这些做法值得认真研究和借鉴。

政府也没这方面的责任吗？还是说落后的、愚昧的农民无法组织起来？农会的建立有助于维护农民的基本权利，整合农村资源，提高农民的政治参与程度，提高农民的谈判地位，加强农民与其他利益集团间的对话。不难发现，农民自发的合作组织是新农村建设最重要的内容，中国人民大学农业与农村发展学院院长、经济学家温铁军强调“千投入，万投入，不如投入一个农民的积极性”。因此，目前农协将成为保护农民权利的重要组织，农民的权利可以从农协上得到有效的组织保证，农协的建立既是农民自身发展的诉求，也是政府服务农民的有效载体。

总结新时期重建农协的诉求，我们发现，中央领导、学界人士、人大各级代表都考虑、呼吁并建议重建农会，实践永远是验证一个制度形式是否正确的有效手段，一些基层地区已经开始探索成立农民协会[①]。当然，那种“一切权力归农会”的“革命农会组织”、“夺权农会组织”不是今天所要的。有些人担心“三位一体”农协会与政府对抗，这是一种历史幻觉，是“夺权农会”留下的印象。其实放眼各国，纵观今昔，通常意义上的“三位一体”农协都并非“夺权农会组织”，它们并不追求发展成“民主政权”。实际上，依据国家法律认可建立起来的农会，不仅起到了保护农民利益的作用，还是连接政府与农民的桥梁与纽带：其作用是一方面收集农民的诉求，另一方面是帮助农民增加经济收入。应当注意的是，农会必须成为保护农民权利为农民谋利的组织，不能成为一种摆设。我们应该始终坚信，只要我们真正地以农民发展为出发点，时刻服务农民，即便是有组织的农民也是不可怕的。既然近似草根民主的村民自治选举已经在农村应运而生，那么在此基础上，应当“趁热打铁”，将农会组织有序地发展起来，建立属于农民的组织，让农会成为农民的权益代言人。不难发现，在农村兴办农会组织已经是大势所趋，为此，许多农村已经在酝酿新一轮农会建立的高潮。其中“三位一体”农协即为典范，当然，“三位一体”农协不可能成为农民为所欲为的工具，但它可以保护农民不会被外部不正当的权力所侵害。

---

① 比如2003年1月22日湖南省衡阳县27名农民代表商议成立农民协会。2004年6月7日山西省永济市蒲州镇寨子村的郑冰（女）在市民政局正式注册“永济市蒲州镇农民协会”，这是全国第一个正式注册的农民协会。

（三）“三位一体”农协与农民集体主义

联合成为整体的前提是个体的独立存在，这是逻辑的必然，科学的合作应该是开放的，封闭的合作是非科学的。当一个系统内部变得越来越复杂时，系统中心对各个子系统的控制就会越来越难，唯一的办法就是让子系统“自治”。自治就是个体相对于整体的自由。由于自由了，个体就从整体中独立了出来。个体的形成是在整体变得过于复杂时的一种解决方案。复杂导致自治，自治解构复杂；整体生成个体，个体拯救整体。

传统中国农村社会中，个人、家庭以及社会是紧密相连的，在这个关系网中，个人的位置由家庭规定，家庭在社会中的位置由家族规定。中国的农村社会几千年得以传承，其根源就是家族集体意识，家族具有自己的土地、拥有自己的财产、有属于自己的集体组织，而且是一个具有集体行动意识的集体组织，基于家族的共同利益，属于自身的家族文化应运而生。无论何种形式的家族主义，包括社会、经济、文化等，都是家族对集体主义的集中诉求。因此，所谓的家族主义意识，简单来说就是在家族中对社会、经济、文化各层面所形成的共同认识。

中国农民的合作历史非常悠久，经历了从村社合作到家族合作到解放后的农村互助合作的漫长历史。但在文化大革命时期的“村集体”合作离我们最近并且影响最深，以至于形成了错误的思维习惯，认为建立村集体组织就是合作，否则就是分散。其实，村集体只是一种低级形态的合作，是一种传统农村社区的合作组织形式。由于农民的个体力量弱小，希望得到集体力量的支持，只有通过集体合作才能共渡难关。内部合作的强度与外部压力成正相关关系，压力越大，合作越紧密，部落社会产生的原因正在于此。新中国建立后的农业合作化运动就是基于对传统农业社会主义的向往，混淆了集体主义与平均主义的区别，选择了村集体这种初级形态的合作。初级群体的合作是以共享财富为基础，然而，这是一种低水平的均等社会的表现，因为这种合作是在封闭的情况下完成的，所表现的“集体合作”是一种同质性合作，即合作者无差别地从事同一活动，合作中并没有新要素或者新发展的出现。这就是为什么中国20世纪50—70年代农村合作化运动失败的重要原因。对于传统社会中的农民，村庄即世界，而在现代开放的世界中，世界就是村庄。社会的发展中，使得农民已经摆脱封闭的社会现状,走向世界。合作与利益共存,哪里有利益哪里就应该出现合作。因此,封闭、孤立、狭窄的村集体合作已经无法满足其日益发展的利益需求。加之村级合作在合作中容易出现对个体的侵犯和压制,成为一种形式上的集体,覆盖并替代了真实的个体。为抵御这种抽象集体所带来的损害,农民不得不“用脚投票”来表达自己的意志,弥补自身缺失的自由选择权。

为满足农民的现状需求,农民的合作必须扩展开来,超出地域、血缘以及行政区的限制,发展开放性合作。当然,这种开放性的合作不是对分工分业分化的排斥,而是发展“和而不同”,在分工分业和分化基础上建立,最终实现合作中的共赢。值得一提的是,“开放合作”不同于过往的“集体合作”,是非同质化的合作,合作中将产生新的要素与形成新的生产关系,最终实现生产力水平的提高。举例来说,专业合作社中的资本流入,促进了资本与劳动的合作和均衡,形成了新的社会化生产方式,改变了以往的低水平合作方式。这也是开放型社会里农民集体主义能够不断发展、不断改革生产方式的关键所在。

“三位一体”农协只是农民通过自由结社而建立的实现与保护自身利益不受侵害的自治组织,不是所谓的“民主政权”。虽然这种共同利益不等同于经济利益,但在一定程度上可以演变为经济利益。人们对于利益的追求,就是社会发展的动力所在,这也是无法避免、必须正视的现实问题。围绕着经济利益这个中心,具有不同劳动技能、生产方式、社会地位、利益诉求的人们自然而然地以利益为中心捆绑在一起,形成不同的利益群体。借鉴西方的公共选择理论,“利益集团”即是利益主体的集合,不能片面地认为利益集团就是不好的。不可否认的是,在西方国家中,利益集团在社会服务、公共政策制定中发挥着举足轻重的作用。集体是由个人组成的,没有个人也就无所谓集体,个人的发展及利益的实现离不开集体的保护,离开集体的个人不可能得到发展,集体利益和个人利益应该是相互结合、互为前提的。只有增加村民对集体的认同感,集体才能切实地保护农民的权益。

乡村熟人社会里,带有伦理色彩的“社企相融”乃至“社企合一”常常能够降低内部交易成本,有助于合作应对外部的市场竞争。因此在许多国家和地区,从西欧、北欧直到东亚的日本、韩国和我国台湾地区,“三位一体”农协都有重要的经济职能。它不仅在“公司加农民”、“民间组织加农民”、“政府加农民”、“NGO 加农民”等各种机制中充当分散农民与涉农伙伴间的桥梁,代表成员农民与合作伙伴进行集体谈判,保证“××加农民”的机制不至于因农民的分散和弱势而变成“××坑农民”。而且它还常常直接兴办合作经济体,从事乡村金融合作、保险合作、购销合作、产前产后产中服务合作等。可是,农民“结社权”的经济含义和社会政治含义是相互联系的(秦晖,2007)。“集体主义”的出现离不开结社权的完善。没有这种权利的出现,使得人们难以从形式上以及心理上认同自己属于的群体,容易产生任何自主性集体主义都是违法的错误想法,合作制的建立更无法实现,真正的集体利益也无从谈起。同样,“集体主义”的实现必须摆脱“结社责任”的束缚。“三位一体”农协建立的初衷是实现农民之间的合作化生产,合作化和集体主义在本质的倾向上是相同的,没有”三位一体”农协,就谈不上真正意义上的农村集体主义。

我们必须清楚地认识到,社会主义新农村建设必须依靠农民群众,农民群众是新农村建设真正的主体,政府单方面的行为,往往是事与愿违的。其中,集体主义精神是新农村建设的必要手段,新农村发展目标是“生产发展、生活富裕、乡风文明、村容整洁、管理民主”,这个目标是一个完整的体系,涉及经济、政治、文化、社会多方面内容,发挥集体主义精神是新农村建设的内在要求,其中的“乡风文明”不仅是与他人和睦相处,还必须遵守集体主义中的各种规则。“管理民主”同样内含着集体主义的精神。对集体主义的强调并不代表着对个人主义的抹杀,并不是否认个人的自主性,真正的集体主义不是人民公社时期的那种“集体主义”,它是在充分尊重个人权利的基础上的集体主义。民主管理既充分尊重了每个农民在农村治理中的民主权利,也加快了集体主义精神在农村中的培育。总体来说,新农村的建设离不开集体主义的建设,农民是需要集体主义的,这种集体主义是改革开放后对人民公社反思后的农民谋求自身利益的精神动力。如何正确处理集体主义与现阶段社会主义的内在关系,是一个值得深入探讨的问题。

(四)非政府组织与“三位一体”农协

在公民社会里,任何公民的角色都必须以明事理、有良知、守道德为前提。随着社会的发展与变迁,中国公民的生存条件不断完善,生存空间不断拓展,公民社会获得长足的发展。公民社会是经济现代化和国家自主性的基础。公民对社会利益意识的不断提高,就要求国家政权机关不断完善其政治力量,管理好社会与市场经济,自主合理地行使公共权力,摆脱各种利益集团与权力机关的非法控制与影响。社会组织是公民意志与国家权力沟通的桥梁与媒介,通过分析与整理公民的利益诉求,并将共同的社会利益进行整合,从而制定合理的公共政策,最终实现对社会经济、文化、政治、日常生活的有效治理。这也是国家权力合法行使的现实基础。但不可忽略的是,我国利益诉求渠道的不完善导致公民的利益表达无法反映到权力机关,表达渠道的不足造成政策制定的不到位。

中国在发挥社团的社会作用问题上存在一些错误的认识和不合理的做法,社会团体管理的公共政策存在一定的国家主义色彩。社团的社会性、自治性、自主性、能动性没有得到充分发挥。有的社团被纳入事业单位管理,有的社团工作人员被纳入国家公务员系统,成为政府的组成部分。随着中国公民社会的发育和成长,要求我们对社团的社会作用进行再认识。

在民主建设过程中政府和非政府组织的功能定位和分工问题是一个非常重要的问题,政府提供公共物品是有缺陷的,需要第三部门来补充。传统思想认为政府的主要职能就是管理公共事业与提供公共物品与服务。但现实中的许多例子已经表明单靠政府对公共事业的支持与公共物品与服务的提供是不够的。中位需求理论表明,所谓最民主的政府其提供的公共品与服务也不可能照顾到所有公民,那些少数公民的利益需求往往容易被忽视。比如灾难救助、贫困帮扶这些公益事业,政府很难做到面面俱到,这些少数的人很难影响到政府政策的制定,这时就需要能够代表他们利益的非政府组织来提供这些公共物品与服务。第二次世界大战后西方社会流行的一种福利国家的政治思想,把国家看作是全社会增加福利的工具,要求国家通过立法和财政经济措施,积极增进社会全体成员的福利。20 世纪 80 年代传统的“福利国家”制度出现危机,公共财政仍要提供公共物品,但是其提供的机制已发生了变化,不再是由政府直接用公共财政兴办各种公益事业,而是政府与第三部门合作,以公共财政资助公民自治的非政府组织、非营利组织(NPO),结合志愿资源来搞公益福利项目,这种所谓“后福利国家”机制要求公民社会的组织有高水平的发展。当代 NGO 和 NPO 的发展有一个特点,就是慈善性质与公益性质的组织发展迅速,比如红十字会、环保组织、和平组织、妇女儿童保护组织等,这些组织都以提供慈善与公益为目的,追求的是公共利益、社会利益,不是以成员自身的利益为出发点的,它们更像是社会中以各种公益形式为目的而自愿产生的公益团体。

近年来各种 NGO 组织对中国乡村公益事业提供了不少支持。国际上对中国的乡村发展援助、城市和非农领域的民间志愿者、社会公益捐助资源对农民的帮助也多通过第三部门的渠道或第三部门与地方政府合作的渠道进行。同时,一些新思潮介绍的国外乡村发展经验,例如“新左派”喜欢提及的印度喀拉拉邦经验(Kerala, India Experience)也都强调 NGO、NPO 组织的作用。这一切使人们对乡村民间组织和公民自治的期待也似乎更多地放在这类组织上。然而遗憾的是,经过十多年发展,NGO 与 NPO 在中国乡村中的角色仍然基本局限于外来慈善者,本土的乡村 NGO 与 NPO 一直找不到合适的生长点。

目前,占全国人口 70% 的农民仍没有一个真正意义上的利益集团,这与我国的民主进程极不相称,其实只要看看国外第三部门的历史就会看到:无论是发达国家还是印度之类的发展中国家,无论是城市还是乡村,民间社会的发展都是先有发达的成员利益组织(工会、“三位一体”农协等等),在这一基础上才谈得上志愿公益组织的发展,从来没有倒过来的。因此,不难看出非成员志愿公益组织是一种只有在成员利益组织高度发展的基础上才能成长起来的民间社会高级形态。只有在整个社会大多数成员都发展起来,总体上满足自身权益发展的时候,才能救助少数的弱势群体。立足现实,当前组织的建立还应该立足于成员利益的实现。在我国尤其如此,中国的公民社会建立的着重点还是应该放在这里。我们必须一步一个脚印,在“三位一体”农协这类组织成功的基础上,慢慢建立那些“更多”“更好”的公益性组织。

在当今社会中,利益逐步趋向多元化,然而作为最大群体的农民始终处于弱势地位,在公共决策中地位偏低,话语权很小,心声难以反映到权力机关。研究认为,代表农民利益的农业利益集团有不可取代的重要作用。利益集团的形成过程应该经过“专业化——综合化、单一——统一”的过程。农业利益集团的主要作用就是最大限度地吸收处于弱势地位的农民,提高进行集体谈判的能力和地位,保障农民的权益。

二、“三位一体”农协的公共产品供给机制——基于隐性约束的行为选择

（一）问题的提出

农村公共产品是指可以满足农村集体公共需求，具有非竞争性、非排他性的产品或者服务，包括纯公共产品、准公共产品两大类。纯公共产品具有完全的非竞争性以及非排他性，这类产品通常是由政府部门供给，准公共产品则具有不完全的非竞争性以及非排他性，包括农村医疗、农田水利、农村道路等许多方面，这类产品仅仅依靠政府部门供给不可行，但私人部门供给又易降低供给效率，因此需要“三位一体”农协会员参与供给以提升农村公共产品的供给水平和效率[①]。“三位一体”农协是集供销合作、信用合作、农民专业合作于一体，由各类会员自愿组成的，具有金融服务功能的一种综合性的合作组织。“三位一体”农协会员在供给农村公共产品时面临着是否与政府部门进行合作的选择，已有的研究结果表明，政府政策的缺失是抑制“三位一体”农协会员与政府合作的主要原因，但是大量的研究成果表明即使政府制定了相应的政策，仍有“三位一体”农协会员选择放弃与政府合作，独立承担供给农村公共产品的责任。从这样的现实情况出发，本文引入了政府部门“隐性约束”进行实证分析，提出理论假说，通过问卷调查的方法收集实验数据，论证“三位一体”农协会员选择独立承担农村公共产品供给责任的原因。

（二）文献回顾

有关公共产品供给主体的许多研究表明，公共产品应该由政府供给，孙开（1995）、杨秋林和林万龙（1997）、董德刚（2003）、马晓河和方松海（2005）分别从政府经济行为、成本分摊方式、税费改革等角度论述了政府是作为公共产品供给主体的合适选择。Demsetz（1970）提出私人能够在排除付费者的条件下供

---

① 张伟平，“农民专业合作经济组织与农村公共产品投入”，载《浙江树人大学学报（人文社会科学版）》，2007 年第 2 期，第 44—47 页。

给公共产品[1]，郭少新(2004)、王廷惠(2007)也认为在市场机制下，通过排他性手段，私人也能有效提供公共产品。在有关农村合作经济组织参与公共物品供给问题研究方面，张军(2004)还提出农村公共产品供给已经形成包括政府和私人在内的多元主体供给格局[2]。张伟平(2007)、李瑞芬(2008)提出农民合作经济组织主要有专业协会、专业合作社和股份合作社三种类型。农村合作经济组织供给公共产品在国外很普遍，以美国和日本为例，美国农村合作社供给的准公共产品几乎囊括了农业生产的所有环节，还提供农村金融服务、电力服务等。日本农协为农村提供的准公共产品则覆盖了农村几乎所有领域，包括技术指导、金融服务、设施投入等。在农村合作社供给公共产品时，政府通过制定相应的优惠政策，采用法律、经济等手段支持合作社提供公共产品。[3] 在我国，农村经济合作组织参与公共产品供给能够为农村解决许多问题，崔俊敏(2008)、肖新喜(2012)提出农村合作组织，尤其是经济合作组织，能够有效拓宽资金来源渠道，为农民提供其真实需要的产品，满足农民切实需求，弥补公共产品供给不足的缺陷。此外，国内许多研究表明，农村经济合作组织是通过与政府合作来供给农村公共产品的。王青云(2009)提出农村合作经济组织在提供公共产品时，政府为其提供了良好的外部环境，并对其进行扶持和引导，还提出政府财政不能完全满足农村对公共产品的需求，可以通过合作组织来提供更多的公共服务。[4] 虞宛姗和徐天祥(2011)[5]认为我国农村合作社大多数都是由政府牵头成立的，且政府财政为合作社提供所需资金。韩国明和李伟珍(2012)[6]提出农村合作社成为农村公共产品的又一供给主体后，我国形成了政府、合作社和村组织多元合作的供给格局，农村合作社通过与政府合作为农村提供部分公共产

---

① Demsetz H., The Private Production of Public Goods[J]. Journal of Law and Economics, 1970, 13, 293.

② 张军，“农村公共产品供给特征及其对农民收入能力的影响”，载《农村经济与科技》，2004 年第 5 期，第 19—20 页。

③ 虞宛姗，《准公共物品供给视角下农村合作社的发展》，云南：云南财经大学，2011 年。

④ 王青云，“农村合作经济组织提供公共产品：理论、实践和启示”，载《农业经济》，2009 年第 7 期，第 21—23 页。

⑤ 虞宛姗、徐天祥，“农村合作社视角下的农村公共物品供给分析”，载《现代农业科技》，2011 年第 5 期，第 361—362 页。

⑥ 韩国明、李伟珍，“村庄公共产品供给框架下农民合作社的生成路径分析——基于历史制度主义视角”，载《农村经济》，2012 年第 1 期，第 107—111 页。

品,政府通过减免税收和贷款优惠等手段支持农村合作社。但是又有部分学者认为政府政策的缺失阻碍了农村经济合作组织提供公共产品,虞宛姗和徐天祥(2011)提出政府没有制定有效的政策,对农村合作社的税收支持和优惠政策也不够,这使得合作社供给农村公共产品遇到瓶颈。

近年来,越来越多的研究成果表明,即使政府制定了相应的优惠政策,还是有农村合作经济组织独立提供公共产品。张伟平(2007)、李瑞芬(2008)认为一般情况下,纯公共产品是政府负责供给的,准公共产品则是农村合作经济组织在政府的支持下合作供给的,同时农民专业合作经济组织还直接为部分农民提供准公共品。殷好好(2008)[①]提出农民专业合作社参与供给公共产品的方式主要有政府委托转让、贷款、自有资金集资三种,前两者需要政府给予一定的政策支持和引导,后者是合作社在自身经济实力允许的情况下依靠自身力量完成的。周红梅(2008)[②]提出我国农村合作经济组织发展还不成熟,其在提供农村公共产品时,既可以直接独立地提供部分公共品,也可以享用政府部门制定的优惠政策,通过签订合同等方式与政府合作,共同供给农村公共产品。虞宛姗和徐天祥(2011)认为成本较低的且小范围收益的准公共品,农村合作社有能力独自提供,如果准公共产品存在部分收费,农村合作社可以在政府给予一定经济补贴的情况下供给。梳理当前研究成果,已有的研究成果都无法解释清楚为什么政府提供了大量的优惠政策扶持后,还会有农村经济合作组织自发独立参与农村公共产品供给。本研究试图从农村经济合作组织的角度,通过讨论政府部门自身存在的“隐性约束”,以农村经济合作组织的主观意愿和行为选择,对其自发独立参与农村公共产品供给的根源进行剖析。

(三)隐性约束与“三位一体”农协命题

为了了解“三位一体”农协会员在供给农村公共产品时对是否与政府进行合作的选择倾向,是否存在“隐性因素”制约着“三位一体”农协会员供给公共产品的参与行为选择等问题,本研究在政府支持“三位一体”农协会员参与公共

① 殷好好,“农民专业合作社承担农村公共产品供给的可行性分析”,载《安徽农业科学》,2008年第32期,第11430—14301页。

② 周红梅,“推进农村合作经济组织发展缓解农村公共产品供给难题”,载《现代商业》,2008年第32期,第123—124页。

产品供给的政策条件下，采取预调研的方式，对浙江地区 26 家“三位一体”农协会员进行调查，发现在政府为农村公共产品供给已经制定了一系列的优惠政策的前提下，仍然有超过五分之一(21.51%)的“三位一体”农协会员选择自发独立承担农村公共产品供给责任。本研究对受访的“三位一体”农协会员针对政府制定的优惠政策的评价进行了解，可以发现其可能的主要原因在于合作程序繁琐、资金使用监管严格、资金规模数量水平有限、投资到生产的转化不顺畅等原因。对于政府机构来说，为了防范“三位一体”农协会员在农村公共产品供给中利用政策漏洞非法套取政府财政资金，政府会从两方面对“三位一体”农协会员进行约束。一方面是结合农村经济发展水平高低进行公共产品资金数量供给(硬约束)，对经济发展迅速的农村地区的公共产品资金支持力度降低；相反，对于经济落后农村地区的资金支持力度加大，这就为“三位一体”农协会员参与公共产品供给提供了差异化供给空间。调查发现，越是经济发达的农村地区，“三位一体”农协会员更多选择自行供给农村公共产品，而经济发展相对落后的农村地区，政府对农村公共产品投资发挥的主体作用更明显，可能的解释是：“三位一体”农协会员的资金实力的强弱直接决定了其对农村公共物品参与的意愿性，也决定了与政府合作的密切性。本研究把政府投资的倾向性的根源——农村区域发展水平高低——看作是隐性硬约束，这种约束直接反映出政府对农村公共产品投资资金水平的高低，从而影响着“三位一体”农协会员参与公共产品供给的行为选择。另一方面，“三位一体”农协会员与政府共同合作供给中，由于“三位一体”农协会员合作程序繁琐、对政府的依赖过度等问题，“三位一体”农协会员同政府合作的意愿就会减低，更倾向于独立进行农村公共产品供给，本研究把上述造成“三位一体”农协会员参与意愿减低的问题看作是隐性软约束。这两方面的内容不会反映到政府制定的支持和服务“三位一体”农协会员参与公共产品供给的政策内容中，但对于“三位一体”农协会员来说，却成了他们投入农村公共产品的成本中的一部分，制约着“三位一体”农协会员参与农村公共产品供给的意愿，甚至直接影响农村公共产品供给效率，也有悖于农村公共产品多主体治理结构优化的发展要求。由此可见，由双重约束(硬约束、软约束)形成的不反映在政府政策名义获益中的“隐性约束”是“三位一体”农协会员选择是否与政府合作提供农村公共产品的主要影响因素，并且还影响其独立供给农村公共产品的水平。按照这样的分析逻辑，本研究提出以下几种基本命题,以进一步对假说进行实证性分析。

命题一:“三位一体”农协会员会衡量克服“隐性约束”付出的成本与同政府合作和不同政府合作之间的利差大小,一旦克服“隐性约束”付出的成本大于同政府合作和不同政府合作之间的利差,“三位一体”农协会员将会选择不与政府合作供给农村公共产品。

命题二:政府部门为了规避投机行为而设置了“隐性约束”,约束越多,政府部门越愿意为“三位一体”农协会员提供支持。

命题三:“三位一体”农协会员若能够承担较多的成本,则更倾向于选择与政府合作供给农村公共产品。

(四)实证分析

1. 实证样本和问卷内容

在预调研基础上,本研究又针对这些“三位一体”农协会员的负责人与主要管理人员,采用问卷调查方法对浙江“三位一体”农协会员进行抽样问卷调查,共发放问卷100份,其中,为了研究的代表性和科学性,对“三位一体”农协会员的相关调查对象进行数量区别,调研对象主要集中在“三位一体”农协会员的负责人、主要管理人员两类人员上,具体情况是:对于负责人发放问卷70份,主要管理人员30份,共回收问卷95份,有效问卷93份,其中,农协会员的负责人有效问卷64份,主要管理人员有效问卷29份。

实证问卷内容包括“三位一体”农协会员与政府合作与否、“三位一体”农协会员所在农村的经济发展水平、“三位一体”农协会员对供给资金的需求程度、“三位一体”农协会员自身完善程度、对政府的依赖程度、合作程序繁琐程度等六个大类18个问题。在对这些调研问题进行一定的初步处理后,得到了如下几组最具有代表性的数量指标,具体结果见表5-1。并通过对各个变量进行筛选,得到了关于与政府合作与否选择的经验函数:

$$SFHZ = f(ZHCY, ZGCD, ZJXQ, PQCD, HZCS)$$

表 5-1 调查问卷的主要内容变量和含义

变量	含义	调查问卷内容
是否与政府合作(SFHZ)	“三位一体”农协会员是否与政府合作参与公共产品供给	选择:1 = 合作 2 = 不合作
是否具有支柱产业(ZHCY)	以支柱产业来反映本村经济发展水平	选择:0 = 有 1 = 无
“三位一体”农协会员自身完善程度(ZGCD)	“三位一体”农协会员完善程度	选择:1 = 完善 2 = 一般 3 = 不完善
资金需求程度(ZJXQ)	“三位一体”农协会员对供给资金的需求程度	选择:1 = 非常需要资金 2 = 需要资金 3 = 一般
合作程序繁琐程度(PQCD)	“三位一体”农协会员对资金合作程序的繁琐程度	选择:1 = 繁琐 2 = 一般 3 = 不繁琐
曾经合作的次数(HZCS)	用以往与政府合作供给农村公共产品的次数来决定其对政府财政资金的依赖程度	填空:曾经与政府合作供给的次数(单位:次)

2. 模型检验与实验结果

(1) 描述性分析

通过对调查问卷的数据进行初步整理,以最大值、最小值、平均值和标准差为指标对调查数据进行描述性统计分析,得出各个变量的统计特征结果见表5-2。

表 5-2 调查问卷数据描述性统计结果

	样本量	最小值	最大值	均值	标准差
SFHZ	93	1.00	2.00	1.2151	0.41309
ZHCY	93	0.00	1.00	0.8280	0.37946
ZGCD	93	1.00	3.00	1.7312	0.92242
ZJXQ	93	1.00	3.00	1.8602	0.85455
PQCD	93	1.00	3.00	1.9785	0.76583
HZCS	93	1.00	4.00	2.4624	0.85413
Valid N (listwise)	93				

(2) 二分类变量 Logistic 回归分析

对调查数据进行二分类变量 Logistic 回归分析,研究各个自变量是否对因变量 SFHZ 具有显著性影响。在对实验数据进行分析中,研究得知调查所得的 93 份数据完全参与计算,缺失值为零,并且系统对因变量 SFHZ 进行重新编码,将“三位一体”农协会员与政府合作定义为 0,不合作定义为 1,分析结果见表 5-3 和表 5-4。

表 5-3 个案处理描述

Unweighted Cases[a]		N	百分比
Selected Cases	Included in Analysis	93	100.0
	Missing Cases	0	0
	Total	93	100.0
Unselected Cases		0	0
Total		93	100.0

注:a. If weight is in effect, see classification table for the total number of cases.

表 5-4 因变量编码

Original Value	Internal Value
1	0
2	1

在对模型初始分类进行预测时,模型中不包含任何的自变量,只包括了常数项,结果见表 5-5。表 5-5 左方代表的是实际观测值,右方代表的是预测值以及正确的预测率,用来预测在没有任何变量进入模型前,所有“三位一体”农协会员在供给农村公共产品时愿意与政府进行合作的正确率,从表中结果可知预测的正确率可达 78.5%。

表 5-5 模型分类预测值 I

实际观测值			预测值		
			SFHZ		Percentage Correct
			1	2	
Step 0	SFHZ	1	73	0	100.0
		2	20	0	.0
	Overall Percentage				78.5

注:a. Constant is included in the model.
b. The cut value is .500.

对模型进行预分析,假设将未纳入模型的变量分别或者一起纳入模型,检验整个模型拟合优度的改变是否具有显著的统计学意义。从表 5-6 分析数据的 Sig 取值可以看出,当单独纳入变量 ZJXQ 时 Sig 取值为 0.406 >0.05,单独纳入 HZCS 时 Sig 取值为 0.207 >0.05,单独纳入其他变量时 Sig 取值为 0,这表明除了单独纳入变量 ZJXQ 和 HZCS 时模型没有显著的统计学意义外,其余的模型均具有显著的统计学意义。

表格 5-6 未纳入模型的变量

			Score	df	Sig.
Step 0	变量	ZHCY	19.239	1	0.000
		ZGCD	34.581	1	0.000
		ZJXQ	0.689	1	0.406
		PQCD	14.697	1	0.000
		HZCS	1.592	1	0.207
	Overall Statistics		54.890	5	0.000

对变量纳入模型后的模型进行全局检验,采用三种检验方法:步与步之间的相对似然比检验(Step)、Block 间的相对似然比检验(Block)、模型间的相对似然比检验(Model)。此数据分析采用强行进入法,且只有一个自变量组,所以通过三种检验方法得到的结果相同,Sig 取值为 0 <0.05,具有显著的统计学意义,这说明该模型方程在整体上是成立的。但是从 -2 倍的似然比的对数值以及两个决定系数来看,Cox & Snell 和 Nagelkerke 的 R Square 取值分别为 0.555 和 0.859,这表明模型的拟合优度比较好,但不是很好,具体分析结果见表 5-7、表 5-8。

表 5-7 模型全局检验结果

		Chi-square	df	Sig.
Step 1	Step	75.402	5	.000
	Block	75.402	5	.000
	Model	75.402	5	.000

表 5-8 模型情况摘要

Step	-2 Log likelihood	Cox & Snell R Square	Nagelkerke R Square
1	21.426[a]	0.555	0.859

注:a. Estimation terminated at iteration number 9 because parameter estimates changed by less than .001.

将变量纳入模型后对模型进行分类预测,从表 5-9 结果可以看出,此时预测准确率达到了 95.7%。

表 5-9 模型分类预测值Ⅱ

实际观测值			预测值		
			SFHZ		Percentage Correct
			1	2	
Step 1	SFHZ	1	71	2	97.3
		2	2	18	90.0
	Overall Percentage				95.7

注:a. The cut value is .500.

通过上述分析结果得到模型总体回归结果,见表 5-10,根据数据分析结果,自变量是否有支柱产业(ZHCY)在 0.05 的显著性水平下对因变量“三位一体”农协会员是否与政府合作供给农村公共产品(SFHZ)具有显著影响,且有负向相关关系,当“三位一体”农协会员所在农村具有支柱产业时,该会员组织往往不会选择与政府合作,更多的是独立供给农村公共产品。自变量“三位一体”农协会员自身完善程度(ZGCD)对因变量具有显著的正相关关系,若“三位一体”农协会员自身完善,则该会员组织选择与政府合作的发生比率为 $e^{4.071}$,值为 58.616,也就是说在“三位一体”农协会员自身完善的情况下,该会员组织选择与政府合作的概率是选择不合作概率的 58.616 倍,这可能是因为当“三位一体”农协会员组织完善时,政府更容易批准,这样“三位一体”农协会员的成本会相应降低；当合作组织不完善时，政府对合作资金的审批过程会更复杂，会引起更大的成本，此时“三位一体”农协会员往往会放弃与政府合作的机会。自变量“三位一体”农协会员对资金的需求情况(ZJXQ)对因变量具有显著影响，且呈正相关关系，即如果“三位一体”农协会员非常需要供给公共产品所需资金，那么该会员组织更容易选择与政府合作供给农村公共产品；相反，该会员组织会自己独立供给。这是因为，“三位一体”农协会员更希望通过参与农村公共产品供给，从政府获得一定的发展扶持或者税收优惠政策，更甚者是获得更多除了公共产品投资以外的财政资金支持。对于自变量合作程序繁琐程度(PQCD)而言，其对因变量是否会选择与政府合作具有显著的负相关关系，“三位一体”农协会员与政府共同合作供给公共物品的程序越繁琐，越容易选择不与政府合作，而在合作程序不繁琐的情况下会比较倾向于与政府合作，这是因为政府公共财政资金批准发放需要一定的时间周期，如果“三位一体”农协会员对资金需求很迫切，不能支付更多的时间成本履行政府的审批程序，他们往往会选择利用自有资金、集体资金或者动员分散的农户资金来独立供给农村公共产品。而自变量曾经与政府的合作次数(HZCS)对因变量(SFHZ)具有显著影响，且呈正相关关系。当“三位一体”农协会员与政府合作供给农村公共产品的次数更多时，其对政府的依赖性会更强，其往往不愿意依靠会员组织自身力量供给。

表 5-10　模型总体回归

		B	S. E.	Wald	df	Sig.	Exp(B)
Step 1[a]	ZHCY	-6.433	2.640	5.936	1	.015	.002
	ZGCD	4.071	1.249	10.617	1	.001	58.599
	ZJXQ	2.900	1.250	5.385	1	.020	18.183
	PQCD	-3.546	1.370	6.700	1	.010	.029
	HZCS	1.756	.870	4.071	1	.044	5.790
	Constant	-9.488	3.660	6.720	1	.010	.000

注：a. Variable(s) entered on step 1: ZHCY, ZGCD, ZJXQ, PQCD, HZCS.

其中，是否具有支柱产业(ZHCY)就是前文提出的“硬约束”，”三位一体”农协会员完善程度(ZGCD)、资金需求状况(ZJXQ)、合作程序繁琐程度(PQCD)、对政府的依赖程度(HZCS)对应于前文中的“软约束”，说明”三位一体”农协会员基于自身条件以及“三位一体”农协会员所在的农村环境，在供给农村公共产品时会考虑除了政府的优惠政策之外的因素，就是否与政府合作供给农村公共产品做出合适的选择，从而验证了前文提出的三个假说。

（五）主要建议

1. 鼓励独立参与供给公共产品，提高供给效率

“三位一体”农协会员单独供给农村公共产品，一方面能够大大减轻政府的财政负担，政府财政每年消耗在农村的数量很大，这其中就包括为农村供给公共产品提供资金支持，而由“三位一体”农协会员独立供给公共产品，能够为政府减少很大一部分财政支出。另一方面，“三位一体”农协会员单独供给农村公共产品能够提高会员组织自身的办事效率，以及会员组织自身在本村中的地位，从而为村民提供更好的公共服务。此外，“三位一体”农协会员是在农民中发展起来的，其对农民的真实需求了如指掌，能够为村民提供其真正需要的产品，“三位一体”农协会员单独供给公共产品还能够降低供给成本，提高供给效率。

2. 规范政府审批程序，缩短审批时间

严格规范政府对资金拨款的审批程序，通过严格的审批程序，使一批具有独立供给农村公共产品能力的“三位一体”农协会员退出与政府合作的平台，规避投机行为，这样能够防止其占用政府为其他能力不足的“三位一体”农协会员提供的机会，使其放弃与政府合作和寻求政府资助，这样就为政府审批节约了时间，在一定程度上也相应地减少了能力不足者用在政府审批上的成本。

3. 振兴农村支柱产业，大力发展本村经济

“三位一体”农协会员独立供给农村公共产品需要大量资金的支持，以“三位一体”农协会员为主体大力发展农村支柱产业，对本村经济发展具有非常主要的作用。发展农村支柱产业，能够强力拉动本村经济的发展，从而为“三位一体”农协会员提供足够的资金支持。

4. 大力发展合作组织，逐步放宽政府权力

目前，在政府领导下的“三位一体”农协会员居多，一方面，政府在主导“三位一体”农协会员发展的同时应该逐步放权，使其有权力提供农村公共产品。另一方面，政府应该制定一定的政策，放低“三位一体”农协会员进入门槛，发展并培育“三位一体”农协会员，壮大“三位一体”农协会员自身力量，使其有能力

独立承担农村公共产品供给责任。

（六）小结

对“三位一体”农协会员独立供给农村公共产品来讲，与政府合作供给农村公共产品能够享受资金支持、政策支持、技术支持等多方面的保障，理应是“三位一体”农协会员的首选，但是政府部门为了规避投机行为，减轻财政负担，会设置一定的“隐性约束”。为了获得政府部门的支持，与政府合作供给农村公共产品，“三位一体”农协会员需要付出一定的成本。“三位一体”农协会员会衡量这一成本与其独立供给农村公共产品的成本差孰大孰小，从而选择是否需要付出这一成本来克服“隐性约束”以获得与政府合作的机会。

研究结果表明，因为“隐性约束”的影响，“三位一体”农协会员会根据自身的条件来选择是否与政府合作。通过抽样调查，选取农村经济发展水平、组织自身完善程度、资金需求状况、合作繁琐程度、组织对政府的依赖程度等几个方面的指标来衡量，对因变量“三位一体”农协会员选择意愿依次进行因果关系验证。分析结果证明了本研究提出的三个假说，这表明在政府优惠政策“隐性约束”的条件下，“三位一体”农协会员会根据自身固有条件来选择是否与政府合作供给农村公共产品。

对政府部门而言，政府应该大力发展“三位一体”农协会员，提高“三位一体”农协会员的供给能力，鼓励其独立供给农村公共产品，这既能减轻政府财政负担，又能降低供给成本，提高供给效率，还能满足村民的真实需要。另外，政府部门需要进一步规范资金审批程序，规避投机行为，使政府财政资金流向真正需要的地方，降低“三位一体”农协会员对政府的依赖程度，使其真正地承担起供给农村公共产品的责任。

三、“三位一体”农协信用担保机制

（一）问题的提出

改革开放以来，“三农”问题日渐突出，农村经济发展缓慢，合作组织结构不合理，分割化严重，农村合作体制不完善。“三位一体”农协的出现，充当了农民与政府间沟通的媒介，利用本身涉农合作组织的特性，成为服务“三农”、整合多种资源、治理城乡分割与部门分割的农村经济治理公共服务平台。“三位一体”农协不仅是组织上的三位一体，也是职能上的三位一体，“技术、市场、资金”这三大困扰农民的问题，由专业合作社、供销社、信用社基于自身的资源优势，有针对性地参与和指导。

为促进“三位一体”农协发展，完善其运作机制，必须从根本上了解农民需要什么？农协需要干什么？长期以来，资金短缺一直都是农民在农业生产中反映最大的难题。合作金融作为合作经济的核心，是促进农村经济与农协发展的根本动力。然而“三位一体”农协作为新时期的新型合作组织，还处于发展的初级阶段，在与金融机构的合作中仍存在着一定的合作壁垒，造成农协在发展过程中缺乏有效的资金支撑，农村合作缺乏根基，难以实施。农协的构建与运作必须从合作金融发端，金融作为农村经济发展与农协运行机制的核心，必须建立良好的信用评级系统，自下而上，分层评级，依托基层合作社的评级，尤其是农民的自评和互评。[①]

由于农村中的闲散农户与小型乡镇企业信息透明度不高、信用等级低、抵押担保品不足等原因，金融机构不仅面临着高额的贷款成本，还需承担一定的逆向选择与道德风险。因此，解决借贷困境，实现金融机构资金的良性循环，积极探索“三位一体”农协信用担保体系势在必行。金融作为农协运行机制的核心，农协的发展离不开合作金融的发展，发展合作金融与完善“三位一体”农协，使信用评级、互助联保，担保与反担保、资金互助等项工作在合作社平台上展开，是建立信用担保体系的前提。要深入探究“三位一体”农协信用担保体系的需求动因、运行机制以及内发型发展路径，分析“三位一体”农协信用担保体系的发展模式，真正把握“三位一体”农协发展的经济动力。

（二）农协信用担保体系的地位与作用

1. 地位

随着农村经济格局的改变，农村贷款开始具有小额、分散、灵活、方便的特点，但农村金融机构由于自身政治属性等原因，农户贷款要求难以得到满足。

① 胡振华，“笔谈：‘三位一体’农协与新农村建设”，载《温州职业技术学院学报》，2012年第2期。

斯蒂格利茨在其“不完备信息市场中的信贷配给”的理论中提出，信贷困难的主要原因是由于信息不对称所致。为解决农村贷款难的现状，需建立新型的信用担保体系，以平衡借贷双方信息不对称问题。在农村自我担保物缺失、形式不牢靠，政府担保容易出现信用成本升高、恶意逃债，以及监管不力等情况下，为完善农村信贷市场，必须寻找适合农村信贷市场发展的第三方担保机构。

第三方担保机构在信贷市场中的地位，可以从信用与风险之间的函数关系中体现。如图 5-2 所示，金融机构对农户或中小企业贷款的风险为 V_A，金融机构的信贷风险控制线为 V_C，当 $V_A > V_C$ 时，金融机构出于自身盈利考虑，无法形成信贷关系。

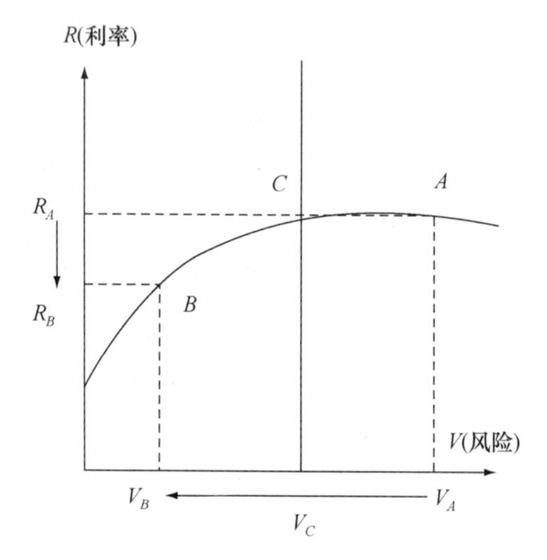

图 5-2 信用担保的功能

如果第三方组织作为“担保人”来促进借贷关系的形成，通过组织作保或者组织中会员联保，以合作组织为桥梁来获取资金，可以有效降低担保成本，解决借贷方信息不对称问题。第三方组织进入信贷市场后，金融机构对农户或中小企业贷款的风险降低为 V_B，$V_B < V_C$，从而将风险水平降低到银行可接受的范围之内，促成信贷交易。通过这种机制，农户不但可能获得银行的贷款，而且贷款利率将由 R_A 降至 R_B。[①] 因此，农村担保机构——“三位一体”农协等可以很好

① 王静、王蕊娟、霍学喜，“论农民专业合作组织对农户融资的信用担保”，载《西北农林科技大学学报》，2010 年第 6 期。

地促成信贷关系的形成，作为一种调节剂，调节着由于市场上信息不对称带来的信用风险，确保农村信贷市场的合理运行，解决农民“无保难贷”的局面。

“三位一体”农协信用担保体系在缓解农村资金借贷问题中的重要作用，可以用一个简单的模型来解释。

农协领导下的农户或者专业合作社为农村经济主体，假设信贷市场中只存在经济主体、金融机构与第三方担保机构三者，当该主体向农村金融机构借款 Q 个单位用于生产经营投资（$Q > 0$），并且该投资项目符合市场规律，具有一定的风险性。假设借款利率为 $r(0 < r < 1)$，项目成功的概率为 $P(0 < P < 1)$，盈利则产出为 W，失败则收益为 0。

假设金融机构要求农村经济主体提供抵押 C。如果 $C = (l + r)Q$，则金融机构不会出现亏损情况。但通常情况下，农户与专业合作社的抵押物处于不足状态，所以假定 $C < Q$。

【情况一】 假设农村信贷市场上只有金融机构和经济主体双方，则各方支付函数为：

农村金融机构：$\pi_1 = P(1 + r)Q + (1 - P)C$

农村经济主体：$\pi_2 = P[(Q + W) - C] - (1 - P)C$

如果农村金融机构想要盈利，那么 $\pi_1 > Q$，农村金融机构选择项目的成功概率为：

$$P_1 > \frac{Q - C}{Q(1 + r) - C}$$

【情况二】 农村信用担保机构参与后，为维持机构正常运作，必然会收取一定的成本费用 λr，则各方支付函数为：

农村金融机构：$\pi_1 = (1 + r)Q$

农村经济主体：$\pi_2 = P\{(Q + W) - [(1 + r)Q + \lambda r]\} - (1 - P)C$

农村信用担保机构：$\pi_3 = P\lambda r + (1 - P)[C - (1 + r)Q]$

如果农村信用担保机构要保持不亏损，则必须 $\pi_3 > 0$，那么农村信用担保机构选择项目的成功概率为：

$$P_3 > \frac{(1 + r)Q - C}{(1 + r + \lambda r)Q - C}$$

为验证加入农村信用担保机构，信贷市场更加有效率，资金流通更加迅速，

那么 $P_3 > P_1$，通过计算可以得知，当 $\lambda < 1 + \frac{r}{1 - C}$ 时，市场引入农村信用担保机构时的项目成功率大于仅仅只有经济主体与金融机构二者参与信贷市场的项目成功率。在2006年国家发改委等部门联合制定的《关于加强中小企业信用担保体系建设的意见》中规定，基准担保费率可按银行同期贷款利率的50%执行，并补充说明在具体操作中担保费率可依据项目风险程度在基准费率基础上上下浮动30%—50%，可得 $0 < \lambda < 1$。[①] 由此可以确定，农村信用担保机构参与信贷市场有助于提升信贷成功率与资金流动效率，使农户与私企更加容易获得贷款。

不难发现，以农村合作组织为中介的方式更加与农村信贷市场未来发展情况相吻合，能较好地在小范围内满足农村经济主体的贷款需求。在农村信用社（商业银行）与农村合作组织中建立一种合作机制，可以利用组织自身优势，发挥新型合作组织服务农民的作用，确保借贷资金的正常和快速的流转，促进农村信贷市场的快速发展。

2. 作用

“三位一体”农协作为促进农村经济发展的农村经济治理公共服务平台，为形成“农村信用社（商业银行）—农协—农户”的资金借贷模式，必须发展“三位一体”农协担保体系，满足农户生产发展需求。

（1）满足农户和专业合作社的资金需求

随着我国新农村建设的进一步推进，农村经济主体的生产方式已经由简单农业生产向复杂农业生产转变，在满足基本生产的基础上，还追求一定的生活性消费，兼有生产者和消费者的双重特征。然而在社会主义市场经济条件下，自主经营在农户产业的生产方式中仍占据主导。在技术、土地与资本稀缺的农业产业中，生产资金的缺失是制约农村经济发展的关键所在。因此，建立农村信用担保体系以解决农户生产资金的短缺就成为发展农业的关键所在。虽然近年来农民收入有所提高，然而农业存在着季节性与高风险性的特点，致使农户与专业合作社仍然有很大资金需求。农协信用担保体系的建立，可以有效解决农户的季节性资金需求，以弥补季节性资金短缺与应对自然灾害带来的损

① 黄庆安：《农村信用担保机构运行效率研究——以福建省为例》，福建农林大学2010年博士论文。

失,并且在土地没有收成的情况下,农户与专业合作社可以依靠信贷资金来维持生活和下一轮生产,保证农业的持续发展。信用担保体系直接推动农业专业化、规模化生产,保证生产资金的顺利周转。借款还可以解决农户与专业合作社的大型生活消费,如建房、婚丧、缴纳税费、重大疾病与组织改革。[①] 农协信用体系的建立可以打破金融机构的“惜贷”局面,解决信息不对称下的“囚徒困境”。

(2) 推动政府改革

为适应现阶段市场经济的发展,政府逐渐由“划桨人”转变为“掌舵人”,政府开始逐渐淡出金融的微观管理,原有的政府信用担保机制已不适用于新农村借贷经济的发展,政府为实现自身职能的转变,开始寻求第三方担保组织以替代政府的部分职能,更好地为农民提供信用担保服务。政府提供扶持政策,组建以财政出资为主的第三方信用担保机构,为具有市场发展前景的农村合作组织提供融资担保,是其中最重要的政策保证。农协担保体系的建立将推动政府职能转变,以农协作为担保桥梁,可以节省搜集农户信息的成本,降低政府的行政成本。农协中形成的联保机制,大大扩展了信用社(商业银行)的贷款广度,减少了政府的呆账死账数量。[②] 信用担保的杠杆作用帮助农协摆脱融资困境,走上可持续发展的道路,从而带来巨大的经济效益和社会效益。虽然农协中的担保体系尚处于发展阶段,但为发展我国农村经济,促进农村社会发展,弥补政府在由直接管理生产向间接管理过渡时的真空发挥了作用。

(3) 促进农协发展

“三位一体”农协作为新农村背景下的新型经济合作组织,必须比原分散的农村组织更具效率,以实现各个主体的利益为目标。由于农业产业具有风险高、技术低、投资少的特点,以及农户投资目光不够长远,极易出现农协成员撤资等现象,加之农村缺乏吸引投资的完善的制度基础,难以吸引投资者的目光,造成农户与专业合作社外部资金来源途径单一,只能向金融机构进行贷款,农村主体利益难以实现。因此,亟需信用担保体系来打通贷款行为中的障碍,确保外部资金顺利流入,扩大农户与专业合作社的信贷广度,解决组织成员资金

---

① 赵凯:《中国农业经济合作组织发展研究》,西北农林科技大学2003年博士论文。

② 胡士华、李伟毅,“农村信贷融资中的担保约束及其解除”,载《农业经济问题》,2006年第2期。

匮乏问题，完善扩大规模、改进技术，从而稳定资金基础，充分保障农业的可持续发展。目前我国农户在发展过程中遇到的最大困难之一是获得资金难，而获得资金难的最大障碍是担保难。农协信用担保体系的建立很好地解决了农协发展内生动力不足、农户资金短缺等问题，也是农协建立初期对核心会员的必要保证。因此，农协中的信用担保体系作为联系农户（或者专业合作社）与信用社（商业银行）的桥梁和纽带，是发展“三位一体”农协的突破口与必然选择。

（三）信用担保体系的模式

本研究对不同地区的农户信用担保的情况进行了调研，梳理调研资料，可归纳如下四种模式：赣州模式、砀山模式、资阳模式与黄张模式等。本研究认为建设农协信用担保体系可以从四个方面进行：构建信用评价体系；建立新型担保与联保制度；实现物质借贷；实现农协入股。

1. 赣州模式——构建信用评价体系

随着江西省赣州市农村专业合作组织及其农户的迅速发展，其资金需求也日益旺盛，构成了赣州市信用评级的经济基础。为了验证信用评价体系在农业专业合作社中的可行性，2010 年年初，江西省赣州市以三个县不同特点的农村专业合作组织作为评分试点对象，制定了符合赣州市信贷发展的信用评级体系。

可以将赣州市信用评级体系总结为以下五个方面：

一是确定试点单位，选择覆盖面广、特点突出的专业合作组织为评级主体；

二是建立组织体系，组建多主体共同参与的组织体系；

三是创新征信模式，探索“农村专业合作组织 + 征信 + 信贷”的发展模式；

四是实现量化评级，建立可量化参考的信用评级体系；

五是解决政策扶持问题。加快政府政策出台效率，扶持信用评价体系的构建，通过对农村专业合作组织信用评级，实现征信与信贷的互动，最终实现“三农”综合发展。[①]

为使信用评级试点工作顺利实行，赣州市政府与专业合作社等部门之间还进行了大量的沟通与协调。解决了结果认同、收费标准、结果使用与资金扶持等问题。于是，在赣州市的专业合作社信用评级体系的基础上，赣州市农村信

① 肖敏慧、钟亚良、杨庆明，“以农村专业合作组织信用评级为切入点探索农村信用体系建设之路”，载《征信》，2011 年第 3 期。

用联社与赣州市农协共同成立了赣州农村信用评级委员会。在赣州农村信用联社以往"信用村"、"信用农户"评价工作的基础上，信用评级委员会进一步将农村合作社、中小企业以及辖内乡镇纳为评级对象，自行制定评级标准、工作方式与信用等级，为农村信用联社提供客户信用评级。这种以农协为平台实施联保联贷、发展信用合作，在其内部进行信用评定与信用教育培训的方式，实现了对信用担保体系的进一步发展。实现了依托农协进行信用评级的方法，提高了评级公信度，拓宽了农村信用联社信贷市场，解决了农村信用联社信息不对称的问题，使得农信社、商业银行、小贷公司都可以通过农协的信用评价体系对农户（专业合作社）的信用情况进行了解，使农协中的会员得到了便捷、及时和利率低的资金支持，减少了农村生产资金流通的障碍。如图 5-3 所示。

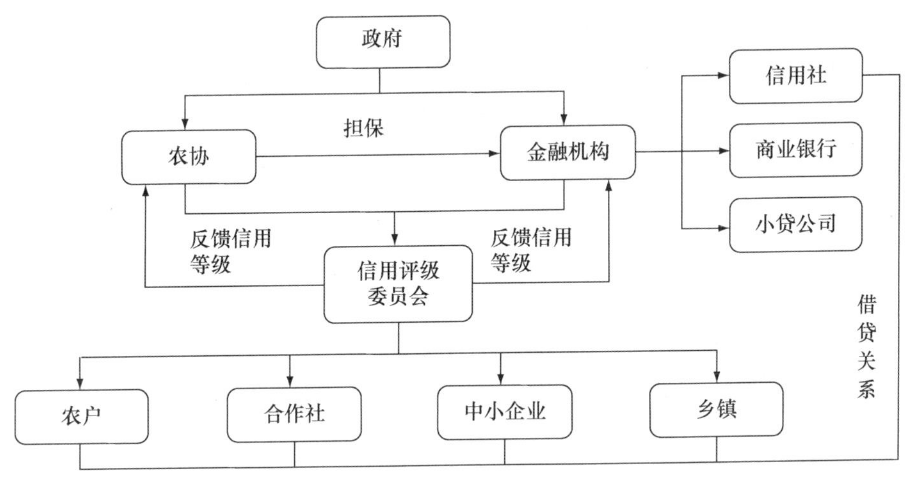

图 5-3 信用评级体系

2. 砀山模式——建立新型担保与联保制度

从农户的现实需求中不难发现，抵押物不足与担保人的长期缺失，是造成信用社与商业银行不愿意进行这类贷款的主要原因，从而导致农协及其成员资金流通困难。究其原因，都是因为信用体系的缺失，直接表现是"合格担保人"的缺失。近几年，安徽省砀山县利用自身的地域优势与产业特点，并辅之以政府政策的支持，农民专业合作社的发展得到了有力推动。为保证专业合作社的持续发展，解决合作社发展的资金问题，砀山县专业合作社与金融机构之间形成了资金互助、社员联保、合作资产抵押这三种联合形式。资金互助与合作资产抵押形式都是平行的合作关系，只有社员联保才能真正地将"金融机构、专业合作社与农户三者串联起来。

安徽省砀山县“社员联保”形式，提出了适合农协发展的新型担保与联保体系。根据担保主体的差异，可以将砀山县专业合作社的新型担保及联保制度分为两种形式：一方面农协直接为农户提供担保，农户向农协提供反担保的办法，为促进担保形成，充分发掘农户与专业合作社的房产、土地承包经营权等新型抵押物资源，降低农户与金融机构之间的借贷风险，使这部分风险由农协承担。另一方面，在农协帮助下，通过合作社内封闭联保或由合作社提供信用担保，提高个体社员的个人贷款的申请成功率，而农户以自有财产或者经营权向合作社提供反担保，一旦出现风险，合作社依据约定自行处理抵押物。这种担保与反担保相结合的方式，有助于农村突破抵押物资源不足的瓶颈[①]。也可以以合作社为单位或在合作社内部组织发展“农户联保小组”，采取合理的自由组合，实现农户之间的联保，降低信贷资产风险。新型担保制度与联保制度有力地促进了农户和农村合作银行之间信用关系的稳定和积累，有利于农协信用体系的完善，新型担保与联保制度的实现是建立信用担保体系的中心环节。如图 5-4 所示。

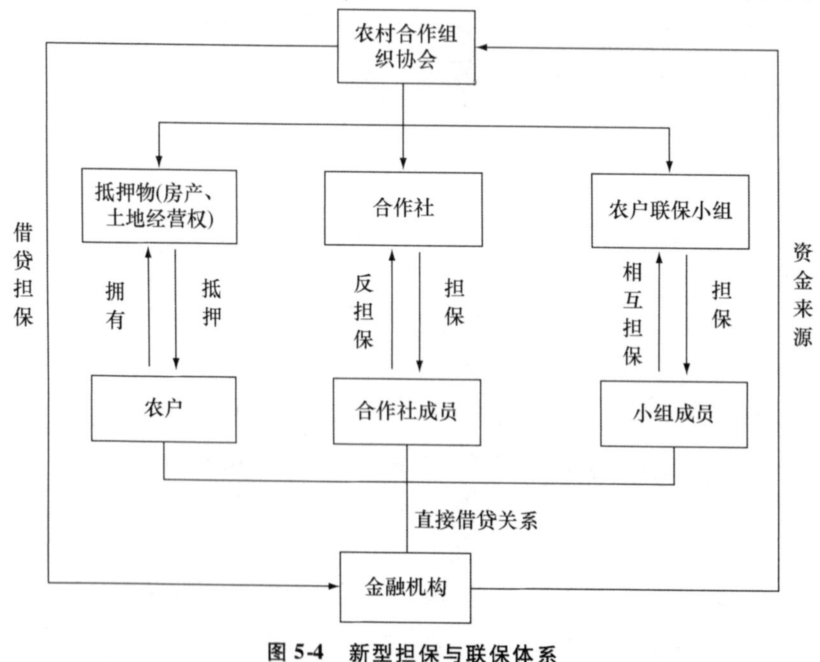

图 5-4　新型担保与联保体系

① 李秋阳，“农民专业合作社信用合作研究”，载《合作经济与科技》，2012 年第 12 期。

3. 资阳模式——实现物质借贷

信用担保体系的建设中不仅仅只是实现货币的借贷,还应该实现农户的物质借贷。2005 年,四川省资阳市政府根据当地生猪生产企业及农户的生产经营和信用状况,提出了“金融机构 + 农民专业合作社 + 担保公司 + 饲料加工企业 + 种畜场 + 肉食品加工龙头企业的合作 + 农业保险机制”为一体的“六方合作 + 保险机制”,并以农村专业合作社为融资平台,促成金融机构与农户间借贷关系的形成。[①] 在该模式中,资阳地区创新开发了直贷模式,即在信用评价体系、担保与联保制度的基础上,合作社可以直接赊给农户农资,比如种子、化肥、工具、农药等农业物资,有效缓解季节性借款问题。合作社通过自我担保,从金融机构中进行资金借贷,获得的资金用于物资采购,再由合作社与农户之间形成物质借贷关系,保证资金的合理使用与农户的正常生产。并且由于信用担保体系的制约,在农户收获时直接将一部分农产品上缴给合作社,偿还“贷款”,而合作社再将收到的农产品进行出售,将收益用于信用社与商业银行贷款的偿还,并且多余的一部分收益还可用于合作社的正常运作开支。

在直贷模式的发展中,不应只依靠单一的合作组织来实现物质借贷,还应发挥供销社作为物质借贷的核心枢纽作用。新型的信用担保体系,在物质借贷方面将以前合作社信用评级与借贷担保的功能由农协实现,利用农协的权威性与规模性更加有利于贷款的形成。而供销社代替以前专业合作社在直贷模式中的其他功能,充分发挥供销社在销售渠道、物流运输等方面的优势。供销社使得农户“有物可担”,反向提高农户的信用,并且在物质的借贷的实现过程中,时刻有着信用担保的身影,只有在信用担保的前提下,才能顺利完成物质借贷。由此可见,物质借贷是信用担保体系中不可缺少的环节。如图 5-5 所示。

4. 黄张模式——实现农协入股

安徽省凤阳县燃灯社区为解决农村融资困难,在黄张种植合作社基础上组建了黄张资金互助社。该资金互助社通过合作社部分社员资产抵押方式,信用社向资金互助社贷款,资金互助社入股信用社,解决了资金互助社的部分资金需求。[②] 互助社参股农村合作银行,作为内部股东,更加关注合作银行的盈亏情

① 刘丽燕,“农民专业合作社贷款模式研究”,载《西安交通大学》,2011 年第 8 期,第 19—20 页。
② 王建英,“内生于农民专业合作社的资金互助社运行机制分析”,载《金融改革》,2011 年 2 月。

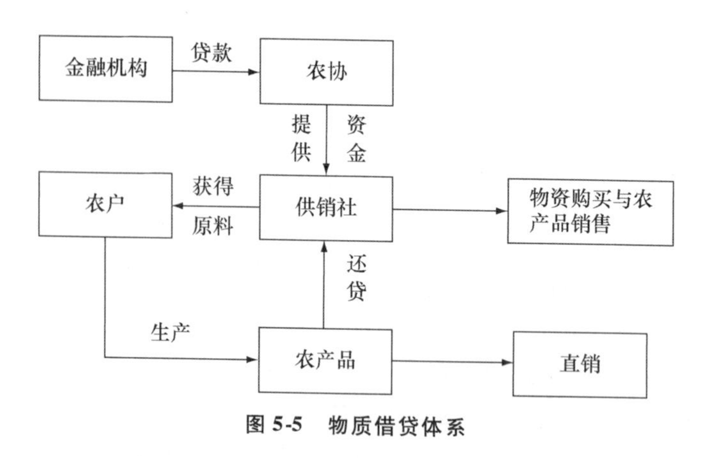

图 5-5 物质借贷体系

况,促使互助社重视农户信用的评价,并且作为银行内部成员,又充当了互助社内弱势农民“代言人”的角色,放大了农民在农村合作银行资金投放与政府政策制定的声音。互助社以自己的股金作为担保,合作银行可以放心将资金贷给互助社。这种入股形式有效地解决了内部资金紧张的问题,富余的资金还可以用于农户贷款,实现农户与专业合作社的协同发展。黄张资金互助社是在根植于合作社的基础之上,以股金为担保或组织间实行信誉互保为前提的担保机构,与单个农户相比,能更快地获得金融机构的资金贷款,确保农业产业的顺利进行。然而,燃灯社区黄张资金互助社也存在明显的弊端,由于互助社只是单一的小规模组织,应对风险能力不足,并且担保群体一般限定在地缘、血缘与业缘的关系中,导致贷款金额一般比较小,不具有广泛性,难以适应新型农村经济的发展。

为了结合资金互助社的特点,努力完善信用担保体系的建设,实现对信贷市场发展的促进作用,互助社入股可以分为整体入股与分散入股,互助社作为一个经济整体,既可以以其自身的名义入股,继续发挥在农户与银行之间的桥梁作用,也可以让合作社内的担保小组、有实力的农户及大、中、小企业进行分散入股。当然,分散入股需有一定的股金限制,因地制宜地制定符合发展现状的股金门槛,实现互助社成员的单个入股,形成金融机构与农户间的直接借贷关系,更有利于两者间借贷行为的顺利完成。互助社入股有力地推动了信用担保体系的实现,入股后使得农协信用担保体系具有可行性与权威性,使得信用担保体系实施起来更加顺利。如图 5-6 所示。

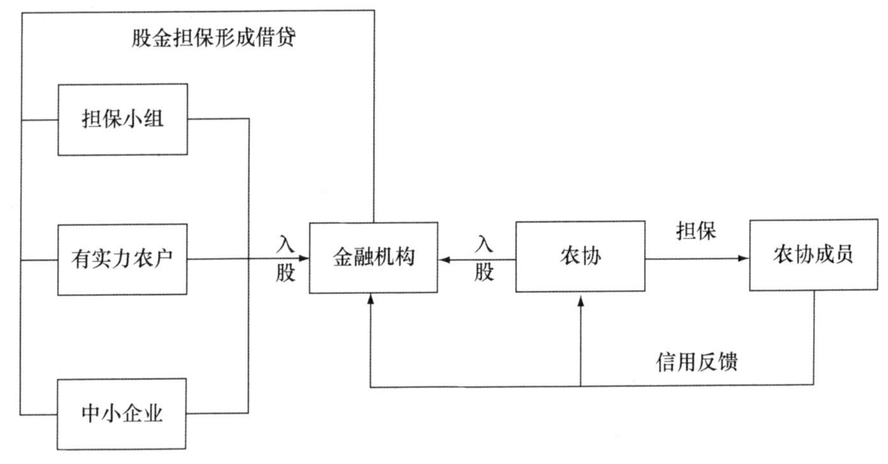

图 5-6 入股借贷体系

（四）小结与建议

1. 小结

本研究基于对四种信贷模式的探讨发现，农协组织的运行必然需要信用担保为前提，只有充分掌握每个成员的信用信息，以此为土壤，农协才能更好地扎根农村，更好地为农民提供服务，农协职能才能真正发挥。农协信用担保体系的建设不仅仅是农协自身的诉求，更是适应了政府改革与农民发展的需求。体系的建立很好地解决了农户、农协以及政府三者的金融发展问题，在多方主体协同参与的情况下，努力完善信用评级、担保制度、物质借贷和入股制度等信用担保体系的内部机制，保证农协信用担保体系的顺利实施，促进农协健康发展。

2. 建议

为更好地建设农协信用担保体系，建设好农业资金链条，满足农民资金需求，促进农村经济的快速发展，为农协信用担保体系的建设提以下建议：

（1）必要的政策扶持。“三位一体”正处于起步阶段，一些制度与机制并不完善，在信用担保方面更是处于一种空缺状态，这时更需要政府政策的扶持，制定相应的政策，如适当降低农协会员在信用社的借贷利率，放宽借贷人资格审查条件，直接给予农协中贫困会员以资金补助等，为农协信用担保体系初期的发展保驾护航。

（2）健全的信用评级系统。信用作为借贷与担保的前提，必须进行可测量的量化工作，将信用这种无形的东西用等级概念直观地表达出来，并及时地将准确的信用等级评价交付与金融机构、农协与农户三者手中，使三者对信用等级有准确的认识。比如将信用评级由以往的借贷记录、相互间的信用评价以及借贷人自身抵押基础组成，再用1～10的标准来评价农户信用，并将这个标准告知借贷中的主体，只有在其评级标准达到某个数值时（数值视当地情况而定），才能给予资金借贷。

（3）拓宽融资渠道。信用担保体系不仅仅可以为信用社服务，还可以为商业银行与小贷公司进行担保。虽然农村的主要金融机构为农村信用社，但其良好的信贷基础也吸引了大批小贷公司的目光，农协应该积极主动地寻找农村小贷公司，与其达成贷款协议，成为农村第二大资金供应体，拓宽农户的融资渠道。信用担保体系只是一种手段，一种信誉保证，运用这种手段，获得发展资金，解决农业快速发展与农村发展资金来源少、规模小的矛盾现状才是农协必须实现的最终目的。

（4）建立吸引专业人才的机制。再好的体系也需要人来管理，提升农协管理者的素质，吸收外部的专业人才，构建人才引进机制，与各大高校进行人才合作是合作组织的发展趋势。与当地高校进行合作，与学生签订合同，农协给予其一部分生活或者学费上的补助，学生学习先进的管理知识，在毕业后按合同直接可以进入农协工作。这种引进方式不仅带来的是管理层的改变，同时随着人才的流入，也带来了技术与科研水平的提高，这都对农协信用担保体系的发展有着直接的推动作用。

（5）完善农协内部机制。农协信用担保体系运作必须依靠农协内部供销社、信用社、专业合作社的共同参与，只有加强内部机构之间的相互联系，完善内部运行机制，促进内部部门间的交流，使农协内部部门呈现网状式发展，才能真正将农协内部联合起来，农协的建设才能成为现实，信用担保体系才会有坚实的成长土壤。因此，有必要在农协内部建立协调部门，该部门的主要职能就是协调与沟通，传达各部门间的信息，打破部门之间的分割化屏障，将农协中的各个部门串联起来。

四、“三位一体”农协的土地信托机制

（一）商业化信托公司的土地流转的提出

土地是一切财富的源泉，是农民的立身之本，是生产生活的最后一道保障。基于这种保障，农民宁可闲置也不愿意出让自己的土地，哪怕只是暂时的使用权。考虑到土地流转必须遵守不能改变“三条底线”的原则：集体所有、农地农用和不损害农民的基本权益，土地改革的进行要么修改法律，要么经人大或国务院的授权搞试点改革，要么在现有的基础上实行新型的流转机制。根据《农村土地承包法》、《物权法》、《草原法》等法律和土地流转实践分析，目前被农民认可的农村土地承包经营权流转方式主要包括以下 12 种：转包、转让、出租、互换、入股、代耕、拍卖、抵押、土地信托、反租倒包、继承、赠与[①]。虽然土地流转有众多的途径与方式，但本研究认为，新型土地流转信托模式是农村土地的资本化与市场化的一个有效形式。

土地流转信托是以发展农村经济为根本目的，通过土地间流转的形式，将农民土地的使用权作为一种财产，委托给第三方组织进行管理，实现土地的规模化、标准化与凭证化，农民最终可以通过凭证获得土地租金。一方面可以解决农民闲置土地的问题，另一方面使一些有资金、有技术、但缺乏土地的企业实现规模化经营。农民在外出务工获取工资的同时也可以从闲置土地上获得收益。

传统的土地流转信托形式可以分为两种，一是以政府为主导，政府介入信托行为当中，充当担保人与领头人的作用，土地信托业务作为一种政府产品发挥其作用。二是农民自发流转，在亲戚、朋友、邻居中寻找交易对象，依托血缘、地缘与人际关系进行流转，最终实现小范围内的资源流转与生产结构的合理调整。然而，随着市场经济的完善以及出于成本问题的考虑，这两种方式中潜在的不足也逐渐暴露出来，农民愈发觉得这两种方式已经不适应新时期土地流转信托的脚步与需求。

---

① 蔡志荣，“农村土地流转方式综述”，载《湖北农业科学》，2010 年第 5 期。

长久以来，信息滞后以及政府寻租永远是政府干预市场的主要弊端，以政府为主导的土地流转信托方式来说，考虑到政府自身的政治属性，信息的来源必然滞后于市场信息流通，导致实际情况中，只有少数人得利，加之在村组织参与土地流转信托的过程中，容易出现村干部在流转过程中捞取私利的现象，致使土地流转缓慢。在自发土地流转的方式中，农民作为经济与信息的弱势群体，往往需要较大的谈判成本与信息成本，虽然自发的小范围的私下流转能在一定程度上缓解土地抛荒问题，但无法实现土地更有效的利用，基于较低后期收益相比高额的前期成本而言，流转行为就变得可有可无。总之，如果不能最大限度地寻找到高效率、低成本的交易对象，发挥其边际产出率高的优势，就难以实现土地的专业化规模经营，农村土地流转也难以发生。

立足传统方式的优缺点，亟需探索新型的土地信托方式。在探索过程中，政府与农民逐渐走上了土地信托的市场化道路，以商业化的信托公司作为土地流转结点，进行土地流转行为。首先，政府赋予信托公司进行规范土地流转信托的职责，将信托业务托付给商业化的公司以摆脱政府推脱、腐败、滥用职权等政治现象，政府只施行监督职能，确保信托公司不做出违法等行为，具体信托业务交由市场调整，实现了农村土地流转的市场化、规模化，逐步摆脱政府组织过多干预市场的现状。其次，农民也可以在更多的商业信托公司中进行选择，增加了更多的选择性，可以从中选择最适合的公司以土地进行投资，从源头上降低农户的信息成本与谈判成本。最后，商业公司基于自身的利益，为获得更大的利润回报，更容易（也比政府更努力）找到合适的、能够规模经营的企业进行土地承包，有实力、愿意投资农业的工商业主的介入，更有利于发展高效农业，深层次发挥农村集体土地的经济效用。①

（二）商业化信托公司的土地流转的理论验证

简单来看，在商业信托公司出现之后，土地流转市场中存在的“农户——信托公司”之间的流转交易是最优的，但在其发展的过程中，并不代表两者之间不存在资本交换障碍，寻找第三方组织再度合作成为了主要趋势。立足理性经济人的角度，农户与信托公司之间基于自身的约束条件以及为使自身利益最大

① 王苏凤，“江西省吉安县农地经营权流转现状及对策研究”，载《江西财经大学》，2008 年第 10 期。

化，两者之间都会从自己的视角来审视土地流转后自己的收益情况。以博弈模型的假设来分析两者间的成本与收益关系，解读他们的交换关系，探究其发展中的不足之处及发展趋势是十分必要的。

假设两者都为理性经济人，都以自身利益最大化为最终目的，两者间的信息来源不对等（农户与商业型信托公司持有信息量不同）。只有当两者间的流转效用相同时，土地流转行为才会发生。基本模型如下：

农户转出土地的收益为：假设获得的租金为 $R(R>0)$；流转过后从事其他非农劳动获得的机会收益为 $E_1(E_1>0)$。

农户转出土地的成本为：一是，转出土地所要承担的机会成本（大多数是指不流转时自我耕种的收益）$I_1(I_1>0)$，即农户单独经营的种植收益，这种经营方式一般经济效益低；二是，转出土地必须付出的交易成本 $C_1(C_1>0)$，既搜寻市场信息、寻找交易人以及交易时所消耗的时间、人力等成本。

商业信托公司转入土地的收益为：获得流转土地后所能得到的未来期望收益 $I_2(I_2>0)$，这种收益包括公司本身的承包经营或者再度整合后承包给农业大户的租金收入，即规模经济下经济效益大于农户单独种植 $I_2>I_1$。

商业信托公司转入土地的成本为：一是，转入土地而支付的租金 $R(R>O)$；二是转入土地所付出的交易成本 $C_2(C_2>0)$，主要为信息成本以及内部的管理成本；三是转入土地信托后而放弃其他信托业务所承担的机会成本 $C_2^*(C_2^*>0)$。

基于此，通过博弈模型分析可知：

		商业信托公司	
		转入	不转入
农户	转出	$R+E_1-(C_1+I_1)$, I_2	0,0
	不转出	0, 0	I_1, C_2^*

图 5-7 商业信托公司与农户土地信托博弈图

不难看出，两者的博弈点即为租金 R。在双方信息不对称的情况下，基于各自利益最大化。农户想得到更高的租金，而商业公司却希望支付更少的租金，于是博弈中出现这样的矛盾：商业信托公司降低租金才能诱使农民转让更多的土地，而农民只有在自身利益最大化，即土地租金最大时，才愿意转让自己的土地。

首先，对于农户而言，只有当流转后所带来的收益大于自己耕种的收益时，农民才愿意进行土地的转让。即，$R+E_1-(C_1+I_1)>I_1$。可知，$R>C_1+2I_1-E_1$。表示为函数则是 $R=f(C_1,I_1,E_1)$。由此可知：

$$\frac{\partial R}{\partial E_1}<0,\quad \frac{\partial R}{\partial C_1}>0,\quad \frac{\partial R}{\partial I_1}>0$$

上述表明：

租金 R 与农户转出土地的机会收益 E_1 成反比关系，机会收益越大，租金 R 就越小。主要因为 E_1 的升高将农民的劳动力从农业中解放出来，转入从事非农生产的收益，而非农收益的提高，将降低农民对于土地租金 R 的心理要求，促进土地流转交易的形成。

租金 R 与农户转出土地的交易成本 C_1 成正比关系，成本越高，租金也就越高。主要因为土地流转中信息传播不畅，农民是信息弱势群体，必然导致经济效率低下，同时，繁多的交易主体与混乱的交易流程必然导致交易以及谈判成本过高，农民难以承受。为收回土地流转中被挤占的租金收益空间，农民不得不提高租金收入 R，以稳定自身收益。

租金 R 与农户转出土地的机会成本 I_1 成正比关系，即转出机会成本越高，租金 R 就越大。农户自我耕种的收益 I_1 越大时，农户不愿意进行土地流转，如果必须促成交易的发生，那么农民更愿意提高租金 R 以抵消损失的大量自我耕种收益（R + 外出务工 > 土地耕种收益）。

其次，对于商业信托公司而言，只有当收益大于成本之时，信托公司才会愿意转入土地。即，$I_2-(R+C_2+C_2^*)>E_2$。可知，$R<I_2-C_2-C_2^*$。表示为函数则是 $R=g(C_2,I_2,C_2^*)$。由此可知：

$$\frac{\partial R}{\partial I_2}>0,\quad \frac{\partial R}{\partial C_2}<0,\quad \frac{\partial R}{\partial C_2^*}<0$$

上述表明：

租金 R 与信托公司转入土地的交易成本 C_2 与机会成本 C_2^* 成反比关系，其中 C_2 主要是指市场交易中出现的信息成本与谈判成本，机会成本主要是指进行土地信托后放弃的其他信托收益，成本的升高必然挤占公司的利润空间，这就

导致租金 R 的降低，阻碍土地流转的发生；反过来说，要想促进土地的流转，就必定增加土地租金的数额。

当然，租金 R 与转入后土地的直接与间接收益成正比关系，这里的收益 I_2 是指通过土地的直接种植与间接外租的形式所获得的利润。收益越高，所要付出的租金就越高。（理性的农户具有预见性，提前能预知规模种植后土地的边际收益是否递增，从而在签订合同时就会伴随着较高的租金。）转入方愿意支付更多的租金，就更接近转出方愿意转出土地的租金，转出方也就更愿意转出土地。

考虑到双方都愿意接受租金的条件下，农户与商业信托公司的共同愿景都是降低交易成本。而成本的降低并不是一纸空文，单纯的市场调节已经捉襟见肘，这就需要一个桥梁来平衡与降低两者间的成本费用。因此，在商业土地流转模式中，亟需一种机制或者一种组织来降低交易成本，促进农村土地流转的发生。

（三）“三位一体”农协与商业信托公司合作的必然性

在土地流转市场中只有“政府—商业信托公司—农户”三者还是不够的。单一农户还无法摆脱“弱势群体”的帽子，高回报的商业信托公司不可避免地具有高风险的属性，对于求稳的农民来说，其自身并没有经济头脑或者所谓的赌徒精神，在商业信托公司与农民之间还需要一个媒介，来平衡这两者之间的“不平等”。传统方法是通过“集体行动”，农民私下自发组织起来，通过集中土地，集中谈判，增加自己的谈判筹码。然而，这样的集体行动必然存在着搭便车的弊端，将自身成本让集体承受，是集体行动中不可避免的行为。此外，单个农户的能力毕竟有限，集中的土地管理是单个农民无法承受的，这就必须依靠“集体行动”中的专业化规模经营与土地管理。[1] 久而久之，自发的农民组织就会土崩瓦解。为解决这种困境，需要专业以及农民更愿意相信的农村组织来代替他们进行土地信托谈判，消除内在的搭便车以及无人管理信托土地等问题。

习近平总书记在主政浙江期间，提出了供销合作社、信用合作、农民专业合

① 李立，“城中村土地管理政策研究”，载《华中师范大学学报》，2003 年第 2 期。

作“三位一体”的新型农合体系构想,依此,浙江省瑞安市从2006年3月开始组建集供销社、信用社和各类专业合作社为一体的“三位一体”农协。[①] 由农民专业合作社解决农业生产问题,由供销社解决农业市场问题,由信用社解决农业资金问题,实现了对农村治理的集约化与规模化,使得规模经营成为可能。于是,利用农协的这种特性,将“三位一体”农协运用在土地流转信托市场中,形成在政府监管下的“土地市场—商业信托公司—农协—农户”运作模式。

新型的农村组织——“三位一体”农协的出现,平衡了农民与商业信托公司间的不平等地位,弥补了农民的信息不足等情况,并且“三位一体”的组合方式,将农民联系得更加紧密,增加了组织间的稳定性,相比较单个的土地合作社,“三位一体”农协能更好地服务农民。为论证农协能更有效率地为农户实现最大化利益,可从农户的利益出发,在农户与土地市场的博弈中进行分析,论证何种流转方式是农户的最优选择。

假设农户是理性的,他们可以自主地选择与谁合作,参与何种合作组织,选择什么样的信托方式,其最终目的都是达到自身利益最大化,是一种理想的经济人的角色。我们将市场也理想化,市场作为一种自发调节的理性角色,始终将因素的组合达到一种市场最优化。于是我们可以分析农户与市场在土地信托中的博弈关系。

不难发现,农户在土地流转信托中有参加农村组织与独自信托这两种方式,近些年来,在市场中也出现了政府信托与商业信托两种中介形式,如何在这几种方式之间抉择,探索出促进农村土地流转信托高效发展的新方式,成为促进农村经济发展的新的着眼点。

我们可以得到以下四种策略组合:(参与农村组织,商业信托)、(参与农村组织,政府信托)、(独自参与,商业信托)(独自参与,政府信托),如图5-8所示。

---

① 胡振华、何继新,“‘三位一体’农协动力机制分析”,载《青岛农业大学学报(社会科学版)》,2012年第1期。

市场

		商业信托	政府信托
农户	参与农村组织	3,3	2,2
	独自参与	2,2	1,1

图 5-8 农户与土地市场博弈图

当市场选择发展商业信托时,我们可以发现,农户以农村组织身份参与土地流转信托与独自参与相比较而言,具有一定的谈判优势,组织中具有更多的信息来源,于是,与独自参与相比较而言,大多数农户更加倾向于参与农村组织进行土地流转信托服务;而当市场选择政府信托时,与前者一样,农户还是倾向于参与进入农村组织,让农村组织成为自己的代言人。当农户选择参与农村组织,以其为代言人时,商业信托与政府信托相比较而言更具灵活性,并且商业信托不容易出现政府黑金、效率低下、审批滞后等一系列政府的“常见病”,于是,市场更愿意倾向于商业信托,这也符合现阶段我国的市场经济体制。不难发现,(农村组织参与,商业信托)这种策略要严格优于其他三种策略,是农户与市场博弈得到的最优策略。因此,为实现利益最大化,同时也是农民的最强意愿,农协与商业信托公司合作是必然的。

(四)“三位一体”农协在合作中的运作模式

1. 土地专业合作社——主管理,少经营

土地合作社作为新型合作组织,发挥吸纳农户入股、管理规划土地建设、统一经营土地等职能。传统合作社将流转来的土地集中起来,进行统一规划与管理,还要在规定的法律范围之内,对流转入股的土地进行经营。研究发现,一般分为两种经营模式:一是自主经营,合作社统一耕种与管理,以雇佣的形式雇佣劳力,并发放工资;二是承包经营,将土地的经营任务交给种植大户或者农业企业,进行租金的收取,或者提供一些有偿的信息服务与技术帮助。①

然而这种兼顾管理与经营的组织形式,在单一、规模小、技术不全面的土地合作社中,难以实现面面俱到,更难以完善土地专业化管理与改革先进的经营

① 郭臻等,“河北省故城县土地规模化经营研究——以棉花种植为例”,载《西南师范大学学报(自然科学版)》,2012 年第 10 期。

模式。为实现我国农业的专业化道路，在“三位一体”农协中，土地专业合作社基于以往单个组织的管理经验，逐步转向“重管理，轻经营”的组织方式，将经营任务通过商业信托公司转移给个体专业户，从而实现高效、专业、经济的经营模式。在卸下资金与谈判的重任后，土地合作社重点完善土地管理机制，实现集约化土地管理，进行有效的土地整合，大大减少了农民自发管理土地的整合成本，增加了农民土地流转的积极性。土地专业合作社运行方式见图 5-9。

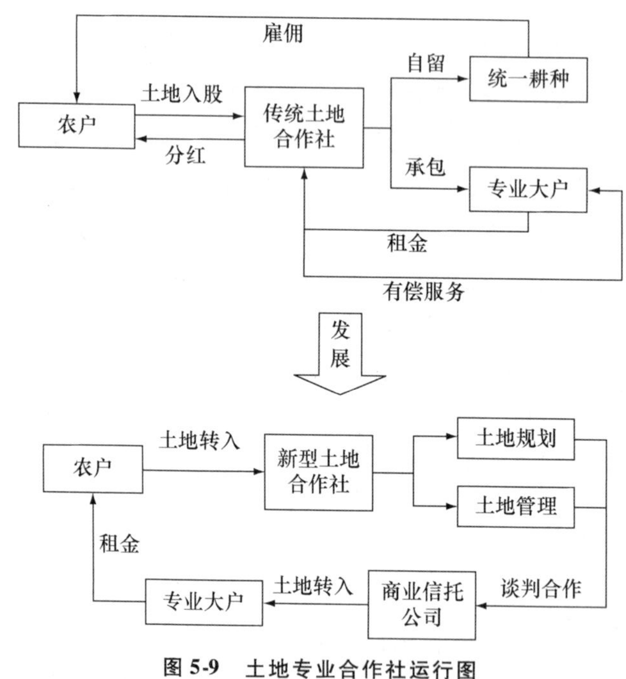

图 5-9 土地专业合作社运行图

3．供销社——与商业信托公司谈判

农民谈判地位的弱势以及信息来源的缺失，一直是阻碍农民获得最大收益的关键所在。农民虽拥有大量闲置土地，但谈判中被压价与四处碰壁的遭遇，使得土地的信托窒碍难行。改革开放 30 年以来，虽然供销社实现了巨大的转型，转亏为盈，但其面临的组织定位模糊、组织功能萎缩、组织基础涣散以及经营绩效不理想等诸多问题，仍然阻碍着供销社的发展步伐。[①] 为合理明确其职

① 胡振华、刘豆豆、赖国毅，“农村供销社现状的 SWOT 分析与发展对策”，载《成都师范学院学报》，2012 年第 9 期。

能，实现供销社的转型，使其重新焕发生机，亟需探索供销社的新型发展模式。农协中，供销社的加入，有效地解决了这种尴尬的现状。根植于农协的土地供销社，是农民自己的经济组织，农民自己当家做主，可以放心地直接将土地委托给土地供销社，让供销社寻找商业信托公司以及与商业公司进行谈判，这种“集体行动”的出现极大地提高了农民的谈判地位。并且农协中明晰的职务分担机制，农协中的供销社可以根据自己过往的供销渠道以及供销市场，有效率地进行信托公司选择，并且由于供销社与市场关联的特性，能快速捕捉市场中的土地信息，从而在与商业信托公司的谈判中更多地为农户谋取利益。既解决了供销社的一部分转型问题，也增加了农协在土地信贷中的谈判地位与市场对接机会，从而达到双赢的局面。供销社与信托公司谈判关系见图 5-10。

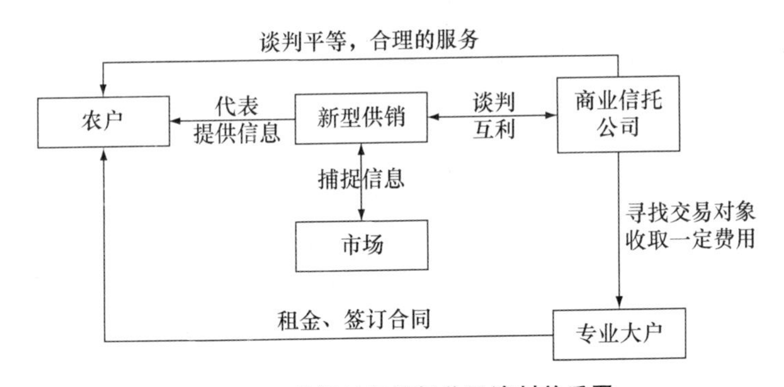

图 5-10 供销社与信托公司谈判关系图

（三）信用社——提供借贷与风险保证金

信用社的基本作用就是资金信贷功能，为那些想承包土地的个体农户提供一定的资金借贷，保证其农业的生产。针对土地信托业务，信用社为土地信托设立专项的信贷基金，为那些想承包土地个体农户发放贷款。这样，一方面可以使小规模的土地信托业务在农协内部就可以完成，不必经过商业信托公司，既可以为想承包经营的农民进行抵押借贷，也可以为想承包出去土地的农民完成土地信托。另一方面，农协中的信用社不仅发挥其应有的资金借贷功能，还能成为土地信托的风险保证，为土地信托提供一定的风险保证金。农协在收取一定的中间费用的同时，将一定的费用存于信用社当中，充当风险保证金，当信托土地出现经营风险时，为保证农民利益，由农协中的信用社先用已有的风险保证金补偿农民的红利损失。因农协作为一个农民经济组织,具有更强的风险承受能力,在土地损失期间,农协可以再向商业信托公司以及土地使用者追回资金损失或者直接收回土地。信用社提供风险保障金的流程见图 5-11。

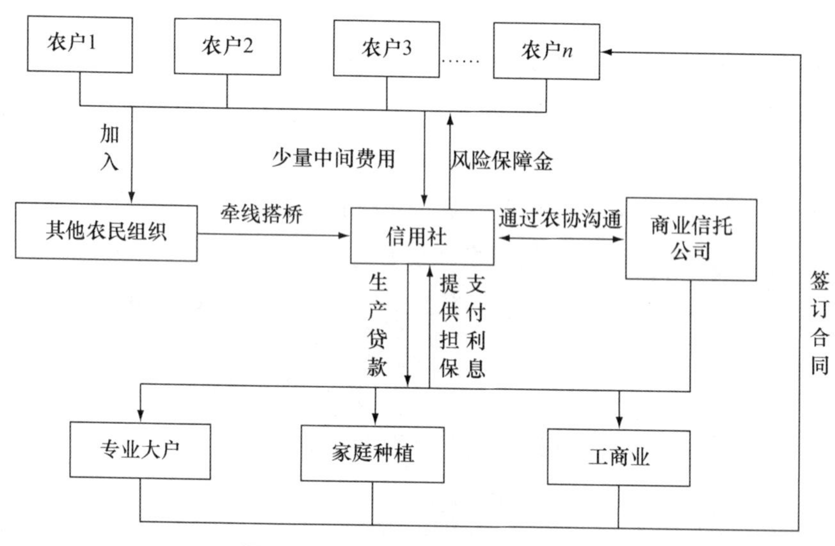

图 5-11 信用社提供风险保障金图

4. 政府——监管与政策保障

资源的流动是市场经济的内在属性和基本要求,只有通过市场调节的手段,才能引导土地的流转和高效配置。[①] 顺应市场发展,国家土地政策目标的重心也应从僵化的土地冻结,逐步向有利于土地经营权的流动和集中的方向转变,以流转促进资源的最佳配置。根据党的十八届三中全会精神[②],政府的重心应从直接参与流转逐渐转变为行使监督与监管职能,主要为土地流转市场的正常发展保驾护航,时刻保证农民的切身利益,在政策层面降低农民的土地流转风险。如图 5-12 所示。

① 田晓玉,“不同条件下农户土地流转差异性研究”,载《安徽农业科学》,2011 年第 25 期。

② 党的十八届三中全会决定“建立城乡统一的建设用地市场。在符合规划和用途管制前提下,允许农村集体经营性建设用地出让、租赁、入股,实行与国有土地同等入市、同权同价。”

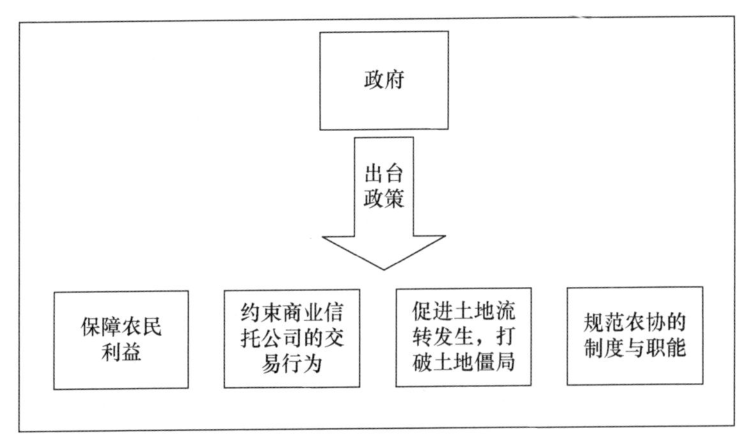

图 5-12 政府监管与政策保障关系图

（五）“三位一体”农协对土地信托流转的推动作用

1. 风险均摊，避免农户收回土地，增加承租人积极性

本研究通过对农民土地出租所承担的风险分析，认为单个农户承担风险能力较弱，加之农户大部分不具有长远利益视野，当承租人承包土地后连年效益不太好，难以支付继续出租人的租金时，大多数农户容易在合同到期时收回土地，避免自身土地收益降低。但市场的波动是无法预测的，投资往往也具有一定的长期性，承租人的农业耕种收益也随着市场的波动在转变，也许连续的亏损之后就开始盈利，所谓“枯木逢春”就是如此。但农民这种回收土地的保护行为，严重打击了承租人的积极性，造成大型农户不愿意租地，导致土地闲置，资源浪费。农协作为农户参与土地流转的中间组织，可以打包将土地流转出去，利用农协中的农户的群体属性，将风险分流均摊，这样每个农户身上的风险大大降低，辅之信用社风险基金的保障，可以大大提高农户承受风险的能力，避免回收土地行为的发生，提高承租人的积极性。

2. 实现农业专业化与集群化的桥梁

随着我国经济发展，市场中的利益主体日益多元化，利益关系复杂，土地作为当下最重要的稀缺资源，其分配必须以市场机制为主，按照价值规律进行优化配置。本研究认为在这种趋势的影响下，农业集群化成为了必然，利用有限的土地资源，将其整合在一起，实现规模化经营，达到资源利用最大化。社会的进步必然伴随着技术的进步，我们已经摆脱了一个锄头一把犁一头牛耕种的时代，土地种植已经进入机械化、专业化以及规模化的时代，专业化与规模化成为当代农业发展的必然。农协的作用就是将农户手中的稀缺资源整合起来，通过商业信托公司打包承租给可以专业化与规模化的种植大户，因此，农协作为参与土地流转的一分子，是实现农业专业化与集群化的桥梁。

3. 农民土地权益得到有效保护

土地流转必须以农民自愿为前提，是否流转、如何流转应由农民自主决策，政府或者其他商业机构不能干预，尤其政府不能搞行政命令，“一刀切”、乱下指标、行为不能出现，并且土地流转后必须保证农民“失地不失权，失地不失利，失地不失业”。

本研究在调研过程中发现，农民土地流转合同一般以两种形式出现，一种是一次性将租金付清，另一种是先付一定的租金，在一定时间后，农民租金收益与土地经济利润挂钩。农协作为农民当家做主的农村组织，时刻为农民的切身利益着想：一是能在一定程度上保证承租人在生产前就将租金支付给农户，转出土地的农户不承担生产风险；二是能在承租人生产亏损后，很大程度保证农户能继续收到租金，保障农民土地权益不受损害。

4. 农村公平与效率的必然保障

自古以来，公平与效率就像“鱼与熊掌”不可兼得，注重公平难免轻效率，注重效率难免忽视公平，这种矛盾的情况极易造成农村生产混乱，农民利益难以保证。但现实中，公平与效率的矛盾并不是无法调和的，只要对公平与效率加以正确的引导与联系，就能将二者结合起来，同时凸显出二者的积极作用。非农产业收入比单独种植收入高的现状已经司空见惯，农民已经逐步摆脱了对土地耕种的依赖，不断加剧的耕地抛荒，极大程度地造成了土地资源的浪费。马克思有一句名言：土地是一切财富的源泉。土地资源的浪费，就是对一切财富的浪费，“三位一体”农协将农户的土地整合起来，按照土地入股的大小进行租金分配，避免了个别土地边缘化等现状，极大程度地实现了农民间的公平。土地整合后集群化农业的出现，就是对生产效率最大的提升，满足了农民利益最大化，使闲置土地再度实现了经济收益。因此，农协参与土地流转在兼顾公平与效率的原则下，从横向和纵向两个方面保障了群众利益。

五、农地抵押风险及“三位一体”农协预防机制

（一）问题的提出

2014年中央政府工作报告在对当年工作的总体部署当中明确提出要发挥市场的资源配置作用。[①] 农业是国民经济的基础，而连续十多年的中央一号文件聚焦三农无疑表明了三农问题的极端重要性。如何发展现代农业？如何有效治理乡村？如何缩小城乡居民收入差距，使农民致富？几乎每个问题都成为了学界的研究热点。

近期土地制度改革呼声日盛。作为农村重要的存量资源——土地，它的开发及利用可以说是今后土改成功与否的关键。农村宅基地建立在集体所有的土地上，对集体所有制的改革无疑会引发宅基地制度改革的连锁反应。众所周知，物权具体可分为所有权、用益物权及担保物权等。而所有权具有占有、使用、收益和处分等权能。农民作为在农村生产生活的主体，其权利并不是完整的，相较于城市居民的住房处分权，农民连处分的资格都是受限的，更遑论其依靠议价能力的财富积累可能性。这样的法律制度安排无疑是深化改革市场经济进程中农村始终处于弱势一边缘地位的制度原由。具体而言，农地归谁所有和怎么利用是一切经济行为的发展起点。对农地归谁所有的理论探索可以看作是第一阶段的、终极意义上的思考，而对农地怎么利用所做的研究可以看作是第二阶段、效率意义上的功利主义的探究。如果第一阶段的归谁所有的问题没解决好，第二阶段、怎么利用的问题将始终面临着激励不经济的风险，其结果是机会主义盛行。

本研究的思考逻辑是：农地抵押（权）→担保物权→[1. 放权，2. 还权]→[1. 承包权、经营权、流转权、抵押权等权利束，2. 完整的所有权（含抵押权）]。所以土地制度不管怎么改革，农地抵押都是不可避免要解决的。因此，本研究

---

① 2014年《中央政府工作报告》相关内容表述为，“要从群众最期盼的领域改起，从制约经济社会发展最突出的问题改起，从社会各界能够达成共识的环节改起，使市场在资源配置中起决定性作用和更好发挥政府作用，积极推进有利于结构调整的改革，破除制约市场主体活力和要素优化配置的障碍，让全社会创造潜力充分释放，让公平正义得以彰显，让全体人民共享改革发展成果。”

的论述重点是农地抵押的风险及预防机制。针对农地抵押施行风险的问题，本研究认为“三位一体”农协是一个行之有效的控制风险的平台。

（二）相关文献综述

目前对农地经营权抵押贷款及相关问题的研究已经取得一定成果。史卫民(2010)通过对国外农地抵押贷款模式的考察[①]，以及梳理总结我国农地抵押贷款的四种模式(见表5-11)后，给出了完善立法及组织机构等建议。贾洪文等(2012)做了类似工作，得出我国农民以农地抵押权获得的贷款只能由类似国外土地银行的职能机构来提供，而不能由商业银行来进行提供。他们并且认为，我国构建以农地使用权抵押贷款的农地金融模式，需要政府的大力支持和引导，以农民为投资主体，形成自上而下的发展思路。于丽红等(2013)通过对部分农村金融机构的实践调查，分析了农村金融机构对开展土地经营权抵押贷款的意愿，得出法律法规的限制是阻碍农村金融机构开展农地抵押贷款业务的主要因素。兰庆高等(2013)通过对辽宁省法库县305名基层农村信贷员调查数据的实证分析，认为，由于农村土地生存保障功能很强、权利赎回难度大等原因，使得金融机构筛选和监督农户变得更加困难，对农村土地经营权抵押贷款意愿产生了负面影响，并进一步提出明晰农村土地产权、建立农村土地产权价值评估制度等建议。张龙耀等(2011)通过理论模型研究发现，农地产权和抵押制度改革不一定能够提高农户信贷可获得性，只有那些经营项目盈利能力较高和拥有足够非农收入的农户能够获得信贷条件改进，农地抵押不应亦不能成为解决农民贷款难问题的必由之路。金媛等(2012)也持相似观点，以江苏省经济发展水平有差异的10个县市、598个农户样本为观测对象，经过基本的经济逻辑推演，认为农地抵押产权改革并不必然促进农地流转，农地流入方意愿小于流出方意愿造成供求不匹配是农地流转难以达成的重要原因；农业经营项目的盈利空间的大小对农户土地流入决策有重要影响。曾庆芬等(2013)认为我国农村融资难的深层体制成因是城乡二元结构，从而审视农村产权抵押绩效应该纳入二元结构视角。受制于抵押信贷技术在城乡之间使用的差异，短期内我国农村产权抵押的信贷供给绩效将很有限，只能让部分地区和群体受益。只有统筹

---

① 主要为美国模式、德国模式和日本模式。

城乡发展，破除二元结构，农村产权抵押融资绩效才会逐步显现。因此，应同步推进农村抵押制度建设和信用建设，创造条件推进农村产权抵押可持续发展①。

表 5-11 目前国内探索的农地抵押模式对照表

	工具	过程	评价	经验分析
贵州湄潭县农地金融改革实验	成立土地金融公司	业务重心偏离；收回困难；政府干预	被勒令撤销，失败	过程监管；政企分离
宁夏平罗土地信用合作社探索	农村土地信用合作引入金融部门的存、贷款机制	存地费—贷地费；合作社直接经营，或合作社与一些企业合作经营，也可由合作社转包、出租、入股经营	促进农业规模经营；调整产业结构；应用先进实用技术；转变增长方式；实现农业增产增效；较好解决农业和农村经济发展中需要迫切解决的问题	合作社的制度保障未到位
国开行在重庆的“土地承包经营权抵押贷款”试点	四位一体：银行、政府、社会中介和企业，由各区县政府组织专管机构、担保机构，以及代理经办行等机构搭建融资平台	农户向国开行贷款；江津市政府成立绿丰农业担保公司向国开行担保；农户以股权作反担保；重庆市政承诺三年贴息	提高农业生产专业化程度	多中心公共行动的低效；信贷获得主体不具普遍性
山东的“土地使用权抵押贷款”政策	省政府的规范性文件	突破宪法、法律限制	对中国农地制度改革具有示范性意义，更具有地方制度性创新的价值	制度性风险

上述这些研究很有意义，但农地抵押制度成功与否在于其现实的生命力和内在的发展力。对其研究并不只是停留在制约因素和破解对策上。在实践中其必须有落脚点以及推动其生长的主体。本研究认为，既然农地抵押势在必行②，

① 左平良等(2012)认为我国农地抵押存在多元法理基础。不仅现行物权法的内在逻辑暗含了农地抵押的法理可行性，而且从农民的社会保障法律义务、农民金融权利发展的意义，以及农地抵押的利益性质等方面来看，农地抵押也存在法理基础。农地抵押的法理正当性，还要求国家仅在公益目的范围以及农地抵押市场调节失灵的情况下才能去干预农地抵押关系。

② “在我国，农地抵押不具有法律层面上的合法性。但是，从政策层面上讲，农地抵押又是允许的。”参见左平良，“从农地抵押的多元约束机制看农地抵押立法”，载《新疆大学学报(哲学人文社会科学版)》，2013 年第 3 期，第 44—50 页。

对其风险和预防机制的研究似乎意味着逻辑必然。本研究通过引进“三位一体”综合农协平台，使农地抵押有所依归，进而分析得出，农地抵押风险在“三位一体”农协内部化解。继而发现，农地抵押制度在农协获得生命力，农协也因农地抵押制度的实行获得发展，是“三农”问题解决成本内部化的理想之策。

（三）农地抵押风险与预防机制

1. 农地抵押风险

任何制度的施行总是需要一定成本的。经过成本—收益分析后，制度才能被决定施行与否。因而农地抵押制度的施行需要经过一定的研究论证。理论与实践又总是有差距的。所以成本—收益分析只能提供一个关于风险大小的结论。当期待收益远远大于成本时，我们说这项制度是可行的。风险与收益并不总是反比出现的。譬如，农地抵押制度是有风险的，经过一定的制度设计，这种风险是可控的，而收益却是整个经济结构的转变和提升，因而农地抵押制度是值得施行的。这里要说明的是，并不是说因为农地抵押制度的预期收益是巨大的，所以其制度施行风险也是巨大的。

本研究认为农地抵押制度的施行是有风险的，而风险又总是对一定主体来说的。具体而言，有政府风险、金融机构风险、农户风险等[①]。如表5-12所示。

表5-12 农地抵押风险表

<table>
<tr><th>风险时段
风险主体</th><th>施行前风险</th><th colspan="2">施行后风险</th></tr>
<tr><td>中央政府</td><td>意识形态风险
法律适用风险</td><td>粮食安全风险</td><td rowspan="2">社会治理风险</td></tr>
<tr><td>地方政府</td><td>行政责任风险
规范性文件违宪</td><td>政府失灵风险</td></tr>
<tr><td>金融机构</td><td>抵押合同无效风险
取得抵押物的处置风险</td><td colspan="2">处置风险</td></tr>
<tr><td>农户</td><td>高利贷风险
自然灾害风险</td><td colspan="2">自然灾害风险</td></tr>
</table>

① 政府风险、金融机构风险以及农户风险并不是说源自政府方面、金融机构方面或者农户方面的风险，而是说对于政府来说的风险，对于金融机构来说的风险和对于农户来说的风险。

(1) 政府的风险

第一,中央政府的风险

我国中央政府为国务院,根据《宪法》第八十七条第6款规定,国务院行使领导和管理经济工作和城乡建设等职权。对其来说,职权所在,责任所在。领导和管理全国的经济工作和城乡建设,由于地域广大,情况差异巨大,所以其行为偏好是保守的。也即对于农地抵押制度如何稳妥地嵌入既有的制度体系,对其来说是个不小的挑战。既然制度的嵌入是有风险的,这一统领全国经济工作的机构自然是倾向于对农地抵押的搁置、延后。另一重要的事实——城乡差异巨大——又决定了国务院必须有所作为。而且,因为城乡二元的结构体制导致了经济工作开展的低效,经济发展遭遇瓶颈,所以国务院对农地抵押制度是折衷的,或者是稳健的,即开展试点工作。也就是说,中央政府的风险在于农地抵押具体实行的风险。其政策缺口是已经打开的,依照制度施行的路径依赖,必将有更多的地区乃至全面推广施行农地抵押制度,因而中央政府的(政治)风险是规避掉了的。其要面对的是国务院内部职能部门是否适应市场经济的要求进行了相应的职能转换。因为彼时面对的是农地抵押制度受益群体的要求。

第二,地方政府的风险

我国是单一制国家,实行下级服从上级、地方服从中央的民主集中制原则。地方各级人民政府必须接受双重领导,在对本级人大负责并报告工作的同时,又要对上一级人民政府负责并报告工作。国务院是最高国家行政机关,统一领导全国的行政工作。地方各级人民政府都必须接受国务院的领导,必须贯彻和执行国务院颁布的行政法规、采取的行政措施和发布的命令、决定。在整个国家行政机关系统中,地方各级人民政府必须接受上级国家行政机关的领导,执行上级国家行政机关的决定和命令,并服从国务院的统一领导。由于中央政府对农地抵押制度从政策层面给予了相应的认可与支持,所以地方政府——被准予试点的地方政府,是拥有一定的特权的,即在违反法律的基础上,积极探索地方的经济问题解决之策。在一个健全的法治国家,这种情形是不允许的。在体制机制等进行大转轨的时期,这种法律搁置的情势也许是无奈之举。这就要求中央人民政府具有相当的掌控能力。这种内在的要求,加剧了中央政府集权的取向。因而,地方人民政府的风险在于农地抵押制度自身生长、发展运行得良好与否。当一地方由于各种利益主体行为指向零和博弈或者囚徒困境时,农地抵押制度会因此而运行不畅。由于现行的政策倾向是加大地方政府对农地抵押制度(地方金融制度创新)的责任,所以高效率的行政机关会及时抽身,导致农地抵押制度遇到挫折时,相较于费心费时费力地给出解决之策,问题的解决陷入困境,地方政府依法抗辩是不可能的。所以地方政府面对农地抵押制度的施行,需要的是法律法规的保障,其风险在于其责任的规定,而责任的规定必定要施予其可靠的权力。相较于政策解释上的上级政府优势,法律法规是地方政府愿意持续推进农地抵押制度的关键。

(2) 金融机构的风险

由于农地产权和抵押制度改革不一定能够提高农户信贷可获得性,考虑到农户的风险类型和收入结构(包括农业收入和非农收入),只有那些高非农收入的低风险农户才会愿意申请农地抵押贷款。① 而金融机构是指专门从事货币信用活动的中介组织。我国的金融机构,按地位和功能可分为四大类:第一类是中央银行,即中国人民银行;第二类是银行,包括政策性银行、商业银行、村镇银行;第三类是非银行金融机构,主要包括国有及股份制的保险公司、城市信用合作社、证券公司(投资银行)、财务公司等;第四类是在境内开办的外资、侨资、中外合资金融机构。本文主要指涉的是第二类和第三类,即银行和非银行金融机构。这类金融机构在农地抵押制度施行的制度环境下,由于其自主经营、自负盈亏、独立核算,因而风险主要为市场风险、信用风险和操作风险。市场风险是市场主体天然的伴侣,所以农地抵押制度的施行为其业务的开展也内含地带来相应风险。操作风险与市场风险类似。信用风险是指合同的一方不履行义务的可能性。由于所有的合约都存在违约的可能性,所以信用风险并不能成其为可以讨论的风险。但在农地抵押制度下,合同标的(物)的特殊性,其主要风险在于违约时赔偿的满足性。农地承载着错位的社会保障功能,致使农地抵押制度在现实生活中迟迟不能推广。而农地抵押的终将施行又需要考虑怎么满足违约所造成的损失。在土地用途管制原则的基本制度下,土地流转市场发育的完善与否直接决定了金融机构对农地处置的效率。因此金融机构面临的风险主要是,农地转让市场的成熟与否。

---

① 张龙耀、杨军,“农地抵押和农户信贷可获得性研究”,载《经济学动态》,2011 年第 11 期,第 60—64 页。

(3) 农户的风险

农户是农地的占有者、使用者、收益者、处分者。前提是农户享有完整的农地财产权。农户作为理性经济人以及农地抵押契约自主主体的地位,决定农地抵押一般不会轻易发生[①]。农户在农地抵押制度施行的政策框架下,主要面临来自两方面的风险:一是自然方面不可抗力导致的歉收;二是金融机构由于破产等导致信贷获得的不能。农业的弱质性决定了不管施行何种制度,农地抵押都面临着被实行的风险,关键在于风险分担机制的设计和构建。

2. 预防机制——基于“三位一体”农协平台

通过上文对农地抵押制度风险的分析得出,农地抵押制度的施行展现了一种对农民“赋权增益的可能性”,而风险是开展任何一种事业都会面临的困扰。所以下文主要讨论的是如何——通过构建何种体制机制——应对与化解农地抵押的风险。

“三位一体”综合农协建构了供销联社、合作银行和农民专业合作社联合在一起的多中心公共行动体系。它既是三类合作组织的“三位一体”,也是三重合作功能的“三位一体”——由农民专业合作社解决农业产业的技术问题,由供销合作社解决农业生产中的市场问题,由农村合作银行解决农业生产中的资金问题。[②] 一个组织的成立肯定是成本的降低或利益的满足。比如企业作为社会生产组织,是为了寻求交易成本的极小,减少出于自愿公平协商等的市场买卖程序。那么“三位一体”大农协是怎样性质的组织呢?是独立的企业法人吗?若是协会性质的,那么其组织权力是否具有企业那样集中的权力呢?怎样运作?本研究认为“三位一体”综合农协并不是一个独立的企业法人。综合农协是一种运行机制或模式。合作是不需要政府认可的、一种自发的社会现象。即便政府一方出于非正义地治理乡村的需要,禁止农民的自由结社或类似的农民群体,在市场经济竞争中,出于自身利益的维护,仍会表现为名目繁多的合作组织体。即合作是一种算不上高尚的行为,却是人类得以强大的原由。基于“三位一体”农协的农地抵押风险预防机制见图5-13。

① 左平良,“农地抵押的法理考量——超越物权法的思考”,载《湖南师范大学社会科学学报》,2012年第5期,第14—19页。

② 胡振华、何继新,“‘三位一体’综合农协动力机制分析”,载《青岛农业大学学报》,2012年第1期。

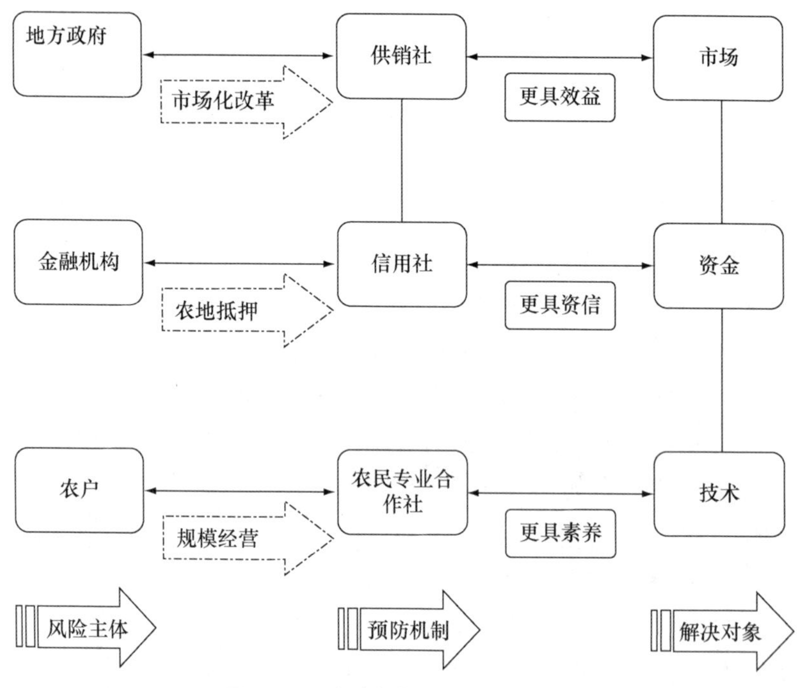

图 5-13 农地抵押风险预防机制图

斯密发现的社会专业分工,表明分工是一种历史的、经验的产物。后人出于术业有专攻的社会经验集成,分工—合作被表示为一种有意识的活动。农民供销合作社、农村信用合作社以及专业合作社等便是合作目的和组织目标各异的产物。合作何以可能?三社合作何以可能?“三位一体”农协只有作为一个互利合作组织,才能持久地进行下去。农协各社只有光明正大地出于自利的缘由才能良好地运行下去。即各社市场化程度意义上的趋利与政府这一公权力组织维持社会公平、正义这一更高目标是有差别的。只有“三位一体”大农协充分地独立自主,需要政府却不依靠政府,才能保障乡村社会的善治与文明。

(1) 供销社的市场化改革要与农地抵押制度的成长相适应

如前所述,因为农地抵押带来的准所有权猜想,导致的中央政府(意识形态)风险,因试点的推行是规避掉了;而地方政府的法律风险也因为农地制度法律体系的建立与完善而减小,所以农地抵押制度运行对政府而言的风险仅在于其作为一项制度运行的良好与否[1]。这同市场经济体制下其他所有制度一样。那么剩下只要讨论怎么处理好政府在农地抵押制度框架下的行为边界了。

供销社作为政府参与最为深入的合作社，事实上其享受着政府公共权力的便利，也承受着改革的压力，是大农协里最需要稳妥处理好政府—市场关系的组织单位。因为农地抵押制度推行的整体演进方向是土地流转的集中，因而供销社的交易对象是减少的，假若没有其他市场主体的参与，农户交易转移受限，那么有复归统购统销的可能。更根本的是，供销社的全称是供销合作社，其灵魂是“合作”，是一种农户社员的自发行为，这种社会组织体的演进是否需要政府的参与是值得思考的。因为本研究知道美国的农民合作经济组织内部完全按照企业化方式运行，政府的支持表现为立法和资金支持，并没有特别的行政性公共机构管理合作社。

(2) 农地抵押是信用社发展的有力保障

“三位一体”农协作为促进农村经济发展的农村经济治理公共服务平台，为形成“农村信用社(商业银行)—农协—农户”的资金借贷模式，必须发展“三位一体”农协担保体系，满足农户生产发展需求[2]。上文研究设定的农协为非独立的社团法人，而“三位一体”内农协设定了一种中介实体。因而农协与信用合作社究竟是何种关系和对接的运行模式是什么，就是一个不得不深究的问题。这里主要分析的是农村信用合作社在农地抵押制度施行的政策框架下对农地抵押风险的应对。一般地说，一般农户由于农地抵押的推行，增大了信贷获得的可能性，而农户组成的农民专业合作社较一般农户资信更优。因为农地初始抵押权人以金融机构为主，或者信用合作社或者银行，所以对于债权人来说，其风险的化解在于抵押品的取得与可处置。因为准予农地抵押，所以“一阶抵押”对金融机构来说是债权的担保，“二阶抵押”[3]是信用社融资能力拓展的实现(前提是获得一阶抵押人/农户的许可)，有利于农村信用社自身的发展壮大。

---

① 其作为社会的一项制度和作为市场经济体制内的一项制度，只有在运行失灵的情况下，政府才有介入的合法性与正当性。

② 胡振华、李斌，“农户与专业合作社信用担保的问题及客观形式——基于‘三位一体’农协的思考”，载《江西农业大学学报(社科版)》，2013 年第 3 期。

③ “二阶抵押”不是初始抵押权的实现，而是初始抵押期间的再抵押。

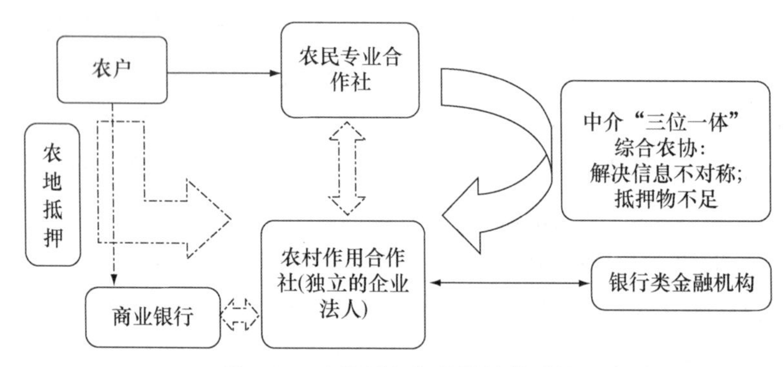

图 5-14 农地抵押与信用社关系图

(3) 专业合作社是技术推广成本降低的重要载体

农民专业合作社是在农村家庭承包经营基础上,同类农产品的生产经营者或者同类农业生产经营服务的提供者、利用者,自愿联合、民主管理的互助性经济组织。农民专业合作社的技术取得的边际成本随农户/社员人数的增多而迅速降低,而农地抵押的演进趋势是土地流转的集中,进而形成一定规模经营。所以这里要解释的是,因为农地抵押制度带来的土地集中的可能,因而地区农户数是趋于减少的,所以农民专业合作社的关联土地是在更大范围内展开的,也即农业技术推广站的所需数量是减少的,服务对象是减少的,而对象的技术获得质量是提高的。因而“三位一体”综合农协的构建,农地抵押带来的土地集中,经营农户的减少,经营规模的扩大,导致技术的推广成本整体相对减少,并且在技术的利用深度方面获得加强。农户应对自然灾害的能力增强,因而本研究认为,农地抵押有降低农户经营风险的可能。

(四) 政策建议与小结

1. 政策建议

因为农地抵押施行的设定为本文的立论基础,所以政策建议也相应地区别于现有多数文献对农地抵押制度施行路径的政策建议。本研究认为,“三位一体”综合农协是一种具有强大生命力的新生事物,是农地抵押施行风险被化解的强有力机制。农村供销合作社、农村信用合作社以及农民专业合作社等发轫自底层群众的组织具有与生俱来的廉价制度成本,也是社会自组织发育的成果,能较好地改变实践中大政府小社会的失衡格局。根据组织变革理论,农地抵押制度嵌入既有的社会主义市场经济制度中,需要做好的是对“三位一体”综合农协发展的制度环境、组织架构等予以制度关照,以便作为农地抵押风险的可控机制良好、自主地运行。

(1)“三位一体”农协法律地位的制度供给

作为农地抵押风险的预防机制,“三位一体”农协自身的安全与否直接决定了农地抵押风险的可控程度。虽然,不出意外,农协面临着不少的替代机制,但经济的本义促使项目组必须识别出成本低、效益高的制度。“三位一体”农协的社员大部分主要是农民,因而信息不对称引发的信息获取成本是倾向于低的。而政府推行或者政府介入等引发的协商成本是耗损财政的。所以项目组确信,“三位一体”农协需要的(主要)不是政府的财政支持,而是制度地位的尊重,从法律层面的确认。

(2)供销社市场化改革需积极、及时地推进

预防机制自身也面临着运行健康与否的问题,所以辨认出“三位一体”大农协的薄弱环节显得尤为重要。对于组织运行的架构问题,不管是政府的三权分立,还是股份企业的三会制度,要求的都是权力的均衡和制衡。由于农民专业合作社和农村信用合作社在社会主义市场经济体制改革的进程中,市场化程度较高,所以与政府最近的供销社成了需要及时改革的“落后分子”。

(3)明确乡村治理的主客体关系

大农协的体制机制下,农户社员是最具稳定性的治理主体,而各种财产关系显然就是需要认真对待的治理客体。由于农地抵押是土地承包经营权(或者所有权)的权利派生,所以在农协架构下,主要处理的是农户——农协、农户——专业合作社、农户——信用合作社、农户——供销合作社、农协——专业合作社、农协——信用合作社、农协——供销合作社的主体间关系。简言之,就是个人与组织、组织与组织的权利义务关系的设立。农地抵押规范应是任意性规范而不是强行性规范,农地抵押关系在本质上属于私人之间的利益关系,因而主要应由市场去调节。国家介入农地抵押关系的唯一理由是这种农地抵押关系已经涉及社会公共利益。[①] 而这一介入的具体方式,既可以是国土资源部

① 左平良,“农地抵押的法理考量——超越物权法的思考”,载《湖南师范大学社会科学学报》,2012年第5期,第14—19页。

下职能部门的行政处罚,也可以是检察院的公诉。

2. 小结

本节主要阐述的是农地抵押制度施行风险会是什么,以及通过什么机制设计使风险控制的社会成本较为低廉,因而不同于我们所了解到的现有文献中主要对农地抵押制度施行路径的分析。本研究发现,农村地区已有的组织在合作的自发行动下,通过制度激励,再次整合,使三类农合组织的组织功能在“三位一体”综合农协的机制下较好地勾连起来,形成基于既自利又利他的持久性合作组织。这个持久性合作组织——综合农协(三位一体)——其内在的组织能力具有化解农地抵押风险的功能。所以,应发挥“三位一体”综合农协功能,使农地抵押风险主要依靠现存农合的整合来预防,以达到成本不变、效率增加的目的。

第六章

“三位一体”农协与新农村建设

“三位一体”农协体系建设是习近平总书记在浙江主政期间提出并部署的一项重要工作。本研究认为“三位一体”农协的建设体现了习近平的“三农”思想，是社会主义新农村建设的组织依托和制度保障，是实现中国特色社会主义中国梦的重要组成部分。

一、习近平总书记的新型农合思想

2013年3月，在全国“两会”上，中共中央总书记习近平来到江苏团，座谈中话题很快引向了“务农致富”。他提出新中国成立六十多年来，我国农村体制经历了由分到合、再由合到分的两个阶段，改革开放的伟大实践从农村破题，当时中央文件明确规定要建立统分结合的家庭承包责任制，但实践的结果是，“分”的积极性充分体现了，政策红利充分释放，但怎么“统”，怎么适应规模和市场经济，却一直没有得到解决。十八大之后，2013年的中央一号文件特别强调了农业生产经营体制创新，这是多年来所未有的。“以家庭承包经营为基础、统分结合的双层经营体制”是中央长期的既定方针，并写入了宪法第八条。要继续完善和创新，只能是以适当方式强化“统”的一面，而“统”的载体和途径，只能是加强合作制。

事实上，早在2006年年初的中央一号文件刚刚提出“社会主义新农村建设”之时，时任浙江省委书记的习近平就在当年的1月8日全省农村工作会议上提出了生产、供销、信用“三位一体”合作体系的宏伟构想。这一构想正是对农村“统分结合”双层经营体制的重大完善和创新。

1. 习近平的“黄土情结”:长期实践与深入思考

习近平的“三位一体”构想,并非一时偶得,而是酝酿已久。2012 年 2 月,习近平以国家副主席的身份访美期间,出席了中美农业高层研讨会。他在致辞中回顾:“我曾在中国西部地区当过 7 年农民,还当过一村之长,我在中国河北、福建、浙江和上海等省市任职时也都领导或分管过农业工作,对农业、农村、农民很有感情。”

20 世纪 70 年代,在大队书记任上,习近平带领乡亲们建起了陕北第一口沼气池,在当时,这是一项科技含量高的工程,陕西省 1975 年 8 月在这里召开全省沼气现场会。那时候习近平的父亲习仲勋还处在文化大革命靠边站时期,习近平完全是靠自己在农村这个广阔天地里锻炼成长。知识青年上山下乡的陕北农村的经历增进了习近平与农民群众的血肉联系,建立了与农民兄弟的深厚感情。可能正是在陕北农村的难忘经历,习近平深深感受到农村合作组织的需求与巨大力量。

多年后出版的《知青老照片》[①]收录了习近平的回忆文章——《我是黄土地的儿子》。他说:“22 岁离开黄土地时,我已经有着坚定的人生目标,充满自信。”“上山下乡的经历对我们的影响是相当深的,形成了一种情结叫‘黄土情结’。”

20 世纪 80 年代,正是由于这种情结,习近平到当时条件较为艰苦的河北正定任职。党内农口老前辈杜润生把他聘为中央农村政策研究室的特约研究员。杜润生时代的农研室,是三农理论与政策研究的最高殿堂。那时候每年一号文件起草前,经常要把习近平等几个地方领导干部请过去参加讨论。

正当包产到户普遍推行、初见成效的时候,从决策层到学术界大都还沉浸在一时经济增长的喜悦中,年轻的习近平在肯定家庭承包经验的基础上,就以深邃的历史目光开始探讨:“统分结合”,“分”了,“统”怎么办?

1985 年,习近平任县委书记时第一次率团访问美国考察农业。他注重学习先进的农业技术,但在生产方式和经营模式上,并不盲目崇尚美国农业所代表

① 余小惠、曾永辰,《知青老照片》,天津百花文艺出版社,1998 年。

的“西方模式”。基于对国情的深切认知，后来他说，“那种大农业的道路看来不行，就看东北那些人少地多的地方怎么样，那也有个成本问题”，“很多东西一定要因地制宜。什么是科学，并不一定是大、洋、全，并不一定是所谓的机械化。要最小成本、最大效益，什么事情都离不开现实。”

1999年，习近平任福建省长时，集思广益，亲自主编了《现代农业理论与实践》一书。此前，作为多年分管全省农村工作的省委副书记，他的足迹踏遍八闽大地的山山水水。在福建，很长一段时间里，习近平的名字是与农业和脱贫解困相联系的。

对于一些部门和地方热衷的“公司+农户”以及所谓的农业产业化，习近平批评说，农业产业化是好事，但是这个好事必须建立在主体利益的合理分配基础上，如果没有这个前提，“公司+农户”中的“龙头”公司与“龙身”即广大农户之间是买断关系，市场利益主要让“龙头”公司拿去，处于“龙身”的广大农户获利不多，致使“龙头”和“龙身”之间不能有机地结合起来。习近平要求，坚持将市场摆在“龙头”位置，而不是像我国的一些农村那样，将农产品的加工企业当作“龙头”。

2. 三位一体：新型合作化之中国梦

2001年，习近平在其博士论文《中国农村市场化建设研究》中，旗帜鲜明地提出：“要走组织化的农村市场化发展路子”，“只有将农民组织起来，才能使农民尽快安全、顺利地进入国内外市场，并能够有效地降低进入市场的成本，提高农产品的市场竞争力、市场占有率。”

进入新世纪，习近平开始主政浙江。2006年的中央一号文件掀起新农村建设的新高潮，一些人开始推崇以日本、韩国为代表的“综合农协”。习近平冷静指出，从人多地少，从耕作习惯，从人文背景，日韩模式与我们有相似条件，但也不能照搬。他们那个体系，他们那个发展脉络，有特定的历史背景。我们则不能抛开我们的历史。所以，既要借鉴外面，又要走自己的路。

习近平提出：“要发展农民的横向与纵向联合……把生产职能与流通职能融为一体……发展跨乡、县的地区联合，组建大规模的中心合作社。”正是在胸有成竹、高瞻远瞩、深思熟虑的基础上，“三位一体”的构想才应运而生。为了维持合作社的合作本质，降低信息不对称，合作社的人员规模不能太大，但是又要有适度的规模，解决这对矛盾的方法就要发展综合合作（金融、流通、科技服务),并在基层发展合作社的横向联合的基础上发展合作组织的多层次纵向联合。大合作必须通过这个横向联合和纵向联合的综合来体现。

“三位一体”的构想是,目前农村现存的各级各类合作社普遍加入农协,农村专业合作社在农协框架下得以规范、充实和提升;农村供销社开放改组融入农协,从根本上实现供销社合作本质和为“三农”服务的本质;农村信用社(农村信用联社或者农村合作银行)的股东(社员)全部加入农协,并通过农协托管持股,形成农协与信用社的产权纽带;农村信用社(农村信用联社或者农村合作银行)又依托农协开展信用评级、互助联保,拓展农村金融产品营销网络,既控制农村信用社(农村信用联社或者农村合作银行)风险、又放大农信业务,这个设计有点类似于获得诺贝尔和平奖的孟加拉乡村银行。

这一构想吸收了农业经营的美国模式与日韩模式长处,结合中国实际,是对我国农村现有的组织资源进行改造和利用,很快在实践中得到验证。

2006年5月15日,浙江日报发表署名哲平的评论文章《建立强大的农业组织体系》,以正在试点的“三位一体”农村合作协会为代表,指出发展现代农业的瓶颈制约在于目前的组织体系,必须突破。评论文章要求:通过建立完善的新型的以农民为主体的合作组织体系,把小农生产与现代市场经济紧密结合,让农民成为农业产业化的主体力量,切实推动“三农问题”的解决。

2006年10月,习近平听取试点汇报后指出“三位一体”的新型合作与联合组织,把合作制农业产业化经营又提高了一个层次,实现了新老合作经济资源的对接和各种合作经济组织的合作与联合。这是发展农村新型合作经济组织的有益实践,是立足新阶段、把握新趋势而积极探索的一条新路子。

2006年12月19日,在浙江全省现场会上,习近平进一步全面论述了他的“三位一体”构想:“三位一体”是三类合作组织的一体化,也是三重合作功能的一体化,又是三级合作体系的一体化。条件好的地方可以大步前进,建立区域性的新型合作经济联合组织。

“三位一体”的农村新型合作组织是植根于中国本土制度上的自主创新,同时也是各级各类农村合作组织改革与发展的殊途同归,更是中国梦的重要组成部分。

二、“三位一体”农协探索是新农村建设的重大期盼

人类历史上,社会主义经历了从空想到科学,从理论到实践的二次飞跃。这个进程就是对合作组织的认识、设计和实施的进程,在这个进程中围绕着合作组织出现了激烈的分歧、争论和斗争。这个进程中有成功的经验,更有失败的教训。人是一种社会性的动物,人类有两种天性,一是斗争,二是合作。马克思学说的产生与发展就是充分研究和利用了人类的两种天性,一方面强调阶级斗争,另一方面强调阶级合作。

中国农村合作组织制度变迁的历史反复证明,农村的变化与发展都是农村合作组织的制度发展变化的结果,不论成功与失败,总结其经验与教训,历史给了我们两条结论:一是中国的农村发展离不开农村合作组织,中国的农村、农民与农业问题的解决离不开农村合作组织;二是不同的农村合作组织的制度设计会对农村、农民与农业产生巨大的决定性的影响。1978 年后,人们开始对人民公社为象征的农村合作化运动进行全面反思与改革。改革的总设计师邓小平曾经为此进行过设计,他认为中国的农村合作组织的发展必须经过两个过程,一是消除人民公社,二是发展集体经济。在这一制度设计下,中国农村走过了三十多年的路程,邓小平当年设计的第一个过程已经完成,现在面临的是邓小平设计的第二个过程。为此,中共中央适时提出了建设社会主义新农村的战略构想,非常紧迫的问题是如何进行社会主义新农村建设?

时任浙江省委书记的习近平 2005 年在浙江省提出了供销合作、信用合作、农民专业合作“三位一体”的新型农协体系思想,在这一思想指引下,浙江省瑞安市从 2006 年 3 月开始组建供销社、信用社和各类专业合作组织“三位一体”农协。理论界对于“三位一体”怀有莫大的兴趣,正在成为一个研究热点。习近平 2006 年指出:“瑞安的合作制,三位一体,体现了与时俱进的创新精神和合作共赢的发展导向”。“三位一体”农协实现了机制、组织、制度和实践的四大创新(俞可平,2008;陈锡文,2007),它的内涵就是以金融为核心、以流通为主导、以科技为支撑(罗小朋,2008;杜建刚,2009),其价值是提升农民的组织化程度,向农民释放资源和权利,此举勇气可嘉(袁绪程,2007;茅于轼,2007;温铁军,2010),它是针对新型农村合作组织进行综合国情调研的一种期盼(杨团,2008;

王名,2008)。“三位一体”农协是一种成本最低、功能最佳的组织创新(杨秋宝,2009;陈柳钦,2010),但是某些部门和龙头企业利益受损会阻扰其运行(杨雅如,2008;仝志辉,2009),问题的关键在于各级部门对其运行机制的认识模糊不清(聂华,2008;曹建华,2010)。通过文献搜索发现,研究者们一致认为,“三位一体”农协的构建是新农村建设的有效选择。

我国农村普遍存在农村信用合作社、农村供销合作社和农村专业合作社三类合作组织,尽管农村信用合作社和农村供销合作社有名无实,但它们毕竟是已经存在,而且已经有了比较强大的资本。探索新型农村合作体系既要着眼现实又要尊重历史,本研究认为,“三位一体”农协探索的意义与价值在于兼顾了五大关系,即存量与增量的关系、现实与历史的关系、现实与未来的关系、制度创新与制度变迁的关系、制度创新的成本与收益的关系。

组建“三位一体”农协是可能的。“三位一体”中的“三位”是具备联合基础的,它们都是合作经济组织、都是市场主体、都是服务农民且通过为农民服务实现自身的发展,而且改制后目前都是县(市)或者县(市)级以下法人。

组建“三位一体”农协是必要的。三类合作经济组织分头为农服务的格局,各自都存在一些自身难以解决的局限性,在现阶段解决这些问题,单纯采取“单打一”的办法难以从根本上解决问题,而必须在系统内部下工夫,从系统外部找出路,新农村建设应该依托“三位一体”农协有效整合三大系统(供销社、合作银行或者信用社、专业合作组织)、三重服务功能(销售、金融、专业服务)、三级合作体系(县、乡、村)。

组建“三位一体”农协是共赢的。在“三位一体”框架下,各级各类合作组织普遍加入农协,农民专业合作组织获得资金、技术、法律方面的支持,得以规范、充实和提升;农村供销社开放改组加入农协,实现供销社回归合作制和服务“三农”的本质,同时,可以使得供销社获得新的会员制的营销服务网络;合作银行(信用社)的小股东加入农协,并通过农协托管持股合作银行(信用社),合作银行(信用社)依托农协发展信用评级、互助联保,拓展营销网络,控制银行风险。

组建“三位一体”农协还有重要的政治意义。社会主义强调个人生命的价值,每一个人的意义都是平等的,只要农民利益是正当合法的,就没有人有权为了别的群体(哪怕是大多数人)牺牲他们的利益,农民需要自己的组织体系来表达和维护自己的诉求。民主是个好东西，但是民主的发展是有其相应的政治、经济和社会条件的，基于以最小的政治和社会代价，取得最大的民主效益的考虑，实现中国民主政治的路径是：在存量不动的情况下，找到不断进行增量改革的空间，鼓励政府创新。

组建“三位一体”农协在实践中必须重视以下五大问题。第一，“三位一体”农协法人财产问题。欲加强农协地位，必先充实其法人财产，在改革的起步时期尤其如此。除了“收编”供销社、合作银行（信用社）的措施之外，还可从农村集体土地中划出适当比例的“公地”，由乡村基层农协支配，以其出租收入支持社区组织的运行。第二，“三位一体”农协社团民主问题。为避免农协重蹈传统农村合作社的覆辙，社团民主非常重要。农协的层层组织，自下而上，不宜采取“民主集中制”，而应发展类似“联邦制”的组织形式，借助各种纽带包括企业集团式的股权或契约纽带，联为一体。第三，“三位一体”农协服务方式问题。一方面为专业合作组织解决资金、购售、科技、司法需求；另一方面，又可以为信用社、供销社开拓业务，同时承接政府某些公共服务职能。第四，“三位一体”农协和村委会关系问题。可将村委会作为基层农协的常设执行机构，以在较大程度上兼容于现行的《村民委员会组织法》；也可将村委会变成农协内设的一个社区服务部门。第五，“三位一体”农协和政府治理边界问题。政府以立法方式，赋予各级农协一定的专营权，隐含地换取农协在行政上必要的合作。譬如，现行的粮食、棉花和化肥、农药等专营权，如果还要有所保留，就可以让农协承担，这方面，我国台湾地区有现成的经验可资借鉴，但至少要确立农协作为农产品农资品经营的主渠道地位。

以上五大问题在温州瑞安有探索，但结果不明显，这是目前“三位一体”农协构建的重大期盼，期盼国内能够出现新的成功案例。如果以上问题能够得到解决，“三位一体”农协的构建在实践上可以提供政府农村公共服务采购的平台，大大提高新农村建设经费投入的效率，在理论上解决中国农村发展的“农合体系机制猜想”。

三、“三位一体”农协机制是新农村建设的重要基石

“三位一体”农协机制是指农村供销社、农村信用社、农民专业合作社三者

之间统一到新农村建设这一主体,在各司其职、各负其责的基础上相互配合、相互协作、优势互补,从资金、物资、技术、人力资源和组织制度等方面促进农民增收、农业发展、农村进步,是新农村建设的重要基石。

（一）资金支持——发挥农村信用社的联络“三农”优势

社会主义新农村建设为农村信用社发展提供了广阔的空间。生产发展,是新农村建设的中心环节。要大力发展农村经济和增加农民收入,就必须有持续而有效的资金投入。“三位一体”农协机制中的农村信用社为农村生产发展提供强有力的财力支持,推进农村经济结构调整和经济增长方式转变,实现“生产发展”的目标。当前,农村信用社在做好农户小额信用贷款、农户联保贷款的同时,要大力进行法人治理结构的完善和科学管理机制的建设,用新思路、新机制做活农村融资,抓好业务创新:第一,放开抵押贷款限制,增加农村土地、农民宅基地和房产的抵押业务。第二,加大对农业龙头企业、“公司 + 农户”企业、农民专业合作社的支持力度,提供优惠贷款。第三,加强与其他商业银行和金融机构的合作,共同开拓农村新市场,如农业保险、农村教育、农村养老、农村合作医疗、农村环境保护等业务。第四,争取政策支持,发挥扎根农村基层、服务“三农”的优势,对农村水、电、路、气等政策性领域的基础设施建设加大投入。

（二）物资供应——强化农村供销社的网络购销优势

农村供销合作社是面向农村、以商品流通为主的经济实体,在农村布有健全的网络。长期以来,供销社承担着服务“三农”的重任,为农村经济的繁荣和农民生活的改善作出了重要的贡献。当前形势下,农村供销社如何为新农村建设服务是其今后发展的关键。第一,全面建立新农村现代流通服务网络。新农村建设需要大量物资供应,农村供销社一头连着生产,一头连着消费,具有沟通城乡的多项功能,在农村经济发展过程中是没有什么机构能超越的,具有不可替代的作用。第二,全面提升服务“三农”的能力和水平。供销合作社有流通的优势,农民有生产的优势,二者合作就能产生更大的优势。农村供销社要利用贴近农村、贴近农民、贴近农业的优势,切实了解农民的需求和农村发展的需要,解决农民实际困难,切实帮助农民增收致富、农业增产增效、农村发展进步。第三,全面加强与农民的合作,坚持与农民“结盟”。农村是供销社的主战场,农民是供销社的天然“同盟军”。在许多农民心目中,供销社几十年积攒下来的良好声誉和强大的销售网络是值得信赖的两大法宝,通过供销社的改组、改制、改造,转变经营和服务方式,帮助农民获得生产、加工、流通环节上的利益,实现供销社和农民的双赢。

(三)技术、人力、组织保障——突出农民专业合作社的组织管理优势

农民专业合作社是适应农业社会化大生产和社会主义市场经济发展的客观要求而产生的一种新型的经济组织形式,是推进农业产业化的重要载体。它将千家万户的“小生产”农户与千变万化的“大市场”有机结合,为社会主义新农村建设提供技术、人力资源和组织保障。

首先,为新农村建设提供持续的技术创新。一是科技创新是新农村建设的一个重要着力点,而农民专业合作社为农民科技创新提供了广阔的发展空间和舞台,是农村科技创新的一条重要途径。二是农民专业合作社与农业龙头企业或科技企业合作,推广和传播现代农业技术。三是农民专业合作社不仅为当前农村发展生产、提高生活质量、改善生态环境提供科技支撑,而且还为农村开拓新的市场空间、培育新的产业、形成新的经济增长点发挥科技引领作用。

其次,为新农村建设提供充足的人力资源。农民专业合作社涉及农、林、牧、副、渔等行业,包括种养加、产供销、贸工农等领域,通过合作社,能为新农村建设培养出有文化、懂科技、能致富的新型农民。第一,农民专业合作社的负责人多是农民中的能人或精英人物,是具有合作精神和献身精神的农民企业家。这些人员相对其他成员来说,文化层次高、知识面广、号召力强、社会关系多、经验丰富。他们是新农村建设的核心力量,处于主导地位,对推动和落实新农村建设具有关键作用。第二,农民专业合作社的经营管理人员是业务骨干,承担合作社的生产经营活动。他们熟悉当地农业、农村以及农民群众的基本情况,热心参与“三农”工作,是新农村建设的中坚力量。第三,一大批活跃在农业生产第一线的乡土人才是新农村建设的主体力量。他们是为农村经济和科技、教育、卫生、文化等各项事业发展提供服务、作出贡献,起到示范或带动作用的农村劳动者,是广大农民的优秀代表,是新农村建设的生力军。

最后,为新农村建设提供强有力的组织保障。农民专业合作社按照合作社原则,建立科学有效的内部运行机制,增加普通农民参与决策的机会,真正让农民当家做主,充分调动广大群众的积极性。农民通过参与合作社,依法实行民主权利,政治意识及参与程度提高,从而完善了村务公开和民主议事制度,完善了村民自治制度,实现“管理民主”,为新农村建设提供了强有力的组织保障和

创新模式,“一事一议”制度便是农民参与新农村建设的创新形式。

四、“三位一体”农协是推进农村现代服务业的综合平台

“三农”问题的根源在于落后的农业生产方式。我国长期以来的二元结构,使得农村服务业滞后于经济发展的整体水平,包括农村技术服务、农产品物流、农村金融信贷等在内的现代服务业成为农业现代化的一个短板。目前的农村服务体系是分散的,各类服务组织之间缺少必要的联系。供销合作社、信用合作社以及市、县、乡三级农技推广网络、农民专业合作组织,构成了我国农村服务业主体。由于受体制、机制等方面条件的制约,这些组织在服务农业生产、组织农民进入市场、为农民提供社会化服务等方面表现得并不得力,农村的生产服务能力和资金供给能力并没有得到全面的改善。

发展农村现代服务业,对进一步贯彻落实科学发展观、推动科学发展、加快转变经济发展方式、推进农业现代化等具有重要意义。加快发展现代农业服务业,既有利于强化农业科技支撑、加快转变农业发展方式、提升农业现代化水平,也有利于推动资源要素向农村、农业集聚,改善农民自身弱势地位,增加农民收入、促进城乡协调发展。农村现代服务业作为服务于农业和农村经济社会发展的一大产业,主要包括为农业生产服务的“生产现代服务业”和为农民生活服务的“生活现代服务业”两大体系,涵盖现代农业信息服务业、良种服务业、农技服务业、农资经营业、农机作业服务业、农村现代商贸物流业、农村劳动力转移培训、农业旅游业与农业保险业等。发展农村的现代服务业要以农村产业升级与优化为核心,要以农业生产现代服务业为重点和突破点,以农业生产现代服务业来带动农村服务业的全面发展。

浙江瑞安农协在结构设计上实现了涉农部门的联合,将各种涉农组织和机构加以整合,为农民提供了一个综合的服务平台,服务的内容涵盖了农业生产、农资与农产品流通领域所需的一切服务,提高了农业生产运营的整体效率,促进了农村发展。瑞安农协成立后,按照农产品类别成立了覆盖全市的多个专业委员会,在乡镇一级组建中心合作社,发挥其对农民专业合作社的引导和带动作用,涉农机构作为会员加入农民专业合作社,赋予了基层合作社金融、流通、科技等功能,对农民专业合作社进行综合、联合与整合,以较低的成本实现了农

民组织化。瑞安农村合作银行依托农协开展信用评级、小组限额联保等业务，提高了贷款对象的评级公信度，保障了合作银行信贷的安全，化解了农村合作银行与农户信息不对称的矛盾，有力地解决了农户在农业生产经营中的资金短缺问题。瑞安农协组建了果树引繁科技创新服务中心、温莪技术研究开发中心、园艺科技创新服务中心等创新型科技服务组织，引导合作社联合开展农业共性关键技术的攻关，为农业发展提供科技支撑。全市35家农机专业合作社为社员及周边农户提供稻田统一机耕、统一育秧、统一机插、统一植保、统一机收的一条龙农机作业服务，部分合作社还推出全程代种、代管代种等特色服务，有效解决了季节性抛荒问题，在一定程度上提高了农田的产出率，实现了农业增效、农民增收。瑞安农协还在农产品流通领域大力推广“瑞农协”共同商标，农协供销部组织开展农资团购，依托供销社的网络优势将农资连锁配送网络逐步延伸到各村的农民专业合作社。同时，依托供销社加强农产品和农资的物流配送、食品安全控制，组织农产品进入超市及农贸市场实行品牌销售，实现加工、销售环节的利润回流。

浙江瑞安农协促进了农业生产效率和农民组织化程度的提高，成为推动农村现代服务业发展的有利推手，值得在中国的新农村建设中推广。各地在发展现代服务业时，可以从以下几方面加以借鉴：(1) 加强涉农组织的合作、联合。我国目前的农业生产特点是生产规模小、农户多种经营和兼业化趋势明显，发展农村专业合作社应该走综合农协路子。现代农业服务业的范围很广，单靠农业科技专家或农民自身都很难完成。各地政府应该加强引导，以发展壮大农民专业合作社为基础，促进各类农村专业合作社的合作，以农技推广、农资和农产品连锁经营、信用担保为纽带，积极促进供销合作社、农村信用合作社（合作银行）、农民专业合作社和其他组织（如农技站、农机站、水利站等）的联合。加强涉农组织的合作、联合，依靠市场机制的基础作用，在政府的参与与支持下促进社会交易成本的降低，推动农业社会化服务体系的完善。把农村合作组织建成为现代农业产业化经营与农村现代物流服务、现代农村金融信贷服务融为一体的多功能合作组织，使之成为农村现代服务业发展的助推器。(2) 优化农村合作组织的服务功能。从农村现代服务业与农业产业化整体联动发展的角度，以生产销售服务、科技服务、信息服务和金融服务等的农村社会化服务体系为着眼点，来完善农村合作组织的功能。建立以市县、乡镇公益性农技推广机构为主导，以农民专业合作社为主体的农民自我服务型农业科技推广服务体系。围绕当地产业发展提供相关技术服务，实现良种、农资供应、农机推广等产业化经营的开发类农业技术、经营性农业技术产品的服务，推进农业科技的创新。完善农副产品销售服务功能，开展市场营销服务、农产品品牌建设、质量保障工程建设，提供农产品加工储藏和农资采购经营。强化农业信息服务功能，把合作组织逐步形成连接国内外市场、覆盖生产和消费的信息网络的节点。加强农村合作组织金融功能的建设，为农民提供相应的金融支持。完善农业机械化服务功能，增加农业机械化技术资金投入，加大农业机械化新技术、新机具的引进、示范、推广力度。(3) 把培育农村合作组织作为发展农村现代服务业的着力点，培育农民的合作意识和合作精神。农民的合作意识和合作精神是农民合作组织发展最重要的制度基础。采取措施鼓励农技干部、龙头企业、专业大户、经纪人以劳动联合、资本联合等多种形式兴办专业合作经济组织。具有一定技术专长的农民精英一般不会主动、自觉地成为合作社的领头人。通过合作社教育，向农村能人普及农民专业合作社基本常识，鼓励乡村精英参与到农民专业合作社的组建和运营中，使其中的一部分人能够成为农民专业合作社的领头人，使农民专业合作社保持应有的生机与活力。

五、“三位一体”农协应成为农民公共服务需求表达的代理人

作为集供销、信用、生产于一体的“三位一体”新型农民组织，新农协在农村经济社会发展中发挥着重要作用，具有重要的意义。

其一，它能促进农村生产要素与人力要素的再组织，实现农民利益的增进。从日本、韩国农协的经验来看，农协十分重要的功能是经济事业功能，帮助农民共同销售农产品、购买生产资料和部分生活用品，由此需要产生流通与供应业务部、牲畜业务部、银行业与金融业务部等相应部门，履行相应功能，促进农村生产要素与人力要素的再组织，保护和增进农民利益。我国农村仍然处在小农经济的汪洋大海中，农户经营规模小，市场化程度低，将现有众多合作社予以综合是必然趋势。许多地方没有正确认识合作社的定位与作用，片面追求人头，认为合作社越大越好，其实，合作社越大越容易形成内部少数人控制，越容易偏

离合作制的本质,外围农民就越没有参与热情。各种所谓“合作经济组织”,剥夺了农民的主体性,已为不少专家所诟病。创新“三位一体”合作方式,通过在基层横向联合的基础上发展纵向联合,在流通合作、金融合作、生产合作各领域,都让农民分享到利益,才能实现农民利益的增进。

其二,它能承接并延伸政府的服务职能,使政府的惠农政策有更好的承载体。在我国农村政策由财政汲取式转向政策惠予式的思路转轨以来,促进农村经济发展、生活富裕、文化昌明、环境优化成为政府的主要追求目标。但是,在“三农”政策的推行与实施过程中,由于存在事实上的信息不对称现象,具体的惠农政策和农业科技的推广、实施,单靠政府“自上而下”的供给,会造成资源浪费和效率损失,有必要通过能够作为农民自组织形式存在的第三方予以推广。农村公共服务的供需双方,一方是政府职能部门,往往依照层级体制,只管按程序“花钱”推广,对农村生产并没有因势利导,缺乏一套完善的因地制宜的支农绩效评价体系和激励约束体系;另一方是农民,要么是被动接受,要么是与相关部门“共谋”,虚构推广项目和效果,争取些许补贴资金。造成农业政策和农技推广这种“供需脱节”的主要原因,就是农村公共服务缺乏一个有效的“承接者”。因此,农村合作协会承担起政府和农民的“桥梁”和“纽带”作用,从农民的实际需要出发,以政府向农协采购公共服务的方式实施农业政策和农业技术推广,服务“三农”。

其三,它能促进原有组织的整合,使农村各项组织达到功能重组。“三位一体”的新农协是农村中农民、农户、农村微小经济组织发展的统筹和协调组织,它本身就是组织整合与资源整合相结合的产物。它始终以加强流通、金融、生产三类农村合作组织的整合、联合与合作为核心,形成全方位、多层次、综合性的农村新型农合体系。瑞安农协实行双重、多重会籍制度,以合作社为基本会员,以联合社、专业团体如供销联社、合作银行、科技特派员协会等为核心会员,外围农户也可直接加入作为联系会员。合作社、联合社、专业团体的内部成员同时加入农协,这种“联邦式”会员分级制度的优越性在于既建立直接联系农民的通道又尊重现有利益格局。它不但促进农民专业合作社综合与联合,又促进供销社、信用社的整合与回归,使农村各项组织达到功能重组。在新农村建设和公共服务均等化背景之下,新农协除了非政府组织的一般职能,比如担任政府与农户之间的桥梁和纽带,承担政策宣传、凝聚农户等职能外,还应大力促进农村公共服务的提升，实现农协职能的转变。

首先，农协应成为农民需求表达的当然代理人。在公共服务的传统供给模式下，从农民自身看，农民缺乏需求表达的意识与动力、知识与信息，农民的不完整选择权、经济政治资源的匮乏、小农意识等阻遏了农民的表达意愿，出现明显的公共服务需求表达缺位以及“搭便车”的机会主义现象。而从政府层面来看，需求表达程序僵化，农村公共服务的强制性供给，基层机构“唯上”作风、决策目标偏向政绩、基层公权恣意扩张，漠视农民利益表达等成为农村工作的常态。农村公共服务出现明显的“供需偏差”现象，其最大病根就在于没有突出农民主体性和主动性，没有充分反映农民的真实需求。农协作为农民的自组织，最能贴近农民的需求，理应成为农民需求表达的代理人。农协的生命力在于通过为农民服务，提高农民的合作收益。农协的作用，不仅仅是依靠其自身现有力量直接为农民提供多方面服务，更为重要的是，农协代理传递农民意见和诉求，集中和放大农民的要求，促使金融、流通、科技资源向农村倾斜，改进政府支农方式，促进农村发展，满足农民需求。

其次，农协应成为农民需求表达的利益聚合者。从农民组织看，农民组织化程度低，村委会等自治组织未能承担起农民需求表达代理人的角色，农村集体经济组织式微、农协农会等组织不健全不利于农民需求的表达。利益聚合者的缺失，一方面会导致表达无效，农民个体具有分散化、原子化的特点，缺乏共同的利益结合体，利益诉求的表达往往也苍白无力，大多会成为“沉没的声音”。另一方面，也会使农民陷入“集体行动的困境”，会导致“投票悖论”，致使农村公共服务供需矛盾不能有效缓解。为避免原子化个人先天的弱势，需要对分散化的个人利益表达进行聚合，农协应成为农民利益表达的利益聚合者，有效聚合农民需求，并通过“自下而上”的信息传递与公共服务需求表达机制，促进政府职能转变，促进惠农政策真正落到实处。

最后，农协应成为农民需求表达的信息传递者与公共服务供给决策的有效参与者。供需矛盾往往是由于权利不对等与信息不对称造成的，因此，需要有效的需求表达手段和畅通的信息传递渠道，而需求聚合后的集中表达与传递，效果比单个个体表达要好，农协在此过程中，承担需求表达的信息传递者，会形成一定影响力，也容易为决策部门感知和识别。农协作为农民利益的集中代言人，具有一定的政策协商、交涉能力。在公共服务决策过程中，农协应成为代表农民利益的谈判者，通过与本地涉农部门的沟通与谈判，达成协调与共识，在政策形成过程中有效发挥“利益相关者”的谈判作用。通过对农民的需求进行有效聚合，并向有关部门传递，引起这些部门的上级部门的关注和介入，从而改变原有的单一的被动接受的局面，可以在政策形成中起到一定的修正与纠偏的作用。

六、“三位一体”农协展示农村新型合作化道路

自20世纪80年代至今普遍推行的“三自一包”（自留地、自由市场、自负盈亏和包产到户）政策——家庭联产承包责任制赋予农民较大的经济自由，并实现农村经济特别是农业生产的快速大幅增长。经过三十多年的实践发展，原有政策的潜力几乎释放殆尽，同时，原来设计的“以家庭承包经营为基础、统分结合的双层经营体制”一直落实得不理想，“分”的问题解决了，但是“统”的问题一直没有解决。90年代以来，“三农问题”一直凸显。这样，探索在社会主义市场经济条件下的新型农村合作化道路寓意深远。农民供销合作、信用合作、专业合作“三位一体”的瑞安农协2006年3月25日宣告成立，我国自改革开放之后第一个具有样本意义的新型农村合作组织诞生。经过近六年的实践，建立健全瑞安农村金融、流通和科技推广体系，在积极探索社会主义市场经济条件下的新型合作化道路方面取得了一些初步的经验。

（一）“三位一体”新型农村合作要以意愿为基础，以法律为保障

“三位一体”新型农村合作有着客观的社会现实基础。瑞安农协是在政府的主导下，通过市场对农民和合作社的诱导方式以及涉农部门的协调互动形成，这个过程中并不存在任何的行政强制情况。这说明“三位一体”新型农村合作的路径存在的现实性与可行性。但这个结构和路径的形成需要在尊重参与各方意愿的基础上，在合作过程中反复磨合，经过一系列的合作博弈找到新型农村合作的平衡。但这个平衡是动态的、脆弱的，稍有不慎就往往陷入部门利益的怪圈不能自拔，从而打破这样的平衡，这就需要体制特别是法律上的保障。瑞安农协为把“三位一体”新型农村合作的路径和结构中具有成功意义的做法以章程和规则的形式固定下来，推动起草了《浙江省农村合作协会条例》、《合作组织立法建议书》和《农村合作协会立法建议书》等，这些为“三位一体”新型

农村合作的大面积推广提供了法律保障。

（二）“三位一体”新型农村合作要强调整合、融合和合作

瑞安农协充分利用已有组织资源，强调功能的整合、融合和部门的合作，对现有的供销合作社和信用合作社（合作银行）、农民专业合作社进行组织改造、功能嫁接以及促进它们的整合、融合和合作。瑞安农协理顺了农业局及其管理的专业合作社与其之间的关系，并把农民专业合作社进行整合。原有专业合作社数量多、规模小、功能单一，将它们进行整合发展为多功能的农民合作社，为社员提供农资统一供应、产品统一销售、资金互助合作、技术信息服务、法律咨询等全方位的服务。这样，专业合作社成为“三位一体”瑞安农协的会员，农协的主管机关则是农业局，这既增强了合作社对社员的凝聚力，又厘清了农业局、农协、专业合作社之间的关系，进而使合作社产生巨大的活力。瑞安农协将农村合作银行纳入其中，既解决了原有的产权问题，又为农村合作银行持续发展的长远目标提供了一个良好的中介平台。在农村金融改革不断加深的情况下，市场竞争加剧和政策压力加大，只有重视并巩固住农村市场，才能扩大其市场空间。供销社加入农协，不是彻底商业化，而是和其他部门进行金融等的合作经济，它可以借助农协这一良好平台进一步扩展其服务领域，促进农村现代物流网络与公共基础设施建设，从而有可能实现供销社的重生。这样，瑞安农协将农村专业组织、农村合作银行、科协和农村供销联社等组织资源整合到农协，无形之中就将金融、流通和科技等服务内化到农协之中，为新农村建设提供全方位服务。

（三）“三位一体”新型农村合作要发挥基层作用，实行自主治理

“三位一体”瑞安农协的治理模式，吸取了欧美农村以专业性合作为主的治理模式与日韩农村以综合性合作为主的治理模式的有益经验，并结合了实际情况，发展出了具有国情、地情的瑞安农协自主治理模式。瑞安农协加强供销社、信用合作社和农民专业社的合作，在农协的平台上进一步推动农村金融、流通与科技体制改革，整合其金融、流通、科技三种功能，积极探索创新性、综合性的农村新型合作自主治理道路。在瑞安农协中，近百家农民供销社、信用社、专业合作社等部门都是平等参与在农协中，并在其中确认其各自利益与共同利益。在农协的自主治理模式下，信用社可以强调农村合作要“以金融为核心”，供销社可以自称是农协的“先导和骨干”，科协、科技局则可以提出“以科技为支

撑”，农办、农业局是农协的“业务主管部门”，这些部门在自身利益得以维护的前提下，加强彼此合作以维护农协的共同利益。这一过程是农民及各部门自主结盟的过程，也是农协作为一个公法团体组织自我生成和成长的过程。因此，瑞安农协的“三位一体”是将我国农村实际情况与市场经济体制相结合的一种组织创新，是我国改革开放至今农村新型合作的一次创举。

瑞安农协充分调动现有体制内外的多方面资源来解决当前面临的“三农”问题，没有另起炉灶和推倒重来，“三位一体”农协本身构成了和谐社会的微观基础，构建了足够强大的合作体系，扭转了农民整体在市场上的不利地位，探索出了一条解决“三农”问题和农村合作的新路子，从而在宏观上进一步促进了社会和谐。

总　　结

一、“三位一体”——农业经济发展的第二个飞跃

改革开放初期的家庭联产承包是基于农村土地的所有权属于集体、承包权属于农民的“两权分离”的制度创新，这一制度创新创造了震惊世界的经济奇迹。

但自20世纪90年代以后，“农村土地承包责任制”的潜力释放殆尽，“三农问题”突现。1990年3月邓小平在谈到农业问题时指出，我国社会主义农业的改革和发展，要有两个飞跃。第一个飞跃，实行家庭联产承包责任制，是废除人民公社。第二个飞跃，是发展适度规模和集体经济，适应科学种田和生产社会化的需要。

如今，第一个飞跃已成历史，第二个飞跃蓄势待发。进一步改革势在必行，出路在于把当年的“两权分离”发展成为“三权分离”，即在保留农村“两权分离”不变的前提下，将土地承包权与经营权进行分离，实现土地承包权的流转。土地承包权流转大多是基于某个农户、合作社或农企的经营目的而进行的商业性质的行为。农户和合作社的土地承包权流转是村范围的，或数个邻村范围的，而高效规范的农企的土地流转是大范围的，乃至跨省级区域的，它们是并行不悖的。然而，农户和合作社背景的土地承包权流转在于农民自身内部的发展动机，承载了新农村建设的功能，它是一种人的现代化，农民的现代化的必由之路。

农户和合作社背景的土地承包权流转，一靠股份制，二靠合作制，但是股份制、合作制各有利弊，可行的方法是股份合作制，而农企的土地承包权流转一般采用租赁制。本研究对瑞安市的调查发现，农产品的产出率不仅是土地规模的

函数,而且与金融、劳动力、流通、科技等生产要素变量有重要关联。“三位一体”合作协会框架的优越性与生命力正在于对股份合作制的适应以及对股份制、合作制以及租赁制的兼容。它沟通、协调、整合现有涉农资源,实现资本市场、行政体系与农村合作体系的相互补充。

瑞安7年多的实践表明,在“三位一体”农协构架下,各级各类合作组织以及合作社的农户、农业龙头企业都成为农协会员,农村土地、劳动力的利用效率明显提高;基层供销社全部改组整合融入农协,使得供销社回归合作制和服务“三农”的本质;信用社(信用联社、农合行或者农商银行)的社员(或者股东)全部加入农协,与此同时,通过农协托管持股信用社(信用联社或者农合行),形成产权关系,信用社(信用联社或者农合行)又依托农协开展联保、担保、反担保、信用评级等金融活动,实现信用风险控制和发展农村金融一举两得。

“三位一体”合作协会着眼于农村整体发展,区域特征强于行业或职业特征,它承认现有各类合作组织的利益格局,但侧重于与农民个体的直接联系。有了广大普通农民会员的参与与授权(即使是形式上的),农协就有法理基础去整合与控制供销社、信用社甚至农业龙头企业。当前,特别需要注意三个问题,一是开拓“三位一体”农合平台的担保、抵押、信托以及土地流转等功能;二是注意“三位一体”合作社的信用风险;三是注意推行农村村级社区的党支部、村委会以及“三位一体”合作社的“2+1”治理模式。

二、“三位一体”——农业管理体制改革的突破口

“三位一体”,不但是生产、金融、流通三重功能的一体化,还是村、乡、县三级合作体系的一体化,经济组织、群众团体与半官方管理机构的一体化。“三位一体”的建立需要农口管理体制与之配套,以往在农口管理体制改革时,往往不是把转变职能放在第一位,而是把精简了多少人员和机构作为衡量标准,形成“精简—膨胀—再精简—再膨胀”的怪圈。“三位一体”作为农民发展需求统筹和承接政府劳务委托的统一平台,从农民内生需求出发,实施农业政策与农技推广。政府的农业局、科技局等农口管理机构根据政策与推广绩效给予相应的经济报酬,“三位一体”合作体系就是基于政府政策制定权和推广义务相分离的体制改革思路以自己服务“三农”的功能绩效而存在和发展。

在浙江等地推行“三位一体”合作体系遇到的阻力主要来自于条块分割的涉农行政部门(包括农办、农委、农林水牧机局、粮食局、供销社、信用社乃至县乡农经、农技事业单位等)干扰。涉农部门各自为政的现象非常突出,有些涉农部门热衷于利用行政乃至立法手段扩充寻租空间和势力范围。前些年,农口部门推动农民专业合作立法,并不包括民政、科协长期支持发展的农技协组织,也排除了金融合作。在农口部门内部,又竞相争夺合作社的“主管”地位。两大金融管理部门在农村金融方面也是各行其道。在 2006 年 10 月 31 日《农民专业合作社法》得以通过后,当年 12 月银监会推出了自己的资金互助社管理办法,与此同时,又推出了农村小贷公司和村镇银行。此前,人民银行也试点开办“小贷公司”。

但是,盲目地实施“三位一体”容易形成只注重“一体”的“超级部门”。本研究认为,首先应该大量发展基层“三位一体”合作社,自下而上,形成倒逼机制,条快分割问题就比较容易解决,“三位一体”农协的制度变迁成本就比较低。十八届三中全会决定“允许专业合作社发展信用合作”,这为发展“三位一体”合作社提供了政策保障。

2011 年温州市供销社系统发起成立温州市以及各县市区、乡镇的农村合作组织联合会(简称“农合联”),“农合联”作为“三位一体”综合服务平台。2012 年 9 月出台文件推动专业合作社发展“组织封闭、对象封锁、上限封顶”的资金互助会,“农合联”作为资金互助会的监管机构,为了回避资金互助会的“道德风险”,同时要求农村信用社为资金互助会提供资金托管业务,规定资金互助会运行“见账不见钱”,将资金互助会的风险准备金和富余资金归口存入农村信用社,进行分项管理。活期存款根据约定的合规支付方式支付,定期存款由双方约定期间和利息,这样就初步形成了一个生产、供销和信用“三位一体”合作社的构架。

本研究认为这是第一步,下一步要把这个“三位一体”合作社做多做强,但是不能够做大,因为,合作社大了,资金互助会大了,往往偏离合作制的宗旨,走向股份制的误区。在此做多做强基础上进一步完善和发展“农合联”机构和功能,然后注销供销社,让“农合联”逐步取代供销社,成立“三位一体”农协。第三步就是以发展和完善“三位一体”农协机构和功能为平台,推进整个“三农”管理机构的系统性重组。这可以作为“三位一体”合作体系构建的路线图。

参考文献

[1] Alexander, R. D. The Evolution of Moral System[M]. NY: Aldine De Gruyter,1987.

[2] Axelrod, R. On Six Advances in Cooperation Theory[J]. Analyse & Kritik,2000, 22, 130—151.

[3] Chaddad, Fabio R. and Michael L. Cook. Understanding New Cooperative Models An Ownership-Control Rights Typology [J]. Review of Agricultural Economics, 2004, 26 (3) : 348—360.

[4] Demsetz, H. The Private Production of Public Goods[J]. JL & Econ. , 1970(13): 293.

[5] Dong, F. and A. Featherstone. Technical and Scale Efficiencies for Chinese Rural Credit Cooperatives: A Bootstrapping Approach in Data Envelopment Analysis[J]. Center for Agricultural and Rural Development (CARD) Publications 04-wp366.

[6] Fulton, K. Giannakas. Organizational Commitment in a Mixed Oligopoly: Agricultural Cooperatives and Investor-owned Firms[J]. American Journal of Agricultural Economics,2000,83(5):1258—1265.

[7] Harris, A. , B. Stefanson, and M. Fulton. New Generation Cooperatives and Cooperative Theory[J]. Journal of Cooperatives, 1996,11:15—28.

[8] Ross. S. The Economic Theory of Agent: The Principal's Problem[J]. American Economic Review,1973, 63.

[9] Sexton, R. J. Imperfect Competition in Agricultural Markets and the Role of Cooperatives: A Spatial Analysis[J]. American Journal of Agricultural Economics, 1990,72(3).

[10] Tyler, B. M. and S. Tripathy. Phytophthora Genome Sequences Uncover Evolutionary Origins and Mechanisms of Pathogenesis[J]. Science,2006,1261—1266.

[11] Shleifer, A. and R. Vishny, A Survey of Corporate Governance[J], Journal of Finance, 1997, 52(2), 737—783 .

[12] 薄一波. 若干重大决策与事件的回顾[M]. 人民出版社,1994:741—742.

[13] 蔡昉. 合作与不合作的政治经济学：发展阶段与农民社区组织[J]. 中国农村观察，2005(5)：75.
[14] 蔡绍洪，向秋兰. 奥斯特罗姆自主治理理论的主要思想及实践意义[J]. 贵州财经学院学报，2010(5)：18—24.
[15] 蔡志荣. 农村土地流转方式综述[J]. 湖北农业科学，2010(5).
[16] 曹军新. 当前农村合作经济组织融资功能的异化与综合治理——基于农村金融整体改革视角[J]. 经济社会体制比较，2013(4)：46—55.
[17] 陈丹梅，浅谈农民合作经济组织在农村金融创新中的作用[J]. 上海农村经济，2008(6).
[18] 陈林. 论公法农协：“三位一体”农村合作协会的法理基础[J]. 太平洋学报，2009(12)：38—46.
[19] 陈林. 探索新型合作化道路——瑞安农村合作协会的理论与实践[J]. 太平洋学报，2006(11).
[20] 崔俊敏. 基于第三种力量的农村公共产品供给模式[J]. 商场现代化，2008(33)：380—382.
[21] 董德刚. 关于农业税改革问题的报告[J]. 经济研究参考，2003(40)：25—30.
[22] 董晓林，徐虹，易俊. 中国农村资金互助会的社员利益倾向：判断、影响与解释[J]. 中国农村经济，2012，10
[23] 杜吟棠. 我国农民合作组织的历史和现状[J]. 经济研究参考，2002(25).
[24] 费孝通. 江村经济：中国农民的生活[M]. 商务印书馆，2001 年.
[25] 冯果，陈国进. 集体建设用地使用权流转之客体研究[J]. 武汉大学学报(哲学社会科学版)，2013(6)：21—26.
[26] 冯昭奎，林昶. 日本农协的发展及功过简析[J]. 日本学刊，2009(2)：85—98.
[27] 傅晨. “新一代合作社”合作社制度创新的源泉[J]. 中国农村经济，2003(6)：73—80.
[28] 葛文光. 解放前中国农村合作组织建设及其启示[J]. 电子科技大学学报(社科版)，2008(4).
[29] 顾金喜. 社会公平合作体系与农村公共产品供给优化研究[D]. 浙江大学，2009：245.
[30] 郭成，马丽. 浅谈农村供销合作社参与金融的途径[J]. 科技信息，2009(35).
[31] 郭家虎，于爱芝. 土地承包经营权抵押制度创新的约束条件及破解[J]. 财政研究，2010(5)：57—60.
[32] 郭少新. 地方公共物品的私人供给分析[J]. 生产力研究，2004(9)：71—72，90.
[33] 郭书田. 农民合作组织要发挥六项功能[J]. 农村工作通讯，2009(10).
[34] 郭晓鸣. 农村金融创新：村级资金互助会的探索与发展——基于四川省的实证分析[J]. 农村经济，2009(4).

[35] 郭臻等.河北省故城县土地规模化经营研究——以棉花种植为例[J]西南师范大学学报(自然科学版),2012(10).
[36] 郭正林.家族的集体主义:乡村社会的政治文化认同[J].经济管理文摘,2003(7):19—21.
[37] 国鲁来.合作社制度及专业协会实践的制度经济学分析[J].中国农村观察,2001,4:36—48.
[38] 国务院.《国务院关于深化农信社系统改革试点方案》,2003年.
[39] 韩国明,李伟珍.村庄公共产品供给框架下农民合作社的生成路径分析——基于历史制度主义视角[J].农村经济,2012(1):107—111.
[40] 韩纪江.农村合作化必要但却难以推进[J].温州职业技术学院学报,2012(2):9—11.
[41] 韩俊等.我国农民合作经济组织发展的现状与面临的问题[N],中国经济时报,2006-08-29.
[42] 韩俊.中国农民专业合作社调查[R].上海:上海远东出版社,2007年.
[43] 贺雪峰.乡村治理的社会基础[M].中国社会科学出版社,2003.
[44] 胡弘弘,赵涛.农民政治参与的现状考察[J].四川师范大学学报(社会科学版),2009(2):47—53.
[45] 胡秋灵.西部地区发展资金互助社的困境及破解路径[J].《征信》,2009(1).
[46] 胡士华,李伟毅.农村信贷融资中的担保约束及其解除[J].农业经济问题,2006,2.
[47] 胡新艳,罗必良.制度安排的相容性基于"新一代农业合作社"的案例解读[J].经济理论与经济管理,2008(7):13—17.
[48] 胡振华,陈柳钦.中国农村合作组织制度安排分析[J].沈阳农业大学学报,2010,12(3):267—271.
[49] 胡振华等.笔谈:"三位一体"农协与新农村建设[J].温州职业技术学院学报,2012,12(2).
[50] 胡振华,何继新."三位一体"农协动力机制分析[J].青岛农业大学学报(社会科学版),2012(1).
[51] 胡振华,黄锦明,罗建利.基于委托代理关系的农民专业合作社治理问题分析[J].广西大学学报(社科版),2013,3.
[52] 胡振华,黄锦明,罗建利.基于委托代理关系的农民专业合作社治理问题分析[J].新华文摘,2013(18).
[53] 胡振华.科技扶贫文化障碍简析[J].研究与发展管理,1993(6),56.
[54] 胡振华,李斌.农户与专业合作社信用担保的问题及客观形式——基于"三位一体"农协的思考[J].江西农业大学学报(社科版),2013(3).

[55] 胡振华,李斌.新能源促进新型农村旅游业发展[N].中国社会科学报,2013-05-15.
[56] 胡振华,刘豆豆,赖国毅.农村供销社现状的SWOT分析与发展对策[J].成都师范学院学报,2012(9).
[57] 胡振华,吴袁萍.我国村镇银行现状与发展探究[J].中国农村科技,2011,7.
[58] 胡振华.中国农村合作组织分析:回顾与创新[D].北京林业大学,2009:115—124.
[59] 黄庆安.农村信用担保机构运行效率研究——以福建省为例[D].2010:41—43.
[60] 黄祖辉,徐旭初,冯冠胜.农民专业合作组织发展的影响因素分析——对浙江省农民专业合作组织发展现状的探讨[J].中国农村经济,2002(3),106.
[61] 冀县卿.经济制度、产权结构与经济绩效:一般框架[J].江苏社会科学,2010(1):54—58.
[62] 贾洪文,严咏华,徐灵通,谢直峰.境外农地抵押贷款模式分析的比较与启示[J].贵州大学学报(社会科学版),2012(12):28—34.
[63] 姜华敏,李宇人.浅谈供销社在新农村建设中的独特作用[J],中国合作经济,2006(10).
[64] 金媛,林乐芬.规模经营、农地抵押与产权变革催生:598个农户样本[J].改革,2012(9):71—76.
[65] 兰庆高,惠献波,于丽红,王春平.农村土地经营权抵押贷款意愿及影响因素研究——基于农村信贷员的调查分析[J].农业经济问题(月刊),2013(7):78—83.
[66] 李红艳.我国非政府组织发展面临的困境分析[J].华东经济管理,2008(2):121.
[67] 李立.城中村土地管理政策研究[D].华中师范大学,2003.
[68] 李孟然.农地抵押贷款:谁的盛宴[J].中国土地,2009(7):8—13.
[69] 李乾宝.农地入股抵押模式的实践探索及其风险防范探究[J].福建师范大学学报(哲学社会科学版),2013(6):28—32.
[70] 李秋阳.农民专业合作社信用合作研究[J]合作经济与科技,2012,12.
[71] 李瑞芬.农村合作经济组织与农村准公共品投入[C].农村公共品投入的技术经济问题——中国农业技术经济研究会2008年学术研讨会论文集.中国北京,2008:6.
[72] 李喜梅,黄凤仁.金融机构与农民间的信用载体构建分析[J].贵州财经学院学报,2011,2.
[73] 李颖明,宋建新,黄宝荣,王海燕.农村环境自主治理模式的研究路径分析[J].中国人口资源与环境,2011(1):165—170.
[74] 梁漱溟.乡村建设理论[M].北京:邹平乡村书店,1937年.
[75] 林春霞.三位一体:为新农村探路[J].中国乡镇企业,2007(2):75.
[76] 林春霞.三位一体:为新农村探路[N].中国经济时报,2006-11-28.
[77] 林坚,王宁.生产合作社分配制度分析[J].技术经济与管理研究.2002(5):46—49.

[78] 林毅夫.财产权利与制度变迁[M].上海:上海三联书店,1996:31—39.

[79] 林毅夫.再论制度,技术与中国农业发展[M].北京:北京大学出版社,2000 年.

[80] 刘纪荣.国家与社会视野下的近代农村合作运动[J].中国农村观察,2008(2).

[81] 刘丽燕.农民专业合作社贷款模式研究[D]西安交通大学,2011(8):19—20.

[82] 罗必良.经济组织的制度逻辑[M].太原:山西经济出版社,2000:122—126.

[83] 马长山.民主法治进程中的村民自治及其实践反差[A],《依法治国专题研究——司法改革与依法治国理论研讨会、中国农村基层民主法制建设理论研讨会论文集》[C],1999 年 7 月第 22—25 页。

[84] 马尔科姆·卢瑟福.经济学中的制度:老制度主义和新制度主义[M].中国社会科学出版社,1999 年.

[85] 马晓河,方松海.我国农村公共品的供给现状、问题与对策[J].农业经济问题,2005(4):22—29,79.

[86] 马彦丽.我国农民专业合作社的制度解析——以浙江省为例[D].浙江大学博士学位论文,2006 年.

[87] 曼瑟尔·奥尔森(Mancur Olson).集体行动的逻辑(The Logic of Collective Action: Public Good And The Theory Of Groups)(Harvard University Press,1980)[M],陈郁、郭宇峰、李崇新译.上海:上海三联书店,上海人民出版社,1995 年.

[88] 梅德平.共和国成立前革命根据地互助合作组织变迁的历史考察[J].中国农史,2004(2).

[89] 尼尔森,杰克.农民的新一代合作社[J].中国农村经济,2000(2):77—79.

[90] 潘劲.民国时期农村合作社的发展与评价[J].中国农村观察,2002(2).

[91] 彭建刚.引导民间资本进入新型农村金融机构[J].湖南大学学报(社会科学版),2008(3).

[92] 彭江波.以互助联保为基础构建中小企业信用担保体系[J].金融研究,2008,2.

[93] 齐良书.农村资金互助社相关政策研究——基于社员利益最大化模型的分析[J].农村经济,2009(10)

[94] 秦晖.农民需要怎样的“集体主义”—民间组织资源与现代国家整合[J].东南学术,2007(1):7—16.

[95] 秦晖.农民也应该有公民权利[N].南方周末,2006-10-24.

[96] 秦晖.有了村委会,还需要有农会[N].南方农村报,2007-01-23.

[97] 史敬棠等.中国农业合作化史料(上册)[M].上海:生活.读书.新知三联书店,1959 年。

[98] 史卫民.农地抵押贷款模式的比较考察与我国的路径选择[J].现代经济探讨,2010(9):40—43.

[99] 苏存,李万超. 农信社系统改革试点:成效、问题及对策建议[J]. 金融时报,2011-09-26.
[100] 孙开. 公共产品与政府经济行为分析[J]. 当代财经,1995(5):21—24.
[101] 孙少柳. 经验与启示:民国时期农村合作运动反思[J]. 湖南师范大学社会科学学报,2008(3).
[102] 孙思磊. 农村信用社60年发展历程回顾之一:诞生——从旧时代走来的新生儿[N]. 中华合作时报,2009-09-28.
[103] 唐兴霖等. “三位一体”农村治理模式:瑞安的实践与发展取向[J]. 北京航空航天大学学报(社会科学版),2010(11):12.
[104] 田晓玉. 不同条件下农户土地流转差异性研究[J]. 安徽农业科学,2011(25).
[105] 万江红,徐小霞. 我国农村合作经济组织研究评述[J],农村经济,2006(4).
[106] 王慧民. 农村合作[M]. 北京:大华书局,1935年。
[107] 王建英. 内生于农民专业合作社的资金互助社运行机制分析[J]. 金融改革,2011,2.
[108] 王静. 涉农经济组织融资信用与金融支持研究[D]. 西北农林科技大学,2004:78—83、133—148.
[109] 王静,王蕊娟,霍学喜. 论农民专业合作组织对农户融资的信用担保[J]. 西北农林科技大学学报,2010,6.
[110] 王青云. 农村合作经济组织提供公共产品:理论、实践和启示[J]. 农业经济,2009(7):21—23.
[111] 王曙光. 中国农民合作组织历史演进:一个基于契约——产权视角的分析[J]. 农业经济问题,2010(11):43—48.
[112] 王顺利. 供销合作社与新农村建设[J]. 当代经济,2009(21):15—16.
[113] 王苏凤. 江西省吉安县农地经营权流转现状及对策研究[D]. 江西财经大学,2008.
[114] 王廷惠. 公共物品边界的变化与公共物品的私人供给[J]. 华中师范大学学报(人文社会科学版),2007(4):36—42.
[115] 王阳. 中国农民专业合作经济组织发展研究[D]. 西南财经大学博士论文. 2009:139—146.
[116] 王勇. 农民专业合作社面临新境况分析[J]. 中国农村观察,2012(5):41—53.
[117] 韦倩,姜树广. 社会合作秩序何以可能:社会科学的基本问题[J]. 经济研究,2013(11):140—151.
[118] 魏群,李秀江. “三位一体”:农业经营体制的重大创新[J]. 中国民商,2013,11.
[119] 温锐. 农地产权制度改革的历史纠结、共识与创新节点[J]. 经济学动态,2013(4):24—30.
[120] 温铁军. 部门和资本“下乡”与农民专业合作经济组织的发展[J]. 经济理论与经济管

理,2009(7).
[121] 吴彬、徐旭初.合作社治理结构一个新的分析框架[J].经济学家,2013(10):79—88.
[122] 吴基因.谈农村供销社的经营取向[J].合作经济与科技,2001(3).
[123] 吴明.新农村建设进程中的集体主义精神培育[J].农业科技与信息,2007(12):10—11.
[124] 萧三匝.瑞安农协难题[J].农经,2009(5):63.
[125] 肖敏慧,钟亚良,杨庆明.以农村专业合作组织信用评级为切入点探索农村信用体系建设之路[J]征信,2011,3.
[126] 肖新喜.论农村集体经济组织公共产品供给及其制度建构[J].中南财经政法大学研究生学报,2012(4):133—137.
[127] 徐旭初,吴彬.治理机制对专业合作社绩效的影响——基于浙江省526家农民专业合作社的实证分析[J].中国农村经济.2010(5):53—57.
[128] 徐旭初.专业合作社开展信用合作大有作为[J],农村经营管理,2009(1).
[129] 徐旭晖.农村供销社职工与企业职工激励比较[J].中国市场,2005(6).
[130] 徐勇.如何认识当今的农民、农民合作与农民组织[J].华中师范大学学报(人文社会科学版),2007(1):1—3.
[131] 徐勇.中国农村村民自治[M].华中师范大学出版社,2007年.
[132] 徐智环.我国农村合作组织的变迁及其路径选择[J],广播电视大学学报（哲学社会科学版）,2004（4）.
[133] 晏阳初.中国平民教育促进会定县工作大概一乡村建设实践(第1集)》[M],北京:中华书局,1934年.
[134] 杨奔.建立综合农协与建设新农村探讨[J].现代商贸工业,2011(12):64—65.
[135] 杨娜曼.美国新一代农业合作社组织的创新与启示[J].求索,2008(2):45—46.
[136] 杨秋林,林万龙.农业投资项目的资金管理(上)[J].农村实用工程技术,1997(8):5—6.
[137] 杨胜刚.不对称信息下的中小企业信用担保问题研究[J].金融研究,2006,1.
[138] 杨团.NPO类型界定与理性选择[C].NGO在中国——2002年民间组织发展与管理上海国际研讨会论文集.上海:上海社会科学出版社,2003:7.
[139] 殷好好.农民专业合作社承担农村公共产品供给的可行性分析[J].安徽农业科学,2008(32):11430—14301.
[140] 应瑞瑶.论农业合作社的演进趋势和现代合作社的制度内核[J],南京社会科学,2004(1).
[141] 应瑞瑶."柠檬市场"与制度安排[J].农业技术经济,2004:35—37.

[142] 于华江,魏玮,于志娜. 试论农民合作经济组织资金短缺的解决途径[J]. 中国农村经济,2006,6.
[143] 于建嵘. 当前农民维权活动的一个解释框架[J]. 社会学研究,2004(2):44—48.
[144] 于丽红,兰庆高. 农村金融机构开展农地经营权抵押贷款的意愿——基于辽宁省沈阳市的调查[J]. 农村经济,2013(8):64—66.
[145] 于璐娜,刘小萃,何昊东. 让合作理想照亮农村——瑞安“三位一体”农村合作协会试验调查[J]. 中国合作经济,2007(2):17—22.
[146] 俞可平等. 中国公民社会的兴起与治理的变迁[M]. 北京:社会科学文献出版社,2002年。
[147] 虞宛姗,徐天祥. 农村合作社视角下的农村公共物品供给分析[J]. 现代农业科技,2011(5):361—362.
[148] 虞宛姗. 准公共物品供给视角下农村合作社的发展[D]. 云南:云南财经大学,2011年.
[149] 袁亚平,鄂平玲. 瑞安农协:农村“三位一体”新实验[J]. 中国经济周刊,2006(47):36—38.
[150] 苑鹏. 中国农村市场化进程中的农民合作组织[J],中国社会科学,2001(6).
[151] 臧乃康. 非政府组织与农村政治文明建设[J]. 长白学刊,2005(1):16—19.
[152] 曾庆芬. 农村产权抵押绩效:城乡二元视角[J]. 广西社会科学,2013(12):96—101.
[153] 张洪. 浅谈“三位一体”农村新型合作体系及政府作用[J]. 温州农村探索,2007(4):45—47.
[154] 张湖东. 为什么农村土地抵押借贷具有比较优势——中国历史经验的考察[J]. 中国经济问题,2013(4):45—56.
[155] 张井. 要考虑改革农村供销社的所有制实现形式[J]. 商业经济文荟,2007(4).
[156] 张军. 农村公共产品供给特征及其对农民收入能力的影响[J]. 农村经济与科技,2004(5):19—20.
[157] 张龙耀,杨军. 农地抵押和农户信贷可获得性研究[J]. 经济学动态,2011(11):60—64.
[158] 张满林. 我国农民专业合作社治理问题研究[D]. 北京林业大学博士学位论文,2009年.
[159] 张伟平. 农民专业合作经济组织与农村公共产品投入[J]. 浙江树人大学学报(人文社会科学版),2007(2):44—47.
[160] 张鑫. 奥斯特罗姆自主治理理论的评述[J]. 改革与战略,2008(10):212—215.
[161] 赵佳荣. 农民专业合作社:绩效及组织、环境改进,湖南农业大学博士学位论文[D],2009年.
[162] 赵凯. 中国农业经济合作组织发展研究[D]. 西北农林科技大学,2003.

[163] 赵泉民."后乡土时代"中国乡村合作经济组织发展的困境及应对[J],江淮论坛. 2010(6).

[164] 郑丹,王伟.我国农民专业合作社发展现状、问题及政策建议[J],中国科技论坛,2011(2).

[165] 中国银行业监督管理委员会.《中国银行业监督管理委员会 2010 年报》,2010 年.

[166] 周红梅.推进农村合作经济组织发展缓解农村公共产品供给难题[J].现代商业,2008(32):123—124.

[167] 周脉伏. 农信社系统制度变迁与创新[M]. 北京:中国金融出版社, 2006 :152.

[168] 朱江平."新网"让农村市场火起来[J]. 农村合作通讯,2009(6):12—14.

[169] 朱金胡,朱永兴,林兴伟.瑞安市梅屿乡农村合作三位一体工作的成效及建议[J].现代农业科技,2009(1):293,296.

[170] 朱武祥.股权结构与公司治理——对"一股独大"与股权多元化观点的评析[J].证券市场导报,2002-01-10.

[171] 朱悦蘅,黄韬.农村土地集体产权的主体化及其治理机制[J].经济社会体制比较,2013(2) :42—54.

[172] 祝彦.乡村建设运动:梁漱溟与邹平实验[J].青年时代,2009(1).

[173] 左平良.从农地抵押的多元约束机制看农地抵押立法[J].新疆大学学报(哲学人文社会科学版),2013(3):44—50.

[174] 左平良.农地抵押的法理考量——超越物权法的思考[J].湖南师范大学社会科学学报,2012(5):14—19.